Roland Topor

Der schönste Busen der Welt

Zweiundfünfzig Geschichten und eine Utopie

Aus dem Französischen von Ursula Vogel

Diogenes

Titel der französischen Originalausgaben:
›La plus belle paire de seins du monde‹,

›Die Bar der Zukunft‹ wurde von Lislott Pfaff übersetzt
und erschien erstmals am 17. 11. 1983 in ›Die Weltwoche‹, Zürich.
Sie wurde für diese Ausgabe leicht überarbeitet.
Umschlagillustration: Roland Topor ›Die große Birne‹

Deutsche Erstausgabe

80/87/42/1
ISBN 3 257 01751 0

Inhalt

ZWEIUNDFÜNFZIG GESCHICHTEN

»Wie heißt du denn?«
»Roland.«
»Armer Roland!«

Der Goldhelm (1952)

Auf die Samstage
in der ›Palette‹

Zweiundfünfzig Geschichten

Morgentief

Morgens habe ich immer Mühe, in Schwung zu kommen. Wenn ich die Augen öffne, brauche ich erst mal eine gewisse Zeit, um herauszufinden, wo ich gelandet bin. Wenn nicht sonst irgendwo, erwache ich dann und wann in meinen eigenen vier Wänden, mein Kopf ist in einer Schublade oder in einem Bücherregal eingezwängt, meine Füße stecken in der schmutzigen Wäsche. Schließlich stellt sich heraus, daß ich quer über dem Bett liege, während mir ein komischer Satz durch den Kopf trottet: »Lachsfilets schmecken nicht.« Oder so was von der Art. Das beunruhigt mich natürlich. »Was red ich da bloß?« Ich komme nicht einmal dazu, die Frage richtig zu formulieren, da ist mir schon die Antwort über die Lippen geschlüpft: »Die Lammkeule sollte man wegwerfen.« Wer hat da geredet? Meine Stimme klingt rauh, kaum noch menschlich. Mir wird unheimlich. Mechanisch wiederhole ich: »Die Lammkeule sollte man wegwerfen, am besten in den Aufzug.« Jeder Zweifel ist ausgeschlossen: meine Stimme ist die meinige nicht! Da kann man weiß Gott aus den Pantinen kippen.

Und wenn eben in diesem Moment das Telefon klingelt, muß ich mich selber künstlich beatmen, um nicht zu erstikken. Ich hebe ab, nicht unbedingt den Hörer. Mitunter hebe ich ab, was mir gerade unter die Finger kommt. Mit ausgedörrter Kehle sage ich »Hallo!«, wie in solchen Fällen üblich. Aber mein »Hallo!« kommt nie allein. Ich stammle noch irgend etwas, und dann lege ich auf gut Glück auf, was es aufzulegen gibt, und um das Gespräch auf etwas anderes zu bringen, summe ich den ersten blödsinnigen Schlager, der mir in den Sinn kommt. ›Schau mich bitte nicht so an‹ oder ›C'est si bon‹ ... Ich spüre wohl, daß etwas nicht stimmt ... daß etwas faul ist ... »Mensch, bei dir ist ja 'ne Schraube locker.« Eine bemerkenswerte Feststellung, finde ich, denn sie zeugt von gesundem Menschenverstand. Ein positives, wirksames Wort, geeignet, die Nerven zu beruhigen. I wo, ganz und gar nicht. Denn ich sage ja nicht nur einmal: »Mensch, bei dir ist ja 'ne Schraube locker!« Vielmehr wiederhole ich den vermaledeiten Satz fünfzig-, hundert-, ja zweihundertmal. Das kann einen schon auf die Palme bringen. Wenn ich dieses »Mensch, bei dir ist ja 'ne Schraube locker!« zum zweihundertsten Mal höre, packe ich ein Stück Schenkelhaut und quetsche sie so lange, bis Blut austritt. Nach einiger Zeit sage ich übrigens nicht mehr: »Mensch, bei dir ist ja 'ne Schraube locker«, sondern: »Menne Schrau!« Eine magische Kurzformel, die ich unablässig herleiere. »Menne-Schrau Menne-Schrau Menne-Schrau Menne-Schrau Menne-Schrau ...«, wobei ich das Rattern des Zuges nachahme ... Und dann döse ich zum Glück wieder ein. Jedenfalls meistens, denn bisweilen leide ich an morgendlichen Schlafstörungen. Ist das aber nicht der Fall, dann träume ich. Nichts Besonderes: ich befinde mich zum Beispiel im hohen Norden Kanadas und wate durch Blutschnee. Ich bin an solches Zeug gewöhnt, das macht mir weiter nichts aus. Im allgemeinen wache ich auf, weil ich Wasser lassen muß. Wenn der Drang übermächtig wird, stehe ich auf und peile vorsichtig das Klo an, wobei ich mir alle Mühe gebe, nicht auf die Scherben im Flur und auf die rostigen Nägel, die aus dem Fußboden ragen, zu treten. Meine Schritte hallen unheimlich laut wider. Bin ich allein, oder schleicht jemand hinter mir her? Bin ich wirklich wach? Um mir Gewißheit zu verschaffen, rufe ich: »Ist da wer?« Niemand antwortet. So blöd ist der auch nicht. Ich sage mir, daß das Echo im Flur akustische Sinnestäuschungen bewirkt, und bevor ich aufs Klo gehe, räume ich ein bißchen auf. Beim Aufstehen kann ich den Anblick von vollen Aschenbechern nicht ertragen, auch nicht den von Gläsern mit abgestandenen Weinresten, in denen aufgeplatzte Zigarettenkippen schwimmen, ebenso sind mir leere Flaschen, Brotkrümel und Käserinden auf dem verdreckten Teppichboden ein Greuel. Das ist der einzige Moment des Tages, an dem ich mich zum Staubsaugen aufraffen kann. Ich säubere die Aschenbecher, werfe die leeren Flaschen weg, kurz: wenn ich zum Pissen gehe, ist alles blitzblank. Aber beim Wasserlassen sehe ich wieder die Kippen in den Gläsern und die Käserinden vor mir, da dreht es mir den Magen um. Ich stecke mir den Finger in den Schlund, damit auch mein Körper den ganzen Dreck los wird, den er in sich hat. Manchmal klappt es, aber nicht immer. Mitunter verbringe ich zwei Stunden in der Toilette, den Kopf in der Kloschüssel, und warte, bis es endlich kommt. Im übrigen finde ich das recht angenehm! Da ist das Rauschen des Wassers, das unaufhörlich in die Schüssel rieselt, seitdem die Spülung defekt ist... So richtig ländlich-rustikal. In Paris fehlt einem die Natur. Deshalb ruinieren sich die Leute mit Zimmerpflanzen. Aber die Natur besteht eben nicht nur aus Chlorophyll! Auch Wildbäche, Quellen und Wasserfälle gehören dazu!... Das alles besitze ich in meinem Klo, noch dazu spottbillig. Nach einiger Zeit fühle ich mich besser, so daß ich die Kraft aufbringe, mich wieder ins Bett zu legen. Sofort schlafe ich ein, und auf geht's, mit vollen Segeln ins Land der Träume. Ich muß mich der Gerichtsvollzieher erwehren, die meine Kopfkissen pfänden wollen, oder mir die Vorwürfe meiner verstorbenen Freunde anhören, die mich anklagen, sie vergessen zu haben. Es kommt auch vor, daß Küchenabfälle aller Art dem Mülleimer entweichen und um mein Bett herumkriechen. Sie umschlingen mich, würgen meine Kehle. Ich erwache mit dem Gefühl zu ersticken.

Ich hole tief Atem. Dabei entsteht ein Pfeifton, als hätte ich ein Loch im Rücken. Die Lunge, was denn sonst? Noch ein Krebs mehr, der ernährt werden will. Ich schleppe mich zur Küche, um nachzusehen, ob da noch ein Aspirin zu finden ist. Ich krame in der Schuhschachtel, wo ich meine alten Medikamente aufhebe. Wenn ich Glück habe, finde ich eine vergammelte Brausetablette. Ich liebe das zischende Geräusch, wenn sie sich im Wasser auflöst. Es erinnert mich an Sciencefiction-Filme mit fliegenden Untertassen und kleinen grünen Männchen ... Ein Boogie-Woogie der zerfallenden Materie. Bevor ich das Gebräu trinke, halte ich mein Gesicht über das Glas, so daß es besprüht wird. Mit geschlossenen Augen stelle ich mir vor, in der Bretagne zu sein, wo feiner Nieselregen fällt. Das tut gut. Selbst der Aspiringeschmack im Wasser erweckt die Vorstellung, am Meer zu sein. Wiederum lege ich mich hin, wobei ich die Hände um meinen Schädel presse, damit er mir nicht davonrollt. Aber wie ein geölter Blitz schieße ich noch einmal aus dem Bett, um die Türen zu schließen und die Vorhänge zuzuziehen. Natürlich wegen des Lichts. Dieses verdammte Licht, das durch die kleinsten Ritzen hindurchsickert und mir in den Augen brennt. Bei Licht lohnt es sich nicht, Aspirin zu nehmen: Aspirinvergeudung nennt man das. Ich stopfe alle Löcher zu, dichte überall ab. Je dunkler es ist, desto wohler wird mir. Stockfinster will ich es haben! Das ist um so bemerkenswerter, als ich die Dunkelheit nachts nicht ertrage. Ohne Nachtlicht kann ich überhaupt nicht einschlafen. Doch sobald es Tag wird, ist es genau das Gegenteil. Ich weiß schon: ich bin eben schwierig, aber was läßt sich schon dagegen tun? Ich werfe mich lange herum, bis ich endlich die ideale Lage gefunden habe. Ich drehe das Kopfkissen um, damit ich auf die unbenutzte Seite zu liegen komme, ziehe die Laken hoch, so daß sie nicht mehr knautschen, und auf einen Schlag geht es mir großartig. Ich bin geradezu euphorisch. Das Aspirin beginnt zu wirken. Lächelnd entschlummere ich und – bums! – schon stellt sich ein hübscher Traum ein. Doch zur gleichen Zeit flüstert der wache Teil meines Gehirns: »Du darfst diesen Traum nicht vergessen, weil du ihn für ein tolles Drehbuch verwerten kannst.« Das stimmt. Wenn das Telefon nicht vor dem Ende klingelt, habe ich beim Erwachen einen ganzen Spielfilm. Das ist aber selten. Die Leute rufen mich just in dem Moment an, wo es anfängt, interessant zu werden, und um dann den Faden der Handlung wiederaufzunehmen: denkste! Ich räche mich, indem ich jedes Klingelzeichen mit wüsten Beschimpfungen beantworte. Ein schwacher Trost. Mein geniales Drehbuch löst sich in Wohlgefallen auf. Es bleibt mir nur eine undefinierbare Stimmung, das Gespenst einer Erinnerung.

Es klingelt ein letztes Mal, und alles ist zu Ende: Ich weiß nicht einmal mehr sicher, ob ich auch wirklich geträumt habe. Ich blicke auf den Wecker: schon achtzehn Uhr. Um fünfzehn Uhr hatte ich eine Verabredung. Sei's drum! Ich bleibe im Bett. Solange ich in den Federn liege, gebe ich kein Geld aus, rauche und trinke ich nicht und rede weniger Blech.

Magari
(Mag sein)

Den Blödian, den es nach Como verschlagen hat, weil er dem albernen Geschwätz von Schundromanen aufgesessen ist, beschleichen sofort dunkle Vorahnungen. Die Ursache versteht er natürlich nicht, aber er spürt, daß man ihn reingelegt hat. Dieser Schatten eines Unwohlseins hält nicht lange an. Der majestätische Anblick der Berge, die hinter dem See aufragen, gesprenkelt mit den Mosaiken der Villen und Ruinen, raubt ihm noch das letzte Quentchen gesunden Menschenverstandes, das ihm verblieben war. Es scheint ihm abwegig, die Flucht zu ergreifen, im übrigen will er kein übereiltes Urteil fällen. Die Symphonie von Grün- und Brauntönen wirkt besänftigend auf seinen Organismus. Trotz der feuchten Hitze, die sich ihm schwer auf die Brust legt, bemüht er sich um Sachlichkeit.

Zusammengesackt hockt er in einem der Terrassencafés auf der Piazza Cavour und blickt träumerisch zu den Schiffen hinüber, ihrem Versprechen, ihn anderswohin zu bringen, nachsinnend. »Vielleicht fahre ich gleich weg«, stellt er sich genüßlich vor, ohne sich über die plötzliche Trägheit zu wundern, die sich seines Körpers und seines Geistes bemächtigt.

Entschlossen, sich in keiner Weise mit solchen armen Trotteln gemein zu machen, schlürfte Angelo seinen Kaffee in der Bar des Schweizer Hotels ›Métropole‹ und vertiefte sich in die Zeitung ›La Provincia‹. Darin berichtete man von den Greueltaten eines Sadisten, dessen sechstes, furchtbar zugerichtetes Opfer eben am Fuße des Castel Baradello entdeckt worden war. Der Artikel war mit größtem Taktgefühl abgefaßt und ließ eine meisterliche Beherrschung der Ellipsen und

Auslassungspunkte erkennen. Die Fotos freilich hatten nichts von jener löblichen Zurückhaltung. Sie waren einfach abscheulich.

»Um Himmels willen, wissen Sie vielleicht, wo sich Ornella verborgen hält?«

Angelo fuhr zusammen. Der Unbekannte, der ihn angesprochen hatte, war ein hochaufgeschossener, bleichgesichtiger junger Mann, dessen vorzeitige Glatze durch ein blondes Ziegenbärtchen ausgeglichen wurde. Er trug einen perlgrauen Anzug, und seine Hand umschloß den Silberknauf eines mit Perlmutt eingelegten Spazierstocks aus edlem Holz.

Ohne sich etwas zu vergeben, schnalzte Angelo mit den Lippen, womit er seine Unwissenheit bekundete.

»Es ist einfach nicht zu glauben, sie ist unauffindbar. Verzeihen Sie, daß ich Sie so mir nichts dir nichts angesprochen habe, aber gestern habe ich Sie mit ihr in der Villa d'Este gesehen, und daher dachte ich, daß Sie mir vielleicht Auskunft geben könnten. Verdammt heiß heute, nicht wahr?«

Angelo nickte. Sein neuer Bekannter ließ sich auf die Bank ihm gegenüber fallen, Angelo konnte nämlich Bänke nicht ausstehen.

»Mein Name ist Fernando Felèz, aber meine Freunde nennen mich kurz Nando. Kennen Sie Ornella schon lange?«

Angelo ließ sich zu keiner Antwort herbei, redete vielmehr darüber, wie wenig ihm die Villa d'Este gefallen hatte, die er am Vortag tatsächlich, aber allein, besucht hatte.

»Ich bin ganz Ihrer Meinung, alter Knabe«, entgegnete Nando mit plötzlichem Feuer. »Die Amerikaner haben diesen Ort versaut. Jetzt kommt man sich dort vor wie in einem Feriendorf für Reisegesellschaften, einfach widerlich!«

Er winkte den Barkeeper heran und bestellte zwei Bellini.

»Champagner mit Pfirsichsaft, morgens trinke ich nichts anderes mehr. Soll soviele Vitamine enthalten wie eine gepreßte Orange. Genau wie Kiwi-Wein. Kennen Sie Kiwi-Wein? Kommt aus Neuseeland.«

Angelo hatte noch nie etwas davon gehört. Nando betrachtete ihn voller Sympathie.

»Sie sind also derjenige welcher«, sagte er schließlich. »Ornella scheint ja ganz in Sie verschossen. Vielleicht hat sie nicht unrecht, jedenfalls finde ich Sie sehr nett.«

Angelo lächelte dümmlich. Um seine Verlegenheit zu verbergen, spielte er mit der weißgelben Zweihundertliremünze herum, die er zwischen den Fingern seiner linken Hand hin- und hergleiten ließ, bis sie ihm entfiel und im Bellini landete, wo sie ein wildes Geblubber verursachte.

»Das bringt Glück«, erklärte er, immer noch lächelnd.

Nando nickte verständnisinnig.

»Ich sollte eigentlich mit Ornella im Tennisklub der Villa dell'Olmo zu Mittag essen. Wie gewöhnlich hat sie mich versetzt. Ich bete sie an, aber es gibt Tage, an denen ich sie am liebsten erwürgen möchte. Es ist ja auch wirklich fad, allein zu essen. Wollen Sie mir nicht dabei Gesellschaft leisten?«

Angelo hatte nichts dagegen.

Ornella las nur dann die *Repubblica*, wenn sie sich an den Namen der Zeitung erinnerte. Meistens nahm sie mit dem *Giornale* vorlieb, weil sie das Wort besser behalten konnte. Sie saß auf der Terrasse des Cafés ›Da Pietro‹ an der Piazza del Duomo und blickte auf die Schlagzeilen, die alle den Sadisten vom See betrafen, doch rumorte in ihrem Bewußtsein so etwas wie ein Schuldgefühl, das sie nicht loswerden konnte.

»Mensch, ich hab doch mal wieder was vergessen«, murmelte sie. »Wenn ich nur wüßte, was!«

Genießerisch beäugten die Touristen die schöne Brünette, deren Busen durch das T-Shirt mit aufgedruckter Mickymaus kaum verborgen wurde. Da die Brustspitzen genau hinter den Augen saßen, entstand der Eindruck, daß diese aus den Höhlen traten. Ornella kümmerte sich nicht um die Gaffer, schob ihren Rock hoch, um ihre Schenkel abzukühlen, und vertiefte sich in die Lektüre ihrer Tageszeitung.

Als sie nach einer Stunde zu den Kinoreklamen vorgedrungen war, stieß sie auf die Ankündigung eines alten französischen Films mit Fernandel und zuckte zusammen.

»Wie merkwürdig, welche Empfindungen der Name Fernandel in mir auslöst! Dabei ist er gar nicht der Typ Mann, auf den ich fliege«, sagte sie sich beunruhigt und versuchte herauszufinden, was sich in ihrem Unterbewußtsein abspielte.

Dann schlug sie sich mit der Hand gegen die Stirn.

»Ach du meine Güte! Ich war doch mit Fernando zum Mittagessen verabredet!«

Sie warf die Zeitung beiseite, ließ den gewürzten Tomatensaft stehen und rannte zur Via Plinio, die zur Piazza Cavour führt. Unterwegs fiel ihr ein, daß sie keine Reinigungsmilch mehr hatte, und betrat die nächste Parfümerie.

»Zwar hält Ornella keine Verabredung ein, aber trotzdem ist sie eine bezaubernde Person«, erklärte Fernando, wobei er einen Großteil des Dolcetto aus Alba neben Angelos Glas schüttete, der einen Hechtsprung machte, um seine Hose zu retten.

Der Ober kam angelaufen. Angesichts des Ausmaßes der Katastrophe gab er ihnen einen anderen Tisch. Großmütig erklärte sich Nando bereit, den Platz zu wechseln. Aber er stützte sich so schwer auf seinen Stock, hinkte so kläglich, daß der Oberkellner seinen Untergebenen ausschimpfte, ihn einen herzlosen jungen Mann ohne Sinn für Ideale schalt.

»Arme Ornella«, seufzte Nando, als sie wieder Platz genommen hatten. »Ich nehme an, sie hat Ihnen von ihrem Unglück erzählt?«

»Nein, über ihre Lebensgeschichte hat sie kaum etwas verlauten lassen.«

»Ihre Schwester, in England ermordet, ihr Stiefvater schießt sich wegen eines Skandals eine Kugel durch den Kopf, ihre Mutter hat den Verstand verloren ... Ein bißchen viel für ein junges Mädchen.«

Unwillkürlich verfolgte Angelo mit den Augen einen Ballwechsel zwischen zwei ungelenken Spielern. Wegen ihrer wüsten Schimpfreden vermochte er sich nicht zu konzentrieren. Daher fand er nicht die richtigen Worte, die dem plötzlichen Ernst der Lage angepaßt gewesen wären.

»Und ihr Vater?« fragte er, ohne sich wirklich dafür zu interessieren.

»Oh! Der starb schon, als sie noch ganz klein war. Ein Flugzeugunglück, glaube ich. Von ihm hat sie das Vermögen geerbt.«

Sie aßen schweigend.

»Haben Sie je ein Foto auf Kuh gesehen?« fragte Nando.

»Worauf?« entgegnete Angelo, der glaubte, sich verhört zu haben.

»Auf Kuh. Halt auf Kuhhaut.«

Und da Angelo immer noch keine Reaktion zeigte, erklärte er ihm:

»In der chilenischen Pampa wachsen Pflanzen, deren Pollen sich auf Kuhbäuchen ablagern. Nun ist dieser Pollen lichtempfindlich, so daß die Schatten der Gräser und Bäume auf der Haut festgehalten werden. Ich habe in meiner Sammlung ein paar recht seltene Stücke. Wenn sie daran interessiert sind, kann ich sie Ihnen zeigen.«

»Sehr gern.«

»Noch heute, außer Sie haben etwas anderes vor?«

»Nein, habe ich nicht.«

»Also abgemacht. Aber es eilt nicht, es bleibt uns genug Zeit für ein Spielchen. Wer das Set gewinnt, zahlt das Essen.«

Nach zwei Martini Dry im Schweizer Hotel ›Métropole‹ verschwand Ornella in der Damentoilette, um eine neue Feuchtigkeitscreme auszuprobieren, denn sie konnte es nicht erwarten, ihre Konsistenz auf der Haut zu spüren. Wie immer, wenn sie sich im Spiegel betrachtete, sah sie das Bild ihrer vor fast drei Jahren verschwundenen Schwester vor sich.

Hätte sie sie nur von ihrem Vorhaben abgebracht, per Anhalter zu reisen! Statt dessen hatte sie sich als große Schwester aufgespielt und darauf gedrängt, daß Francesca von der Familie die Erlaubnis erhielt, ihre Mörderinsel auf ihre Fasson zu besuchen. Mit Gentlemen, hatte sie plädiert, mit Gentlemen bestand doch keinerlei Gefahr! Der Leichnam der armen Francesca wurde in der Nähe von Sheffield am Straßenrand aufgefunden. Doch der Mörder lief immer noch frei herum.

Sie gab dem gefährlichen Drang nach, die Wunde wieder zum Bluten zu bringen, um ihren Zustand zu überprüfen, und sie öffnete die Schleusen der Erinnerung. Wieder sah sie die kleine Francesca mit ihrem Lockenkopf vor sich, wenn sie ihr abends vor dem Einschlafen Pinocchio erzählte, ihre Tränen, wenn sie zur Strafe dafür, daß sie ihre Kosmetika entwendet oder heimlich ihre Kleider angezogen hatte, die Geschichte ausfallen ließ. Durch einen Tränenschleier hindurch vermeinte sie die anmutigen Bewegungen ihres grazilen Körpers im weißblauen Badeanzug zu erblicken. Ah, Francesca mit ihren Mandelaugen und den unglaublich langen Wimpern! Ihre elastische, gebräunte Haut wie die einer Sizilianerin...

Ornella schluckte fünf Gelatinekapseln, eine nach der anderen, und fühlte sich besser. Vor sich hinträllernd, verließ sie das Schweizer Hotel ›Métropole‹, wollte ihren schräggeparkten Toyota am Zoo-Eingang holen. So einfach war das gar nicht, denn wegen ihrer Sonnenbrille sah sie fast nichts und mußte zweimal um den Häuserblock gehen, bevor sie ihn endlich sah.

Nando war ein rasanter und miserabler Fahrer.

»Bei mir zu Hause wächst eine Art halluzinogener Kaktus, der verschiedene erstaunliche Eigenschaften hat. Die erste ist, daß sein Stiel senkrecht in die Höhe wächst. Sobald er sich nach rechts oder nach links neigt, bedeutet das ein schlechtes psychologisches Klima in der Familie. Dann wird der schiefstehende Teil abgeschnitten und eine Suppe daraus gekocht, die alle für eine ganze Woche auf einen Trip schickt. Seine größte Besonderheit aber besteht darin, daß er pfeift, wenn Diebe im Haus sind. Ein richtiger Wachhund.«

»Bei Ihnen ... In der Villa?«

»Nein, in Chile. Kennen Sie Südamerika?«

»Ich würde gern mal hinfahren«, antwortete Angelo, der sich ängstlich an seinen Sitz klammerte.

»Das ist ganz einfach, begleiten Sie mich zum achtzigsten Geburtstag meines Vaters.«

Angelo kam nicht dazu, die Einladung abzulehnen oder anzunehmen. Aus der entgegengesetzten Richtung kam ein Toyota geschossen. Sein Bauch gab ein kullerndes Geräusch von sich, er hob den Unterarm, um sich zu schützen, doch die Landschaft stürzte auf ihn ein und zerschmetterte die Windschutzscheibe. Berge, Häuser, Bäume, die Straße und der See zersplitterten auf seinem Schädel.

Wie eine Nähmaschinennadel hinkte Nando auf den Toyota zu, wobei er eine Spur roter Pünktchen auf der Chaussee hinterließ. Ornella stieg aus ihrem Wagen, dessen zerknautschtes Blech rauchte.

»Ich war einfach nicht imstande autozufahren«, jammerte sie.

Außer ein paar Prellungen an Armen und Beinen schien sie unverletzt.

»Armer Angelo, er hatte Pech«, seufzte Nando und wies auf dem leblosen jungen Mann, der mit zum Himmel gewandten Gesicht im Gras des Straßengrabens lag.

Sie kniete neben ihm nieder und berührte mit den Lippen sein bleiches Antlitz.

»Du hast ihn geliebt, nicht wahr?«

»Er ist der einzige Mann, den ich je geliebt habe«, erklärte sie im Brustton der Überzeugung.

Touristen, die naiv genug sind, um eine Seerundfahrt zu machen, obwohl es nichts Nennenswertes zu sehen gibt, können kurz vor Tremezzo eine mit Zypressen und Pinien umstandene Villa wahrnehmen, die auf erstaunliche Weise an Böcklins Toteninsel gemahnt, von der nicht weniger als fünf Fassungen erhalten sind.

Wenige Meter vom plätschernden Wasser entfernt schien Angelo in einem Liegestuhl zu dösen.

Doch er schlief nicht, nur gehorchten seine Gedanken nicht der Logik des wachen Bewußtseins. In ihre Einzelteile zerlegte Bilder formten sich in seinem Gehirn und lösten sich wieder auf, dem Rhythmus der sich brechenden Wellen folgend, die gegen die bemoosten Felsen klatschten. Angelos Geist irrte durch ungefähre Landschaften, in denen sich absurde Szenen abspielten.

Der Mann mit dem Kleiderbügelkopf wusch Trauben in rotgefärbtem Brunnenwasser. Die Contessa Sforza rannte mit aufgeschlitztem Bauch und hervorquellenden Gedärmen durch das Labyrinth des großen Schlachthofs in Chicago. Über die Reling gebeugt, zerlegte der chinesische Schiffskoch den Kopf einer Sirene mit einer elektrischen Säge. Aus einem blutverschmierten Bauch züngelten nacheinander sieben schwarze Aale. Ein glühender Maulwurf drang zischend in den Bauch einer Prostituierten. Das Glasauge plumpste in das Schwimmbecken. Der Menschenfresser verschlang ein Sandwich, das mit Virtuosenfingern belegt war. Die Kokotte polierte ihr Steißbein auf Hochglanz. Und der tote, mit Blutegeln behangene Stier wurde von Fliegen aus der Arena gezogen...

In der fernen Hügellandschaft begannen die Glocken ein regelloses Geläute. Zwei Schläge hier, zwei dort, doch die musikalische Idee war nicht herauszubekommen.

Ornella stellte das Frühstückstablett auf der überstehenden Kante der Balustrade aus rosarotem Marmor ab. Sie flüsterte:

»Schläfst du, Angelo?«

Er öffnete die Augen und wandte ihr den Kopf zu. Die Frau, die ihm so großes Wohlwollen entgegenbrachte, war ihm unbekannt. Sie behauptete, daß sie Ornella hieß, und nannte ihn Angelo. Inwieweit konnte man ihr vertrauen? Wenn sie die Wahrheit sagte, warum erweckten dann diese Namen in ihm keinerlei Erinnerungen? Wollte man ihn zum besten haben? Oder war er das Opfer einer Verschwörung? Im Krankenhaus hatten sie behauptet, er habe einen Unfall gehabt. Sie wollten ihn sogar länger dortbehalten, aber Ornella, diese Frau, hatte das nicht zugelassen. Warum nur? Wo begannen seine eigenen Erinnerungen, wo endeten die der anderen? Wohin reichten seine Wurzeln, wohin strebten seine Äste?

Sein hilfloser Gesichtsausdruck rührte Ornella. Sie schenkte Tee ein.

»Hör auf, dich zu quälen, Angelo. Du wirst dein Gedächtnis früh genug wiederfinden. Weißt du, daß ich dich beneide? Du bist wie ein Säugling, wie ein großer Säugling ohne die Nachteile dieses Zustandes. Ein Stück Zucker oder zwei?«

Angelo trank einen Schluck Tee, dann, nach einigem Nachdenken, noch einen, um festen Grund zu bekommen. Schließlich erklärte er:

»Ich glaube, ich trinke ihn ohne Zucker.«

Sie klatschte beifällig in die Hände.

»Genau wie ich! Im Krankenhaus haben sie mir geschworen, daß du nichts am Gehirn hast, nicht die geringste Verletzung, verstehst du?«

Er schüttelte den Kopf und sah sie mit gespannter Aufmerksamkeit an. Nein, weder ihre edel geformte Nase noch ihre schön gezeichneten, etwas aufgeworfenen Lippen, auch nicht das kleine Kinn mit dem Grübchen in der Mitte oder die schwarzen Brauen von mustergültiger Symmetrie, weder die hellen Augen, die vom selben Grau waren wie der See in diesem Augenblick, noch die kleinen Ohren erweckten in ihm irgendwelche Erinnerungen, er brachte sie mit keinem Ort, mit keinem Wort, mit keinem anderen Gesicht in Verbindung. Wie hätte er ihren wollüstigen, zugleich fülligen und zarten Leib vergessen können? Waren sie sehr intim miteinander gewesen? Er streckte eine Hand nach ihr aus und berührte schüchtern ihre Schulter. Sie ließ ihn lächelnd gewähren.

»Mach dir keine Sorgen! Nimm das Leben, wie es kommt. Sieh mal, was für schönes Obst ich dir gebracht habe! Hast du nicht Lust auf ein paar Trauben?«

Er nahm eine, kaute lustlos daran herum.

»Hör mal, Ornella, wenn du mich vor dem Unfall kanntest, mußt du doch etwas über mich wissen, zumindest kennst du doch meinen Namen.«

»Aber ich hatte dich doch eben erst kennengelernt! Du warst per Anhalter unterwegs, und da ich nach Como fuhr, habe ich dich mitgenommen. Du hast mir gesagt, daß du Angelo heißt, das ist alles.«

»Und ich hatte überhaupt kein Gepäck?«

»Nein, ganz bestimmt nicht.«

»Und in meinen Taschen befanden sich keine Papiere, keine Brieftasche, nur ein wenig Geld und Schlüssel?«

»Ja, das war alles.«

Er trank seine Tasse Tee leer.

»Warum tust du das alles für mich?«

»Das ist doch ganz normal, oder?«

»Ich wohne bei dir, du hast mich eingekleidet, du hast sogar im Krankenhaus deinen Namen hinterlassen, als wären wir verheiratet, und du weißt nicht einmal, wer ich bin!«

»Vielleicht tue ich das nur, weil ich dich sympathisch und überaus anziehend finde und ich mich in dich verliebt habe. Bist du jetzt gekränkt? Böse?«

Er schüttelte lächelnd den Kopf.

»Du bist schon ein merkwürdiges Mädchen, Ornella!«

Er entfaltete die ›Repubblica‹, die auf dem Tablett lag.

»Ich glaube, ich werde die Zeitung lesen«, sagte er, und das Lächeln schwand aus seinem Gesicht.

Wiederum hatte der Mörder vom See zugeschlagen. Eben hatte man bei Brunate ein siebtes, furchtbar zugerichtetes Opfer entdeckt. Doch diesmal hatte der Täter mehrere Indizien hinterlassen, so daß seine Verhaftung unmittelbar bevorstand. Man hatte den Abdruck eines Schuhs in der blutgetränkten Erde gefunden, unter den Fingernägeln der Leiche klebten menschliche Hautfragmente. Die Frau hatte, als sie sich zur Wehr setzte, dem Mörder das Gesicht oder die Handgelenke aufgekratzt.

Angelo las den Artikel mit leidenschaftlichem Interesse. Gierig registrierte er die gräßlichen Details, betrachtete beklommen die Aufnahmen vom Tatort. Seine erregte Anteilnahme flößte ihm plötzlich Angst ein. Warum erweckte diese Lokalnachricht in seinem Unterbewußtsein ein solches Echo? Es war ihm eine Beruhigung, als er las, daß der Mörder kleinwüchsig war und noch dazu hinkte, jedenfalls waren die Polizeiexperten aufgrund des Schuhabdrucks zu diesem Schluß gekommen. Außerdem lag der Mord noch keine vierundzwanzig Stunden zurück, und Angelo befand sich zu diesem Zeitpunkt ja in der Villa, denn er war schon vor über einer Woche aus dem Krankenhaus entlassen worden. Er stieß einen Seufzer der Erleichterung aus.

Zwei nackte Brüste trieben wie Vanilleeiskugeln mitten im Schwimmbecken. Ornella lag faul auf dem Rücken, paddelte nur dann und wann mit den Füßen, um sich wie ein Uhrzeiger zu drehen.

Leise glitten Angelos nackte Füße über den Steinboden. Sein Blick war starr auf die Badenixe gerichtet, sein ganzes Wesen, jeder Muskel war aufs höchste angespannt, als wollte er zu einem Sprung ansetzen. Sie spürte seine Nähe und strampelte wild, um ihm ins Gesicht sehen zu können.

»Komm, Angelo! Spring!«

Er machte einen Kopfsprung, verschwand unter der Oberfläche, kam, mit Armen und Beinen wie wahnsinnig um sich schlagend, wieder in die Höhe, wobei das Wasser schäumend aufspritzte. Dann tauchte er von neuem unter.

»Angelo!« schrie Ornella.

Sie schwamm auf ihn zu, kraulte kräftig, alle Trägheit war von ihr gewichen.

»Angelo! Wo bist du?«

Er kam ganz in ihrer Nähe hoch. Sein Mund war aufgerissen, er schluckte literweise Wasser, seine Augen traten vor Entsetzen aus ihren Höhlen. Es gelang ihr, ihn am Arm zu packen und ihn an den Beckenrand zu bringen, indem sie sich von unten an ihn preßte und einen Arm um seine Brust schlang. Schließlich vermochte er sich an der Metalleiter festzuhalten. Er rang nach Luft, prustete, hustete.

»Mein armer Angelo! Ich dumme Person habe dich dazu animiert, einen Kopfsprung zu machen, und du kannst nicht einmal schwimmen.«

Sie brachen gleichzeitig in Gelächter aus. Sobald er in Sicherheit war, setzten sie sich an den Rand des Beckens und küßten sich lange.

»Akazie?«

»Rot ... Hügel ... Ein Pfad im Winter ...«

»Haben die Bäume Blätter? Sind es große Bäume oder Sträucher? Tragen sie Früchte?«

»Nein. Ich sehe zwei sehr hohe Bäume. Es windet, und die Blätter rauschen, als ob es regnete. Es regnet.«

»Artist?«

»Verbrechen.«

»Verbrechen?«

»Ja ... Lastwagen, Grenze, Gendarmen.«

Ornella, ein dickes Lexikon auf dem Schoß, fragte Angelo ab, der sich auf dem Bug des Schiffes ausgestreckt hatte. Jedesmal wenn das Hovercraft der Seeschiffahrtsgesellschaft ausfuhr, wurde das bei abgestelltem Motor treibende Boot durchgerüttelt. Die Wellen des schäumenden Kielwassers brachen sich dann an den Felsen und überspülten den Bootssteg vor der Villa. Mit kindlicher Stimme setzte Ornella die unendliche Litanei der A fort. Angelo mußte spontan antworten, sofort alle Gedankenverbindungen nennen, die die Wörter in ihm auslösten. Er fühlte sich gar nicht wohl dabei, denn die meisten Bilder, die in seinem Geist auftauchten, waren so fürchterlich, daß er sie lieber verschwieg.

»Ausharren?«

»Ein großer Raum mit grauen Wänden, das Klappern einer Schreibmaschine ... Leute, die kommen und gehen.«

»Leute? Was für Leute.«

»Männer. Einer blutet ... Hör mal, Ornella, ich würde dieses blöde Spiel lieber aufgeben.«

»Du irrst dich, Angelo. Ich bin sicher, daß diese Technik ganz hervorragend ist. Wenn du mir wirklich alles sagst, was dir durch den Kopf geht, werden wir nach und nach klarer sehen. Wir finden ganz bestimmt Details, die uns auf die richtige Spur bringen.«

»Hallo! Ornella! Angelo!«

Nando stand auf dem Bootssteg und schwang seinen Spazierstock, als wäre er ein Dirigent.

»Das ist Nando. Erkennst du ihn wieder?«

»Nein«, sagte Angelo.

»Ich habe Polaroidaufnahmen von dir in Como herumgezeigt. Niemand erinnert sich an dich, Angelo. Dann habe ich meinen Freund, den Polizeikommissar in Mailand, aufgesucht. Er hat die Akte über die verschwundenen Personen durchgesehen, aber keine Suchanzeige könnte auf dich passen. Es war also ein Mißerfolg auf der ganzen Linie.«

»Um so besser«, rief Ornella dazwischen. »Es hätte mich angeödet, wenn du eine Frau, Kinder, Tanten und Neffen gefunden hättest. Das Geheimnisvolle ist mir viel lieber.«

»Ich hatte keinen Trauring«, murmelte Angelo.

»Eines habe ich immerhin in Erfahrung gebracht«, sagte Nando. »Der Mann, der das Verbrechen in Brunate begangen hat, wurde festgenommen.«

»Der Sadist vom See?«

»Nein, es handelt sich um einen Angestellten der Spinnereien. Er wollte seine schwangere Verlobte loswerden und das Verbrechen dem Sadisten in die Schuhe schieben. Die Experten sind sich ihrer Sache ganz sicher: es handelt sich nicht um denselben Mann.«

Angelo wandte die Augen ab und blickte einem Schiff nach, das seine Touristenladung an das Seeufer brachte, das immer trister wirkte. Er rechnete nach: Ja, das letzte Verbrechen des Sadisten war vor seiner Einlieferung ins Krankenhaus geschehen. Die Vorstellung, daß er selbst vielleicht dieses Ungeheuer war, ließ ihn nicht mehr los.

»Ich habe in Ramanis Atelier vorbeigeschaut«, fuhr Nando fort. »Du weißt doch, daß er dich immer noch liebt, Ornella.«

»Ach der! Na, wie geht's ihm denn?« sagte sie gleichgültig.

»Seit er in die Via Gesù gezogen ist, malt er nicht mehr. Das heißt, er streicht die Wände, poliert die Decke, den Fußboden. Er arbeitet nicht in, sondern an seinem Atelier. Kurios, nicht wahr? Er behauptet, daß es sein Meisterwerk werden wird.«

Aber Ornella hörte ihm nicht mehr zu. Auch sie rechnete.

Und sie fürchtete sich.

Wegen des Vollmondes war es im Zimmer beinahe taghell. Angelo erwachte aus tiefem Schlaf. Er hatte das Gefühl, einen guten Fischzug gemacht zu haben. Er hatte ein Wort erjagt, wie einen Fisch hatte er es an seiner Harpune aufgespießt. Es lautete »Baradello«. Er war erschöpft, aber auch sehr erregt. Mehrmals wiederholte er das Wort »Baradello«, beglückt über den magischen, geradezu beschwörenden Klang der vier Silben. Unvermittelt, ohne daß es der geringsten Anstrengung bedurft hätte, fügte sich ein zweites Wort zum ersten: »Castel Baradello«. Er knipste die hübsche Nachttischlampe aus geblasenem Glas an, überflog in fieberhafter Eile den Stapel von Zeitungen neben seinem Bett. Sein Hochgefühl verwandelte sich in Verzweiflung.

Castel Baradello! Dort hatte man das sechste Opfer des Sadisten gefunden. Vielleicht war es seine letzte Greueltat vor dem Unfall. Die letzte, zu der er Gelegenheit gehabt hatte.

In der Ferne heulte ein Hund, als wolle er ihm eine Botschaft übermitteln. Auf Angelos Stirn perlte der Schweiß. War auch er ein Hund? Ein Wolf?

Er verließ das Zimmer und trat in die Küche. Er öffnete eine Schublade, wählte ein Fleischmesser aus und ließ den Daumen über die scharfgeschliffene Schneide gleiten. Was empfand er, wenn seine Hand den Griff umklammerte? War er ein blutrünstiger Mensch? Wie wünschte er sich Ornella: tot oder lebendig? Hatte er wirklich Lust, ihr den Bauch aufzuschlitzen?

Ornella hatte sich im dunklen Flur versteckt und beobachtete Angelo durch den Spalt der nur angelehnten Tür.

Nun zweifelte sie nicht mehr an seiner Schuld.

Sie WUSSTE jetzt, daß er der Sadist war, nach dem die Polizei fahndete, der Psychopath, der unschuldige junge Frauen vergewaltigte, tötete, verstümmelte. Sie sah Angelo vor sich, wie er am Straßenrand bei Sheffield auf den verrenkten Körper Francescas einstach.

Arme Francesca! Armes kleines Schwesterchen!

Sie kämpfte gegen die Tränen an, schluchzte aber laut auf.

»Nein, Ornella!« schrie er, streckte die Arme nach ihr aus, ohne sich um das Messer zu kümmern, das er noch in der Hand hielt.

Dreimal drückte sie den Revolver ab. Die erste Kugel durchbohrte ihm den Hals, die zweite die Brust, die dritte sein linkes Auge, so daß sein ganzer Hinterkopf aufgerissen wurde.

Am nächsten Tag erschien ein Foto von Angelo in der *Provincia.* Die Legende besagte, daß einer der mit der Festnahme des Sadisten beauftragten Polizeiinspektoren verschwunden sei.

Panisches Theater

Im Eisstadion fand anläßlich des Geburtstages von Roger, dem Direktor des Théâtre de Poche, eine kleine Feier statt. Alle waren recht ausgelassen, bloß er nicht.

»Herzlichen Glückwunsch, Roger! Weißt du, daß dein Taxi vor der Tür steht?«

»Laß es warten. Ich hab noch keine Lust aufzubrechen.«

Wo immer auch Roger hingeht, stets muß er sicher sein, daß ein Taxi auf ihn wartet. Freilich ist Roger ein prominenter Mann. Ach, ich habe ganz vergessen, die Stadt zu nennen: die Geschichte spielt in Brüssel.

»Was ist dir übers Leberlein gelaufen, Roger? Ist es dein Geburtstag?«

»Nein. Weißt du, was mit Bibi passiert ist?«

»Mit deinem Regisseur?«

»Ja, ich meine den, der die kleinen italienischen Stinkzigarren raucht. Der ist also in eine Klinik an der Avenue Louise gegangen, um sich die Mandeln herausnehmen zu lassen. So ein Pech!«

»Ist er tot?«

»Nein, aber statt ihm die Mandeln zu entfernen, hat man ihn herausgenommen und in die Mülltonne geworfen. Seine Mandeln sind immer noch da!«

»Wo denn?«

»Da hinten, im rückwärtigen Saal auf der Bank. Wenn du mit ihnen anstoßen willst, dann tu es ruhig. Mich machen die Biester fix und fertig. Also jetzt will ich lieber heim, ich nehme mein Taxi. Ciao.«

Dieser Roger ist doch wirklich ein toller Theatermann!

Liebe ohne Herz und Schmerz

Morgens

Emma seufzt, ihre Lider flattern. Noch schlaftrunken tastet sie sich allmählich in die Wirklichkeit vor. Ihr Körper vermittelt ihr ein erstes Bündel von Empfindungen. Eine davon registriert sie naserümpfend. Was mag es nur sein? Der linke Fuß ragt aus dem Bett, aber das ist nicht eben unangenehm, ein Sonnenstrahl schickt ihr rote Wellen in die Augen, recht amüsant... Aha, daher kommt also das Unlustgefühl: das Kopfkissen fühlt sich am Nacken feucht an, sogar ihre Wange ist ganz naß. Emma öffnet die Augen, und ihr Blick fällt auf ihren Teddybären. Sie lächelt und sieht dabei noch hübscher aus.

»Du wirst alt, armer Bobby. Ich muß einen Ersatz für dich finden.«

Sie schnippt mit den Fingern und befördert Bobby auf den Teppichboden. Sie wendet sich dem Videogerät zu. Auf dem Bildschirm wirkt Starskys Gesicht recht übernächtigt.

»Ich möchte jetzt gern, Liebling.«

»Warte eine Sekunde, ich schließe nur die Tür. Im Nebenzimmer ist ein Typ von der Agentur.«

Er verschwindet vom Bildschirm. Während seiner Abwesenheit schlägt sie das Laken zurück, schiebt ihr Nachthemd hoch.

»Ich gehöre ganz dir, Liebling.«

Er hat seine Hose heruntergezogen, seine Hand umfaßt seinen Penis. Auge in Auge erreichen beide schnell den Orgasmus. Sie bedarf nicht einmal des Vibrators, den er ihr zum Geburtstag geschenkt hat.

»Bis gleich, Liebling. Ich hab's eilig, ich komme sonst zu spät ins Büro.«

»Bis dann, meine Hübsche. Ich hab auch zu tun. Der Typ von der Agentur erwartet mich.«

Sie wirft ihm eine Kußhand zu und schaltet das Bild ab. Das neue Videogerät ist einfach dufte. Freilich ist der Bildschirm ein bißchen klein, aber der plastische Effekt umwerfend.

Nachmittags

»Kommst du mit ins Lafayette? Ich kauf mir einen neuen Teddybären.«

Muriel macht große Augen. Sie ist ein hochgewachsenes, sommersprossiges munteres Mädchen.

»Hast du dich endlich entschlossen, dich von deinem Fossil zu trennen? Gratuliere!«

»Kommst du nun oder kommst du nicht?«

»Natürlich komme ich mit. Aber gehen wir doch lieber in den Bazar. Sie haben dort ein neues Modell, vollautomatisch.«

Jacky hat es Emma sofort angetan. Aber unerschwinglich ist das Vieh! Dafür jedoch ganz große Klasse!...

»Sie werden Ihre Wahl nicht bereuen«, behauptet der Typ an der Kasse. »Zahlen Sie mit Kreditkarte oder in bar?«

»In natura.«

»Dann gehen Sie bitte in den kleinen Salon. Ziehen Sie sich schon aus, ich komme gleich nach.«

Muriel ist hell begeistert:

»Was sagst du zu den Jeans? Auf dem Flohmarkt gibt es keine mehr, und hier haben sie noch eine ganze Ladung.«

»Sind sie sehr teuer? In welcher Form hast du bezahlt?«

»In natura. Eine Runde auf die Schnelle. Bei dir hat's aber lange gedauert!«

»Sei bloß still! Der Zähler des Kassierers war außer Betrieb. Er hat mich alle Stellungen durchexerzieren lassen. Ich bin total kaputt. Nehmen wir die Metro oder lieber ein Taxi?«

»Bah... ein Taxi. Wenn man in natura zahlt, geht es zu zweit schneller.«

Abends

Muriel hat die letzten Zwiebackkrümel aufgegessen und stößt ihr Glas gegen den Bildschirm des Videogeräts. Starsky tut desgleichen, wenn auch mit einem leeren Glas.

»Auf dein Wohl, Liebling. Ich habe aber nichts mehr zu trinken.«

»Nimm deinen Wagen und fahr zu mir. Ich hab noch eine edle Flasche, und dann können wir wirklich miteinander anstoßen.«

Er schüttelt betrübt den Kopf.

»Keine Zeit, Liebling. Ich muß arbeiten. Und bei meinem Status kann ich es mir nicht mehr erlauben, in natura zu zahlen.«

»Ich weiß... Ich sagte das nur zum Spaß. Auch ich muß arbeiten. Bis morgen, Liebling.«

»Bis morgen, meine Hübsche.«

Nachts

Jacky fühlt sich herrlich weich an, und er weiß sich zu beherrschen, wie ein richtiger Gentleman. Ah, er wird ganz bestimmt nicht das Kopfkissen nässen! Aber der arme Bobby sieht auf seiner Kommode so traurig aus, daß Emma es nicht übers Herz bringt, ihn dort zu lassen. Sie holt ihn ins Bett, und zusammen mit dem anderen schiebt sie ihn unters Nachthemd und preßt beide an sich. Tja, und da zeigt der alte, daß er nicht weniger taugt als der neue. Dann schläft sie ein und träumt von Starsky. Er ist der einzige Mann, den sie liebt, den sie je geliebt hat. Jedenfalls ist er der einzige, der ihr einsame Lust zu bieten vermag.

Blauer Dunst

Vincent packte einen seiner Schuhe und knallte ihn gegen die Küchentür, deren Scheibe er zertrümmerte.

»Ich muß heiraten«, dachte er, »sonst dreh ich durch.«

Sobald er Singleton begegnete, teilte er ihm seinen Entschluß mit.

»Ich zähle auf dich, um mir eine Braut zu verschaffen. Ich bin nicht anspruchsvoll, wenn sie nur jung, schön und klug ist. Und dann ein Mädchen mit Sinn für Humor, du weißt schon, was ich meine.«

»Alles klar«, sagte Singleton.

Dann redeten sie über Cocktails.

Am Sonntag darauf rief ihn Singleton an.

»Komm in den Jardin des Plantes, vor das kunsthistorische Museum, ich werde dir dort deine Frau vorstellen.«

»Ich eile.«

Sie war bezaubernd. Genau wie Vincent sie sich erträumt hatte: witzig, hübsch, mit einem Anflug von Schwermut in den Augen und keineswegs auf den Kopf gefallen.

Singleton machte seine Sache großartig.

»Maud, dein Mann. Vincent, deine Frau.«

Lachend schüttelten sie einander die Hände.

In der Folge gingen sie oft zusammen aus, liefen händchenhaltend durch die Straßen, küßten sich, schliefen miteinander, heirateten, sahen fern und knabberten dabei Erdnüsse.

Eines Abends beim Kartenspielen sagte Maud unvermittelt:

»Jetzt reicht's aber.«

»Was reicht jetzt?« fragte Vincent und stach ein As.

»Das mit dir und mir, diese Geschichte eben. Ich hab dich

gern, Vincent, aber ich liebe dich nicht. Das Ganze war nur blauer Dunst, verstehst du?«

»Red nur weiter!«

»Du weißt ja, wie Singleton ist. Ein großes Kind. Er hat uns einander als Mann und Frau vorgestellt, das war drollig. Ich wollte sein schönes Märchen nicht zerstören. Aber jetzt reicht's. Es war nur blauer Dunst.«

»Ich hab so was geahnt«, seufzte Vincent.

Er öffnete eine Schublade, nahm einen Revolver heraus, den er sich an die Schläfe hielt.

»Nein!« schrie Maud.

Der Knall hörte sich wie ein Furz an.

»Keine Sorge«, erklärte Vincent, »es ist nur ein Spielzeugrevolver. Auch ich hab was übrig für blauen Dunst.«

Very select old product

»Also, ist es nun welche?« fragt die Baronin und deutet mit dem Zeigefinger auf ein Kissen.

Der Baron zuckt die Achseln. Er weiß es nicht. Um sich Gewißheit zu verschaffen, läßt man einen Sachverständigen aus Paris kommen. Er tippt mit dem Finger daran, führt ihn zum Mund. Endlich gibt er sein Urteil ab.

»Kein Zweifel. Es ist wirklich Scheiße, und zwar sehr alte. Ich bin durchaus Interessent.«

Der Baron hätte gern verkauft, aber die Baronin will sich um keinen Preis dazu verstehen!

Tödliche Soiree

Dame Tod schmollte.

Sie hatte eine Stinkwut auf ihren derzeitigen Freund Pechsträhne, der sie zu diesem gräßlichen Abendempfang mitgeschleift hatte. Dame Tod haßte solche Gesellschaften, sie bevorzugte Arme, Kranke und Soldaten. Notfalls nahm sie auch mit Autobahnen vorlieb. Aber in diesem Salon fühlte sie sich fehl am Platz. Die Atmosphäre war ihr zu pariserisch, zu seicht. Sie langweilte sich inmitten all dieser Leute, die über Bagatellen sprachen, beim geringfügigsten Anlaß lachten, über ihre Freunde herzogen und diejenigen, die sie nicht ausstehen konnten, über den grünen Klee lobten. Dame Tod hatte den Eindruck, daß sie hier ihre Zeit verplemperte. Sie suchte nach Pechsträhne, um ihn zum Aufbruch zu bewegen. Natürlich war er vollauf damit beschäftigt, von einem zum anderen zu flattern, und er fühlte sich so wohl hier wie eine Olive in einem trockenen Martini.

Da war ein hochaufgeschossener, überaus kurzsichtiger Verleger, distinguiert von den Fingernägeln bis zu den silbrigen Haarspitzen, eine konzeptuelle Künstlerin, deren nackte Arme mit Brandmalen von ausgedrückten Zigaretten übersät waren, ein Sänger aus Toulouse, der gerade das Gleichgewicht verlor, eine Schauspielerin, die ihr letztes Comeback feierte, ein sehr dezenter ehemaliger Pornostar, ein neurasthenischer Krebsforscher, ein inspirierter Küchenchef in seiner kubistischen Periode, ein Filmregisseur, der große Reden über die Sakralisierung des Busens in den Industriestaaten schwang, eine Friseuse mit starker Körperbehaarung, ein betrunkener Seefahrer, zwei brasilianische Zwillinge, deren Hauptquartier der Bois de Boulogne war, die Redakteurin einer Modezeitschrift, ein total versumpfter Journalist des *Monde*, ein Industrieller, sechs Nutten, ein Polyp und sogar der snobistische Sohn eines Mitglieds des Zentralkomitees.

»Amüsierst du dich?« fragte Pechsträhne, der plötzlich neben ihr auftauchte.

»Hauen wir ab?« flüsterte Dame Tod.

»Unmöglich, ich habe dich nicht einmal mit unserer Gastgeberin, Marie-Laure de B. bekanntgemacht.«

Eben diese Dame eilte nun mit ausgebreiteten Armen auf sie zu, ein strahlendes Lächeln auf den Lippen. Pechsträhne deutete einen Handkuß an.

»Marie-Laure, ich glaube, daß du meine Freundin, Dame Tod, noch nicht kennst.«

»Sie sind es also! Pechsträhne hat Sie so in den Himmel gehoben, daß ich anfing, eifersüchtig zu werden. Aber ich sehe, daß er nicht gelogen hat. Sie sind wirklich schön! Was für eine phantastische Figur! Sicher treiben Sie Tanzgymnastik, oder etwa nicht?«

»Nein... Ich glaube, ich sollte jetzt gehen, ich bin ein wenig müde...«

»Kommt nicht in Frage«, erklärte die Gastgeberin. »Sie sind gerade eben gekommen. Übrigens bin ich sicher, daß ich Ihnen schon einmal irgendwo begegnet bin... Vielleicht in New York? Im ›Studio Fifty-Four‹?«

»Schon möglich«, antwortete Dame Tod matt.

»Venedig? In der ›Harris Bar‹?«

»Ich bin so vergeßlich!«

»Ich überhaupt nicht. Ich habe ein ausgezeichnetes Personengedächtnis. Saint-Paul-de-Vence? Die Maeght-Stiftung? Lugano? Trouville? Die Bahamas? Das Londoner ›Savoy‹? Warten Sie mal, vielleicht war es im ›Pierre‹? Oder im ›Plaza‹? Es muß in New York gewesen sein!«

Dame Tod nickte, um ihr gefällig zu sein.

»Sie sind doch Journalistin, oder? Fotografin? Mein Gott, wie dumm ich bin! Natürlich, sie sind Spitzenmodell!«

»Es ist schon spät«, versuchte sich Dame Tod herauszureden. »Ich muß mich verabschieden. Im Augenblick habe ich ungeheuer viel Arbeit.«

»Na und? Dann muß die Arbeit eben warten. Meine Freunde sind so sehr darauf erpicht, Ihre Bekanntschaft zu machen. Sie können sie einfach nicht enttäuschen. Sie werden sehen, sie sind wirklich reizend. Sie werden sich großartig mit ihnen verstehen.«

Dame Tod warf Pechsträhne einen flehentlichen Blick zu, der aber zuckte bloß die Achseln. Schon zog die Gastgeberin sie hinter sich her. Sie gab den Kampf auf und folgte ihr seufzend.

So kam es, daß Dame Tod der Liebling der Pariser Schickeria wurde.

Wer andern eine Grube gräbt ...

Es gibt Tage, an denen man sich auf den Weg zur Hölle machen würde, wenn es dem Teufel in den Sinn käme, folgendermaßen abgefaßte Einladungen zu verschicken:

»Zur Vernissage der neuesten Werke Luzifers wird Ihre geehrte Anwesenheit erbeten, Unterweltgalerie, Satansstraße Nummer soundso, von X Uhr bis Y Uhr. Cocktail.«

Sie, geschätzter Leser, würden vielleicht nicht hingehen, denn es ist ein weitverbreiteter Irrtum, die anderen für seinesgleichen zu halten, ich aber würde mich nicht lange bitten lassen. Vor allem das Wörtchen ›Cocktail‹, das in einer Ecke der Karte prangt, scheint mir unwiderstehlich.

Deshalb stieß ich einen Freudenschrei aus, als ich unter meiner Tür eine überaus banale Karte entdeckte, die mich für denselben Abend in eine schäbige Galerie in der Rue de Seine einlud, um dort die jüngsten Werke einer unbekannten Berühmtheit zu bewundern. Alles war besser als die trübselige Langeweile in meiner Bruchbude! Ich hatte die Nase voll von meiner alltäglichen Wirklichkeit, ich sehnte mich nach der Glühbirnenpracht der Vernissagen. Ganz zu schweigen davon, daß dem magischen Wort ›Cocktail‹ das nicht weniger gehaltvolle Substantiv ›Büffet‹ vorangestellt war. Ich schlang mir meine einzige Krawatte um den Hals und eilte an das linke Seine-Ufer.

Wie erwartet, waren die Bilder niederschmetternd. Ich verweilte nicht allzu lange im Ausstellungsraum, sondern begab mich sogleich in ein Nebenzimmer, wo sich eine Schar von Kunstliebhabern methodisch den Ranzen vollschlug. Nachdem ich rasch hintereinander vier Schalen Champagner gezwitschert hatte, machte ich mich mit einer fünften in der

Hand auf die Suche nach einer Sitzgelegenheit, denn ich begann Schlagseite zu zeigen. Unterwegs hamsterte ich eine Platte mit Aperitivhappen, so daß ich gut eingedeckt war, als ich mich auf einem Ledersofa niederließ, auf dem bereits zwei Frauen und ein Mann saßen.

Die Damen standen nicht mehr in der ersten Jugendblüte, aber ihre übers Knie hochgeschobenen Kleider ließen wohlgeformte Beine sehen. Sie gurrten wie zwei Schulmädchen und schienen wild entschlossen, sich zu amüsieren. Der beleibte Herr, Mitte der Fünfzig, der ihnen einen Vortrag über rheumatische Beschwerden hielt, machte Schlafzimmeraugen und sprach mit vollem Mund. An der Anzahl der Petits fours, die er auf seinen Knien ausgebreitet hatte, erkannte man sofort den professionellen Schnorrer. Zu Anfang kümmerte ich mich nicht sonderlich um ihr Gespräch, aber bald wurde meine Aufmerksamkeit mehr und mehr gefangengenommen.

»Einfach unglaublich, wie wetterfühlig ich bin«, erklärte die Silbrige (denn die eine war eine Platinblonde, die andere eine Silberbrünette).

Ihr Unterhalter nickte tiefsinnig, wie einer, der mit allem menschlichen Elend vertraut ist.

»Ich habe Fälle behandelt, die schlimmer waren als der Ihre, Madame, und zwar mit Erfolg, wie ich in aller Bescheidenheit bemerken möchte.«

»Sie sind also Arzt?« fragte die Platinblonde mit listigem Lächeln.

»Ich habe kein Anrecht auf diesen Titel, *chère amie*, ich bin nur Magnetiseur, genauer gesagt: Maler-Magnetiseur.«

Die Damen waren sprachlos.

»Ist das die Möglichkeit?«

Er bestätigte es mit feierlichem Gesicht.

»Handauflegung.«

Gemessen und würdevoll hob er seine Hände in Augenhöhe und betrachtete sie verzückt.

»Sie vereinigen in sich alle Heilkräfte. Mit ihrer Hilfe vermochte ich zahlreichen Leidenden zu helfen, die von der offiziellen Wissenschaft im Stich gelassen wurden.«

Ich ahnte, worauf der alte Gauner hinauswollte.

»Es wäre mir im übrigen eine Freude, mein bescheidenes Talent in Ihren Dienst zu stellen, wenn Sie gestatten.«

Die Silbrige seufzte tief, so daß ein Knopf von ihrem ohnehin weit ausgeschnittenen Mieder absprang.

»Sind Sie sehr teuer?«

»Ich verlange nichts, Madame. Ich fühle mich nicht berechtigt, meine Gabe zu Geld zu machen. Ich nehme nur, was man mir freiwillig gibt.«

Ich unterdrückte ein Schmunzeln. Er bemerkte es und sagte bissig, auf mich gemünzt:

»Freilich gibt es sogenannte Freigeister, unverbesserliche Materialisten, die hartnäckig die wunderbaren Seelenkräfte leugnen. Sie tun mir leid, auch wenn sie mich als Scharlatan behandeln. Ich hoffe, daß Sie nicht zu ihnen gehören. Glauben Sie an das Übersinnliche?«

Die Damen gaben sich alle Mühe, ihn von ihrer richtigen Gesinnung zu überzeugen. Sie hatten schon Warnträume gehabt, manche Freundin verdankte alles ihrer Hellseherin, kurz, sie waren nicht aus Hinterpommern. Er blickte mich triumphierend an, ich zwinkerte zurück.

»Sehen Sie, diese Skeptiker sind wie Blinde, die selbst die Existenz der Sonne leugnen würden. Ich, der ich mit Ihnen spreche, meine Damen, habe in meinem kurzen Leben so manches Unglaubliche, Phantastische, Entsetzliche gesehen. Die Materialisten aber haben natürlich nichts davon wahrgenommen. Aus diesem Grund tun sie mir leid.«

»Erzählen sie uns von diesen unglaublichen Abenteuern, bitte erzählen Sie!«

Er ließ sich ein wenig bitten, bevor er ihrem Wunsch nachgab, und ich muß gestehen, daß auch ich neugierig war.

»Um das Wirken übernatürlicher Kräfte zu verspüren,

meine Damen, bedarf es keiner Reise in ferne und geheimnisvolle Länder, wo die Magie so selbstverständlich zum alltäglichen Leben gehört wie bei uns das Gas und die Elektrizität. Die Geschichte, die ich Ihnen erzählen möchte, hat sich vor weniger als drei Jahren in Frankreich zugetragen, und zwar an der Riviera und noch dazu mitten in der Hochsaison. Sie beginnt wie ein belgischer Witz und verläuft dann im Sande. Wer freilich ein Auge dafür hat...«

»Erzählen Sie, erzählen Sie schnell!«

»Nun also! Im August 198... hielt ich mich bei einem belgischen Freund auf, der eine herrliche Villa in der Nähe von Antibes besitzt. Eines Tages sagte er zu mir: ›Als Maler muß ich dich unbedingt mit dem hiesigen Künstler bekanntmachen. Es ist der Dorfidiot.‹ Um ihm zu Gefallen zu sein, erklärte ich mich bereit, ihn zum ›Galoube-Buben‹, wie man ihn nannte, zu begleiten. Ein altersloser Mann, der in einer primitiven Holzhütte inmitten einer Unzahl von roh modellierten Tonstatuetten lebte.

›Das ist seine Manie‹, erklärte mein Freund. ›Den ganzen Tag formt er seine Figuren. Wenn er mit einer fertig ist, benennt er sie nach einem Nachbarn oder einer ihm bekannten Person. Vielleicht ist er gar ein Genie.‹

Das war leider nicht der Fall. Seine Figurinen waren wirklich zu simpel. Es tat mir leid, meinen Freund enttäuschen zu müssen, denn er hätte gern ein wenig in ›wilde‹ Kunst investiert. Wir erörterten diese Frage im Beisein des armen Kerls, der aber keine Notiz von unserem Gespräch nahm. Dennoch fand ich die künstlerische Leidenschaft dieser unbedarften Seele rührend, so daß ich ihn vor meiner Rückkehr nach Paris noch einmal aufsuchte, um eines seiner Werke als Andenken zu erwerben. Er schien über mein Interesse erfreut, reichte mir eine kleine, kaum trockene Statuette, und stammelte: ›Sie...‹ Er hatte mich porträtiert. Meiner Treu, von einem Konterfei konnte nicht die Rede sein, doch da es vor allem auf den guten Willen ankommt, bedankte ich mich und verließ ihn.«

Der Erzähler machte eine Pause. Die enttäuschten Damen zogen die Brauen hoch. Sie verstanden nichts. Da das Schweigen anhielt, glaubte auch ich, daß die Geschichte zu Ende war. Ich erhob mich, um meine leere Schale nachzufüllen. Der Maler-Magnetiseur wartete höflicherweise meine Rückkehr ab, bevor er mit seiner Erzählung fortfuhr.

»Sie erinnern sich zweifellos an die tragischen Ereignisse im ›Shake It‹?«

»›Shake it‹? Der Name kommt mir irgendwie bekannt vor...«

»Über zweihundert Tote in einer Tanzbar...«

»Ja, natürlich, jetzt erinnere ich mich... Ganz in der Nähe von Antibes... Entsetzlich... Brand in einem Nachtlokal.«

»Es brannte gar nicht ab. In jener Nacht gab es nur einen Brand in dieser Gegend, dem eine armselige Hütte zum Opfer fiel. Sie erraten bestimmt, welche. Der Galoube-Bub ist darin verkohlt. Dasselbe Schicksal ereilte die Gäste des ›Shake It‹, doch weder das Baumaterial noch mangelnde Sicherheitsvorkehrungen, die man dafür verantwortlich machen wollte, hatten etwas damit zu tun. Erraten Sie den Grund?«

Wie aus einem Munde riefen die beiden Damen:

»Die Figurinen.«

»Ja, meine Damen, daran lag es. An den Figurinen. Ohne sich dessen bewußt zu sein, hatte der Dorfidiot einen magischen Vorgang ausgelöst. Seine Puppen von zweifelhafter Ähnlichkeit haben den Tod ihrer Modelle verursacht, die verhext waren, ohne es zu wissen. Rein zufällig befanden sie sich alle zusammen im selben Tanzlokal, und die Geschichte von dem Brand wurde nur deshalb in die Welt gesetzt, um die öffentliche Meinung nicht zu erschrecken.«

Der Kerl war wirklich von einer Unverfrorenheit! An übermäßigem Taktgefühl würde er bestimmt nicht zugrunde gehen. Ich fand ihn immer widerlicher.

»Wenn Sie nun nicht Ihre Statuette geholt hätten, ich meine die Figur, die Sie abbildet«, fiel die Platinblonde ein.

»Ja, ja, Madame, dann säße ich jetzt nicht hier. Ich habe in diesem Leben so manches gefährliche Abenteuer bestanden, aber ich darf wohl sagen, daß ich dem Tod nie so nahe war.«

Diesem völlig reizlosen Menschen war es immerhin gelungen, seine Zuhörerinnen so zu bezirzen, daß er jetzt nur noch entscheiden mußte, welche der beiden Frauen sich am besten für die Handauflegung eignete. Ich setzte auf die Silbrige mit Rheuma. Sie seufzte:

»Wie gerne ich Ihr zweites Ich sehen würde! Es ist bestimmt noch in Ihrem Besitz, denn wenn sie sich davon trennen würden, kämen Sie sicher in Ungelegenheiten. Nicht wahr, Sie hüten es wie Ihren Augapfel!«

»Sie haben recht. Ich habe mein magisches Bild immer bei mir. Ich kann also Ihre Neugier leicht befriedigen.«

Aus der Innentasche seines Jacketts zog er ein kleines Päckchen, das mit Seidenpapier umwickelt war. Sorgsam schälte er seinen Inhalt heraus.

»Da, bitte! Aber Vorsicht, sie ist sehr zerbrechlich!«

Linkisch streckten die beiden Frauen ihre Hände nach der Statuette aus, die ihnen entfiel und auf meine Füße zurollte.

»Obacht!« kreischte der Maler-Magnetiseur.

Ich hob die Figurine auf. Tatsächlich stellte sie einen rohen Entwurf einer menschlichen Gestalt dar, doch entbehrte sie nicht einer gewissen Grazie. Leider hatte sie bei ihrem Fall Schaden genommen. Die ganze unter Gesichtshälfte war abgebröckelt.

»Dankefön, dankefön«, nuschelte der Mann mit einer völlig unkenntlichen Stimme.

Er nahm seine Statuette in Empfang, bückte sich, um das Gebiß aufzuheben, das bei seinem Schrei seinem Mund entsprungen war, und setzte es wieder ein.

Die beiden Damen verabschiedeten sich kühl und kehrten zum Büffet zurück.

Zahnärzte

Irgendwann befanden wir uns alle einmal in der unangenehmen Situation, einem Zahnarzt mit üblem Mundgeruch ausgeliefert zu sein. Zahnärzte, das ist ein offenes Geheimnis, stinken aus dem Mund. Warum eigentlich? Ein ehemaliger Zahnarzt, der nicht genannt werden will, hat den Schleier des Geheimnisses gelüftet: Zahnärzte putzen sich nie die Zähne. Wenn man sich nämlich die Zähne putzt, ruiniert man sie. Den Zahnstein entfernen? Sehr schädlich! Karies behandeln? Überaus gefährlich! Plomben, Brücken einsetzen? Katastrophal! Um sich davon zu überzeugen, braucht man sich nur die Schädel, genauer gesagt, die Kiefer unserer Vorfahren anzusehen, die prachtvollen Gebisse vor der Diktatur der Zahnärzte. Handeln Sie wie sie, scheren Sie sich nicht um ihre Reden! Lassen Sie Ihre Zähne in Frieden! Aus dem Mund werden Sie dann riechen? Man wird Sie für einen Zahnarzt halten!

»Vincent, wo ist der Kleine?«

Ihre Stimme überschlug sich, woraus ich entnahm, daß sie völlig mit den Nerven herunter war. Ich zuckte die Achseln.

»Er ist halt mit den anderen Kindern im Hof. Wo soll er schon sein?«

Sie rang die Hände.

»Ich habe ihm doch verboten, die Wohnung zu verlassen. Er wird sich erkälten... Seit er diesen Victor kennt, ist er nicht mehr derselbe. Dabei war er doch immer so lieb! Jetzt scheint es ihm direkt Spaß zu machen, ungehorsam zu sein! Victor ist verdorben, Vincent, durch und durch verdorben. Er macht mir angst.«

Wenn Mathilde diesen Ton anschlug, war es verlorene Mühe, sie zur Vernunft bringen zu wollen. Trotzdem tat ich mein Bestes.

»Nur mit der Ruhe, Mathilde, du redest Unsinn. Victor ist erst sechseinhalb... Vielleicht verhätscheln ihn seine Eltern ein wenig, aber er ist doch kein Monstrum, wie du annimmst... Unser Kleiner ist ja auch nie ein Engel gewesen. Das ist doch auch ganz in Ordnung... Allzu brave Kinder finde ich schrecklich... Das Ganze ist doch recht harmlos. Mit Kindern muß man eben sehr viel Geduld haben... Du bist halt ein wenig überanstrengt...«

Sie brach in Tränen aus.

»Sag doch gleich, daß ich nicht alle Tassen...«

Ich versuchte sie zurückzuhalten, aber sie rannte ins Badezimmer.

Um mir Gewißheit zu verschaffen, ging ich im Hof nachsehen. Natürlich war der Kleine dort und spielte mit Victor und den anderen Kindern des Mietshauses auf einem weitläufigen Gelände Himmel und Hölle, aber sie waren nicht besonders bei der Sache. Ihre Gedanken kreisten sicher mehr darum, was sie am nächsten Morgen in ihren Schuhen vorfinden würden ...

Wir hatten ein paar Freunde zum Heiligen Abend eingeladen. Nach dem Essen setzten wir uns ins Wohnzimmer, wo der hübsch geschmückte Christbaum stand. Der Kleine, der sich untadelig benommen hatte, schlief schon seit einigen Stunden. Wir plauderten gemütlich und tranken gerade einen Verdauungsschnaps, als plötzlich Mathilde zu mir trat. Auf ihrem Gesicht malte sich helles Entsetzen.

»Vincent ... Der Kleine ist nicht in seinem Bett ...«

»Wo ist er denn?«

Sie führte mich in die Küche, an die Kellertür.

»Horch ...«

Man vernahm Fetzen eines seltsamen Singsangs, der wegen der Entfernung nur gedämpft zu uns drang. Ganz leise öffnete Mathilde die Tür. Mit angehaltenem Atem stiegen wir die Treppe hinunter. Je tiefer wir in den Keller kamen, desto deutlicher wurden die Worte. Zwei Zeilen jagten mir einen Schauer über den Rücken:

»... denn Schmerzen sind besser als folgsam sein
Der Tod unserer Eltern wird uns befrein ...«

Unten bot sich uns im Schein der Fackeln, die in den Boden gerammt waren, ein phantastisches Schauspiel. Alle Kinder des Mietshauses hatten sich hier versammelt und bildeten einen Kreis. Auch unser Kleiner saß dabei und sang nicht weniger lautstark als die anderen. Im Mittelpunkt prangte ein umgestülpter Christbaum, daneben stand Victor.

Er war nicht das älteste Kind, andere mochten etwa drei Jahre älter sein als er, aber zweifellos war er der größte und der stärkste. Dieser hellblonde, athletisch gebaute Junge besaß eine verderbliche Kraft, ein geradezu obszönes Prestige. Wie seine Kameraden war er nur mit dem Oberteil seines Schlafanzuges bekleidet. Der Gesang endete.

Langsam hob Victor seine rechte Hand. Ich sah, daß sie mit einem Küchenmesser bewehrt war. Hinter mir ertönte ein dumpfes Geräusch. Mathilde hatte das Bewußtsein verloren. Victor senkte den Arm. Bis zum Schaft drang das Messer in die Brust einer Puppe ein. Sogleich strömte eine schwarze Flüssigkeit aus der Wunde.

Das war mehr, als ich ertragen konnte.

Mit einem Satz sprang ich unter die Kinder, versetzte ihnen Ohrfeigen und Fußtritte. Ich versuchte nicht, sie zurückzuhalten. Ohne Gegenwehr zerstreuten sie sich und ließen mich in ihrem verlassenen Tempel allein. Die Fackeln warfen grausige Schatten gegen die Wände. Ich trat zum umgestülpten Weihnachtsbaum. An den Wurzeln hingen zwei Päckchen.

Wahllos öffnete ich eines.

Darin war braunes Pulver.

Es erinnerte an ...

Hatschi!

Es erinnerte an ...

Hatschi!

An Niespulver!

Diese Satansbraten!

Stillos

Nach Cowboy-, Indianer- und Gangsterfilmen, dem Kintopp mit Monstern und Vampiren kommt nun ein neuer Filmtyp von Amerika zu uns: der Säuferfilm. Die Spielregel ist ganz einfach: alle Figuren sind von Anfang bis Ende betrunken. Ansonsten findet man die herkömmlichen Handlungsabläufe mit den altbewährten Zutaten wie Sex, Gewalt und Humor.

Ich habe mir *Blue Solo* angesehen, der in Fachkreisen als der beste unter den bislang gedrehten Säuferfilmen gilt. Ich war allerdings gar nicht davon angetan.

Es ist die altbekannte Geschichte eines leitenden Angestellten, der sich mit vierzig in eine Linguistikstudentin verliebt, die seine Tochter sein könnte. Ihretwegen gibt er seine Arbeit, seine Familie und seine Gewohnheiten auf, um ein neues Leben anzufangen. Die Studentin läßt ihn sitzen, und der arme Mensch kehrt zu seiner Frau zurück, die nie aufgehört hat, ihn zu lieben. Ende.

Mit diesem dürftigen Drehbuch hätte man immerhin noch die Krise der heutigen Gesellschaft ausleuchten, eine tiefenpsychologische Studie hervorbringen oder einen Mythos unserer materialistischen Epoche unter die Lupe nehmen können. Was spielt sich statt dessen auf der Leinwand ab?

Der leitende Angestellte ist zu betrunken, um zu bemerken, daß die Linguistikstudentin in Wirklichkeit ein Lastwagenfahrer ist. Dieser aber ist so blau, daß er die Kleider seiner Frau anzieht und sich dauernd erbricht, auch wenn der leitende Angestellte ihn zu küssen versucht, so daß uns unendlich lange Szenen vorgesetzt werden, wo die Hauptpersonen, wenn sie sich umarmen wollen, ständig danebengreifen, auf dem Boden herumrollen, wieder aufstehen, von neuem hinfallen usw.

Die Frau unseres Helden ist im übrigen zu angesäuselt, um sich ihrem Gefühlsleben zu widmen. Sie schläft in ihrer Badewanne ein und schnarcht bis zur letzten Sequenz, in der sie vom Geräusch der aufgehenden Wohnungstür geweckt wird und, nachdem sie ein paarmal gestolpert ist, ihrem total hirnverbrannten Ehemann in die Arme sinkt.

Das wäre über die Hauptpersonen zu sagen. Nicht weniger pittoresk sind die Nebenfiguren. Ein Polizist vollführt einen Slalom zwischen den Autos, um den Verkehr zu regeln, und landet schließlich unter einem Bus, dessen Fahrer statt des Steuers einen Shaker in der Hand hält und laut singt: *»Trink trink another drink!«* Die Fahrgäste wälzen sich am Boden und unter den Sitzen auf der Suche nach vollen Flaschen. Auch die Szene in der Schule, wo der Sohn des leitenden Angestellten unter den scheelen Blicken seines Lehrers lernt, wie man Weinproben macht, ist nicht von schlechten Eltern.

Sicher handelt es sich um einen neuen Stil, fraglich ist nur, ob es auch wirklich einer ist.

Steht die siebente Kunst nicht im Begriff, die üblen Instinkte des Publikums auszubeuten? Ich denke da insbesondere an die Episode, wo die zwei kleinen Mädchen, die eben eine Korbflasche Cognac geleert haben, sich auf die Frau des Lastwagenfahrers stürzen und sie vergewaltigen wollen. Zuviel ist zuviel. Schließlich werden uns diese Entgleisungen noch die Freude am Trinken vermasseln ...

Ende gut, alles gut

Mit hängenden Köpfen verließen sie im Gänsemarsch das kleine Bahnhofsgebäude von Saint-Firmin und blieben vor dem Auto stehen. Sie wirkten nur nach außen hin abgeschlagen, in ihrem Inneren brodelten heftige Gefühlswallungen.

Der kleine Hervé empfand Verdruß und ohnmächtige Wut, denn er hatte sich so sehr darauf gefreut, zum ersten Mal in seinem Leben allein zu reisen. Mit dem Schienenbus, den sie eben versäumt hatten, sollte er nach Pugny-sur-Aube fahren, um den Rest seiner Ferien bei seiner Großmutter zu verbringen.

Muriel war erbost über Roger, der mit Fleiß eine Treibstoffpanne bewirkt hatte. Auch wenn keine Absicht dahinterstand, so hätte er doch einen Benzinkanister dabei haben können, statt eine ganze Stunde damit zu verlieren, in der Werkstatt einen zu holen. Und sie war vorher so glücklich bei dem Gedanken gewesen, eine Woche ohne den Kleinen, ganz wie früher, als sie noch ein Liebespaar waren, in Biarritz zu verbringen. Er hatte alles verdorben.

Roger ärgerte sich über Muriels Unterstellungen. Hätte sie nicht die Schnapsidee gehabt, sich in der letzten Minute noch die Haare zu waschen, wären sie trotz der Panne noch rechtzeitig angekommen.

»Sollen wir Omi anrufen?«

»Der Kleine hat recht, wir müssen Omi verständigen, sonst beunruhigt sie sich noch.«

»Wart noch, ich will versuchen, den Schienenbus einzuholen.«

»Soll er denn in den fahrenden Zug springen?«

»Nein, er kann ihn am nächsten Bahnhof nehmen.«

»Dazu ist es zu spät. Du weißt doch, daß die Straße sehr kurvenreich ist, während die Schienen schnurgerade über Brücken und durch Tunnels laufen. Das schaffst du nie!«

»Wir werden ja sehen. Steigt ein!«

»Statt ein Wettrennen zu veranstalten, könnte man ja die Sache gleich zu Ende bringen und Hervé direkt zu Omi fahren.«

»Ich hätte nichts dagegen, aber du weißt ja, wie sie ist. Sie würde uns nicht wieder weglassen. Wir verlieren dann mindestens zwei Tage Biarritz.«

Auf der holprigen Landstraße konnte er nicht mehr als hundertzwanzig fahren. Zu allem Unglück war sie außerdem an einer Stelle wegen eines Erdrutsches gesperrt. Eine Umleitung führte in östliche Richtung durch Gott weiß was für Nester.

»Wir sollten lieber Omi anrufen.«

Roger ließ sich nicht einmal mehr zu einer Antwort herbei. Mit finsterem Blick, ohne Rücksicht auf Verluste trat er aufs Gaspedal. Völlig entfesselt raste der Peugeot von einer Straßenseite auf die andere, kam in den Kurven ins Schleudern, flog förmlich über die Schlaglöcher. Muriel wagte keinen Ton mehr zu sagen, sie klammerte sich ans Armaturenbrett. Sie war kreidebleich. Hemmungslos erbrach sich Hervé auf dem Rücksitz.

Eine Stunde waren sie so dahingeprescht, da stieß Roger einen Triumphschrei aus.

»Sieh mal, dort hinten. Ein Bahnhof!«

»Vielleicht liegt er gar nicht an der richtigen Bahnstrecke.«

»Ich wette, daß er das tut.«

»Der Zug ist schon durchgefahren.«

»Das werden wir ja sehen.«

Arnay-le-Bois: ein hübscher kleiner Bahnhof, ein rotes Backsteingebäude mit einem Schieferdach und einer großen Uhr ohne Zeiger. Sie rannten ins Innere. Kein Angestellter hinter den Schaltern, auf dem Bahnsteig kein Reisender. Weit und breit keine Menschenseele. Da ertönte ein dünnes Klingeln, das eine Ewigkeit zu währen schien.

»Das bedeutet sicher, daß gleich der Zug einfährt«, behauptete Roger.

»Wir haben ihn doch verpaßt«, seufzte Muriel.

Hervé weinte.

Roger vertiefte sich in die Lektüre der Abfahrtszeiten, die an der Wand angeschlagen waren.

»Sieh mal einer an, ich hab's doch gewußt: Pugny-sur-Aube, 17 Uhr 17, jetzt haben wir 17 Uhr 15. Alles in Butter.«

Nun waren alle Probleme aus der Welt geschafft. Hervé würde zu seiner Oma fahren und sie nach Biarritz. Das hätten sie geschafft! Glücklich darüber, dem Zufall ein Schnippchen geschlagen zu haben, brachen sie in Gelächter aus.

Punkt 17 Uhr 17 fuhr der Zug in den Bahnhof ein. Sie vertrauten Hervé einer bezaubernden alten Dame an, die just nach Pugny-sur-Aube reiste, wuchteten den Koffer ins Gepäcknetz und stürzten aus dem Waggon, als der Zug anfuhr.

»Auf, nach Biarritz!«

Sie küßten sich lange und feurig, was sie schon seit Jahren nicht mehr zu tun pflegten.

Diese Woche in trauter Zweisamkeit, wie sie sie vor der Geburt des Kleinen gekannt hatten, wirkte wunderbar belebend auf ihre Liebe. Sie entdeckten von neuem die zärtlichen Aufwallungen, die Liebkosungen und das Geschnäbel der früheren Zeiten. Bei jedem Anlaß fingen sie an zu lachen, sie lebten entspannt und einträchtig dahin.

Neun Tage darauf trafen sie, die Arme vollgepackt mit Geschenken, bei der Omi ein.

»Wie braungebrannt ihr seid! Hier hat es ununterbrochen geregnet.«

»In Biarritz hatten wir herrliches Wetter.«

»Aber ihr habt euch ja in furchtbare Unkosten gestürzt! Das war doch nicht nötig.«

»Und Hervé? Hat er dir auch nicht zu viel Mühe gemacht?«

Der alten Dame fiel die Pralinenschachtel aus der Hand.

»Was!? Hervé war nicht mit euch in Biarritz?«

»Nein, wir haben ihn, wie abgesprochen, in den Zug gesetzt.«

»Ich hab ihn nicht zu Gesicht bekommen. Ich dachte, ihr hättet es euch anders überlegt. Ihr jungen Leute seid so unberechenbar.«

»Sobald du sahst, daß er nicht da war, hättest du dich doch mit uns in Verbindung setzen können!«

»Da sieht man's wieder. Jetzt bin ich auch noch schuld. Ich hatte euch doch gesagt, daß er zu jung ist, um allein zu reisen.«

»Vermutlich hat er die Bahnhöfe verwechselt und ist vor Pugny ausgestiegen.«

»Wir müssen die Gendarmerie benachrichtigen.«

»Mein Gott! Mein Gott!«

»So was kann auch nur uns passieren.«

Der Gendarmeriehauptmann hatte buschige Augenbrauen, aber keinen Schnurrbart. Seine Stirn war gefurcht.

»Vor zehn Tagen ist ihr kleiner Junge verschwunden, und erst jetzt haben Sie es bemerkt?«

»Wir meinten, er sei bei meiner Mutter, und sie dachte, er sei bei uns. Ein dummes Mißverständnis.«

»Und in Saint-Firmin haben Sie ihn in den Zug gesetzt?«

»Nein, in Arnay-le-Bois.«

»In Arnay-le-Bois? Dort gibt es überhaupt keinen Bahnhof.«

Sie protestierten. In ihrem Beisein telefonierte der Hauptmann mit der Eisenbahngesellschaft. Doch, es gab schon einen Bahnhof in Arnay-le-Bois, nur war er stillgelegt. Ja, und der Zug? Er mußte doch gehalten haben, sonst hätte Hervé ja nicht einsteigen können.

»Seit über zehn Jahren wird diese Strecke nicht mehr befahren.«

»Vielleicht glaubten Sie nur, in Arnay-le-Bois zu sein, und in Wirklichkeit handelte es sich um einen anderen Bahnhof«, gab der Hauptmann zu bedenken, während er den Hörer auflegte.

»Schon möglich.«

Sie studierten die Strecke von Saint-Firmin nach Pugny-sur-Aube genau. Man konnte Arnay-le-Bois unmöglich mit einer anderen Bahnstation verwechseln.

Diese seltsame Begebenheit wurde ruchbar. Mehrere Tage lang berichteten alle Zeitungen darüber. Man sprach von einem Geisterzug, von Kindsentführung, man ging sogar so weit, die unglücklichen Eltern eines grauenhaften Verbrechens zu bezichtigen.

Hervé ward nie wieder gesehen.

Selbstredend kehrten Muriel und Roger nach Arnay-le-Bois zurück. Der kleine Bahnhof sah immer noch so hübsch aus. Aber diesmal waren die Türen geschlossen. Eine schwarze, eben angebrachte Marmorplatte trug die Aufschrift: Gerichtsmedizinisches Institut Arnay-le-Bois.

»Was soll das heißen?« fragte Muriel. »Das ist doch nicht...«

Roger nickte.

»Doch, es ist das Leichenschauhaus. Ach, weißt du, letztenendes ist es besser so.«

Reinverlust

Eines Tages entdeckt der Typ namens Reinverlust, der bei der Botschaft von Zaire arbeitet, häßliche Flecke auf seiner Kühlerhaube. Er bringt den Wagen sofort in die Reparaturwerkstatt, aber statt die Stellen zu übermalen, sagt ihm der Mechaniker: »Sie sollten einen Arzt konsultieren, ich kann nichts für Sie tun.« Reinverlust kratzt sich den Schädel, und er tut, was er für richtig hält, er wendet sich an einen anderen Mechaniker und dann noch an einen dritten, aber überall gibt man ihm zu verstehen, daß er einen Arzt aufsuchen solle.

Nun gut, er begibt sich zu einem Arzt, dessen Praxis sich genau gegenüber der Botschaft befindet. Der Doktor ist auf die Straße getreten, um seine Kühlerhaube zu untersuchen. Er wirft ihm einen schrägen Blick zu:

»Hatten Sie unlängst einen Unfall? Einen Zusammenstoß mit einem anderen Wagen?«

»Nein, nichts dergleichen.«

»Übernachtet er auf der Straße?«

»Nein, ich habe eine Box, wo er die Nacht verbringt, und wenn ich in der Botschaft bin, lasse ich ihn auf dem Parkplatz stehen.«

»Merkwürdig. Kein Zusammenstoß? Keine Kratzer?«

Da erinnert sich Reinverlust mit einem Male:

»Als ich Sonntagabend von einem Wochenendausflug heimfuhr, standen wir auf der Autobahn nach Süden Stoßstange an Stoßstange, aber weiter ist nichts geschehen.«

»Das reicht«, sagt der Arzt, dessen Gesicht sich verdüstert. »So holt man sich's.«

»Ja was denn?« brüllt Reinverlust, von dessen Stirn der Schweiß perlt.

»Aids, was denn sonst! Haben Sie denn noch nie was davon gehört? Das Auto vor Ihnen oder das hinter Ihnen war nicht gesund. Eines davon hat es ihnen verpaßt!«

Sogleich büßte Reinverlust seine diplomatische Immunität ein.

Der schönste Busen der Welt

Selbstredend hatte das Mädchen mit dem üppigen Busen Simon ins Auge gestochen. Er war ihr zwei- oder dreimal auf der Croisette begegnet. Doch als sie ihm aus dem Aufzug entgegenstürzte, den er eben betreten wollte, um sich zum Abendessen ins Hotelrestaurant zu begeben, gerieten seine Knie vor Verblüffung ins Schlottern.

Auf seinem Gesicht malte sich ein törichtes Lächeln, die Augen gingen ihm über, und er trat nicht einmal zur Seite. Sie mußte ihn anrempeln, um an ihm vorbeizukommen. Dann schlossen sich die Türen, das Mädchen verschwand um die Ecke, und Simon stand vor der Schalttafel, wo die Etagennummern blitzschnell nacheinander aufleuchteten.

Ein leises Klirren erweckte seine Aufmerksamkeit. Er blickte zu Boden und sah einen seiner Hemdenknöpfe auf den Teppich rollen, nachdem er gegen die Metalltür gesprungen war.

Als er nachprüfte, um welchen Knopf es sich handelte, kriegte er den schlimmsten Schock seines Lebens.

Das Mädchen hatte ihm ihren Busen angehängt.

Simon hatte zwei prachtvolle Titten geerbt.

Simon Perelstein war einen Meter achtzig groß und wog neunzig Kilo. Ganz bestimmt ist das Wort ›effeminiert‹ nicht seinetwegen erfunden worden. Bis zum Alter von fünfunddreißig Jahren war er Amateurboxer von recht ansehnlichem Niveau gewesen, und an diese sportliche Zeit erinnerte noch seine gebrochene, ein wenig nach links verschobene Nase und die etwas verknautschten Ohren. Es fehlte ihm aber nicht an Charme, und sein kindliches Lächeln trug ihm die Sympathie der Damenwelt ein. Freilich hielt ihr Wohlwollen nie allzu lange vor, denn Simon litt an krankhafter Schüchternheit, so daß er barsch, ja mürrisch wirkte, jedenfalls unfähig war, nette kleine Sachen zu sagen, die auf dem delikaten Gebiet der Tändelei so unendlich wichtig sind. Was aber dem Ganzen die Krone aufsetzte, war die Tatsache, daß er schlecht tanzte, Zigarren rauchte und eine Vorliebe für starke Getränke hatte. Obwohl er bisweilen, wie jedermann, von einer verwandten Seele, von den Segnungen der Zweisamkeit träumte, schien er zum Hagestolz verurteilt. Weil er alleinstehend war, hatte ihn die Firma nach Cannes geschickt, um den Markt für Videogeräte zu erkunden. Er war erst an diesem Morgen angekommen. Das fing ja gut an!

Janet öffnete ihre Zimmertür, ihr Ärger über den ungehobelten Menschen, der sie am Aufzug nicht vorbeigelassen hatte, war noch nicht verraucht. Sie hatte den ganzen Tag im Inneren des gräßlichen Bunkers verbracht – denn eine andere Bezeichnung gab es nicht für das neue Festspielhaus –, und sie war total erschöpft. Wegen der Klimaanlage war ihre Kehle ausgedörrt, noch dazu lief ihre Nase. Dabei hatte sie sich so auf den unverhofften Frankreichaufenthalt gefreut, wo sie endlich nicht mehr unter Harolds Kuratel stehen würde, und was war das für eine Enttäuschung! Ihr Chef hier, Heribert Mackaert, war ein widerlicher Kerl, der ihr andauernd sagte: »Brust raus, Häschen, lächeln, Dingsbums sieht Sie an. Ein möglicher dicker Kunde, den müssen wir uns schnappen!« Wenn's nicht der Dingsbums war, dann war's der Dingsda. Wie dem auch sei, das Spielchen machte Janet nicht mit. In ihrem Arbeitsvertrag als Sekretärin stand nichts von körperlicher Hingabe. Wenn Heribert Mackaert das nicht einsah, dann würde sie ihn eben zum Teufel schicken.

Trotz ihrer Müdigkeit fühlte sie sich seltsam leicht. Sie trat ins Badezimmer und öffnete die Jakusi-Hähne. Dann ließ sie ihren Rock herabgleiten, mit einem gekonnten Fußtritt, bei dem sie gleich auch ihre Schuhe wegschleuderte, beförderte sie ihn in eine Ecke und hob die Arme, um ihr T-Shirt auszuziehen. Mit einem Kußmündchen wie für eine Lippenstiftreklame blieb sie vor dem Spiegel stehen. Ihr verstärkter Büstenhalter hing jämmerlich herab. Janet mußte die unleugbare Tatsache zur Kenntnis nehmen: Ihre Brüste hatten sich davongemacht.

Nun tat Janet etwas Überraschendes.

Sie vollführte kleine Luftsprünge vor dem Spiegel, dann hüpfte sie durchs ganze Badezimmer, stieß dabei Freudenschreie und tierische Laute aus. Gleichzeitig kniff sie sich energisch in die Haut über dem Brustbein, und sie konnte es gar nicht fassen, daß sie so fein, so elastisch und so wenig füllig war.

Wie oft hatte sie sich nicht gewünscht, daß dieser störende, schwammige Busen, nach dem die Männer ihre Fühler ausstreckten, verschwinden möge! Diese Titten, die sie von Jugend an als eine Verunstaltung betrachtete. Ach! Eines Tages diese verhaßten Brustdrüsen los zu sein, die ihr Kleidung, Gang, Gebärden vorschrieben, die sich anmaßten, ihr ihre Lebensweise zu diktieren! Nun war das Wunder eingetreten! Sie war wieder die Janet, die sie liebte, das Mädchen, das laufen, springen, tanzen konnte, das die Treppen hinaufstürmte, ohne die gräßliche Empfindung zu verspüren, daß da zwei fleischige Gegengewichte saßen, die an ihrem Brustbein hin- und herschwankten. Sie riß sich den Büstenhalter vom Leibe und schleuderte ihn ein für alle Male in den Abfalleimer unter dem Waschbecken. Dann kehrte sie der japanischen Badewanne mit Unterwassermassage den Rücken und packte ihre Koffer.

Simon war wie vor den Kopf gestoßen und wog seine Brüste in den Händen. Wenn er die Augen zukniff und somit sein Gesichtsfeld im Spiegel verengte, konnte er sich vorstellen, daß er eine hübsche Frau liebkoste. Diese sinnliche, ein wenig zweideutige Euphorie hielt nicht lange an. Auf seiner Stirn stand kalter Schweiß, er hob den Telefonhörer ab, um seinen Tisch im Restaurant abzubestellen. In diesem Augenblick kam ihm der rettende Einfall: Er rief Stef in Paris an und erzählte ihm sein unglaubliches Abenteuer.

»Na, da sieh mal an, Väterchen, was du für einen Rausch haben mußt. Ich würde gerne mit dir tauschen!« jauchzte dieser, ein stadtbekannter Erotomane.

»Ich schwöre dir, außer ein wenig Wein zum Mittagessen habe ich nichts getrunken«, verteidigte sich Simon mit heiserer Stimme. »Das ist kein Witz, Stef. Sie sind riesengroß, ich kann sie nicht mit den Händen umschließen.«

Der dumme Kerl lachte in die Sprechmuschel, bis er fast erstickte.

»Mit kleinen rosa Brustspitzen?«

»Nein, mit großen braunen Brustwarzen. Hör auf zu lachen, das ist überhaupt nicht komisch. Was soll bloß aus mir werden?«

»Wenn sie so sind, wie du sagst, dann kannst du dich ja immer noch als Amme verdingen!«

»Sei ein lieber Kerl, Stef, und hilf mir aus dem Schlamassel!«

»Mein armer Freund, du scheinst ja recht mitgenommen! Wo hast du dir denn deine Brüste geholt? Im Schwimmbad?«

»Nein, einfach so. Ein Mädchen hat mich beim Verlassen des Aufzugs gestreift...«

»Und sie? Hat sie die ihren noch?«

Simon stieß einen Fluch aus und legte auf.

Das war's! Stef hatte recht! Er mußte das Mädchen wiederfinden. Sie trug die Verantwortung, sie war die Ursache von allem. Er stürzte aus seinem Zimmer, kehrte aber sofort wieder um. Er hatte vergessen, daß sein Oberkörper nackt, seine Brüste also unverhüllt waren. Bei der Vorstellung, daß jemand ihn in diesem Aufzug hätte sehen können, stiegen ihm die Haare zu Berge. Er zog einen dicken, sehr weiten Pullover über und begab sich zum Empfang.

Der Portier zog bei seinem Anblick die Augenbrauen hoch, aber nur wegen des Pullovers, denn es herrschte hochsommerliche Hitze.

»Ja, Monsieur?«

»Ich wollte Sie fragen ... Mhm ... Es ist ein wenig genant, da ist ein Hotelgast im fünften Stock, die einen Busen hat ... einen Busen ...«

Der Portier lächelte anzüglich und vollendete den Satz mit einer ausdrucksvollen Gebärde:

»So einen?«

»Ja! Können Sie mir ihre Zimmernummer geben?«

Er drückte ihm eine Hundertfrancnote in die Hand, die sich wie zufällig vor ihm geöffnet hatte.

»Miss Bubble. Das war Zimmer 519, Monsieur. Janet Bubble. Ein durchaus bemerkenswerter Busen, Monsieur.«

»Vielen Dank.«

Simon befand sich schon am anderen Ende der Hotelhalle, als die eben erhaltene Information in sein Hirn gelangte. Er kehrte um.

»Wieso ›war‹? Warum haben Sie gesagt: ›Das war Zimmer 519‹?«

»Weil Miss Bubble uns eben verlassen hat, Monsieur. Ich habe sie vor einem Augenblick mit ihrem Koffer gesehen. Schauen Sie am Taxistand nach, vielleicht steht sie da noch.«

Sie war nicht mehr da. Der Page erinnerte sich, einem Gast behilflich gewesen zu sein, einen Koffer ins Auto zu laden, aber ihm war nichts Besonderes an der Dame aufgefallen, vor allem kein Busen.

Der Portier, der wiederum befragt und reichlich mit Trinkgeld versehen wurde, erklärte sich bereit, ihm die Adresse auf Janet Bubbles Anmeldeschein zu geben: Mackaert Video Inc., 450 Rossmore Blvd., Los Angeles, Kalifornien.

Natürlich regnete es in Paris.

Simon begab sich vom Flughafen direkt nach Saint-Germain-des-Prés, wo er das Taxi vor der ›Brasserie Lipp‹ anhalten ließ. Er hatte sich dort mit Stef verabredet.

»Jedenfalls hast du mächtig zugenommen!« schrie sein Freund, der mit einer hochgewachsenen Blondine von schwedischem Typ am Tisch saß. Sie war übrigens Norwegerin.

»Ich polstere mir den Bauch aus, damit es nicht so auffällt. Anders geht es nicht«, erklärte Simon und blickte dabei mit besonderem Nachdruck zur Norwegerin hinüber.

Er war wütend, weil Stef nicht allein gekommen war, obwohl er ihn eigens darum gebeten hatte.

»Du brauchst dich vor Liv nicht zu genieren, sie ist einiges gewöhnt.«

»Ich bin Kosmetikerin«, klärte sie ihn auf. »Stef hat mir von Ihrem Fall erzählt. Ich würde Ihnen gerne helfen.«

Da er zögerte, vor Verwirrung errötete, griff Stef in seiner groben Art ein:

»Die Titten, das ist ihr Spezialgebiet. Jeden Tag sieht sie Hunderte davon, das macht ihr überhaupt nichts aus. Sie hatte sogar mal eine Tante mit gleich drei Brüsten. Stell dir das doch mal vor! Sie ist schon die richtige Adresse, oder etwa nicht?«

Simon, der wie auf glühenden Kohlen saß, erzählte alles haarklein, bloß damit der andere nicht zu Wort kam.

»Kennen Sie einen guten Chirurgen?« fragte er schließlich. »In Cannes habe ich einen aufgesucht, aber er machte mir angst.«

»Was hat er gesagt?«

»Daß ich die schönsten Titten der Welt hätte, daß es ein Verbrechen wäre, sie wegzuoperieren. Er hat mich angefleht, ihn ein paar Fotos machen zu lassen. Ich bin fortgerannt. Der Mann war ja krank.«

Stef starrte auf Simons Brust.

»Da sieh mal einer an! Unter uns gesagt, mein lieber

Freund, könntest du sie mir nicht zeigen? Nur ein ganz bißchen, bloß für eine Minute.«

»Kommt gar nicht in Frage, ich bin doch kein Kuriosum.«

Da Stef nicht locker ließ, kam Liv ihm zu Hilfe.

»Er hat recht, er ist doch keine Jahrmarktsattraktion. Kommen Sie heute abend zu mir, ich werde sehen, was sich machen läßt.«

Sie kritzelte ihre Adresse auf ein Streichholzheftchen, dann versuchten sie, von etwas anderem zu reden. Ohne allzu großen Erfolg.

Heribert Mackaert blickte überaus finster drein und kaute an seinem Stumpen, als wäre er eine zähe Krabbenschere.

»Ich bin gar nicht mit Ihnen zufrieden, Janet. Aber schon gar nicht! Sie haben sich nicht im geringsten für die Firma eingesetzt, Sie waren nicht nett zu den Kunden, und dann haben Sie aus einer plötzlichen Laune heraus Cannes verlassen, ohne mich zu benachrichtigen. Ich glaube, jetzt sind wir an dem Punkt angelangt, wo unsere Wege sich trennen.«

»Sie würden mehr dabei verlieren als ich«, entgegnete Janet kühl. »Ihr wichtigster Kunde war Takumi Yakota, nicht wahr? Von der NHK? Ich habe etwas Konstruktiveres unternommen, als mit ihm zu Abend zu essen. Ich habe einen Abstecher nach Tokio gemacht. Sehen Sie sich mal diese Papiere an.«

»Ich kann kein Japanisch lesen.«

»Die Übersetzung befindet sich auf der nächsten Seite. Darin heißt es, daß die NHK mich als Exklusivagenten anerkennt und mir den Auftrag erteilt, sechshundert Fernseh-Stunden einzukaufen, und zwar in folgenden Sparten: Fernsehspiele, Dokumentarfilme, Trickfilme...«

Heribert Mackaert fiel vor Überraschung sein widerlicher Stumpen aus dem Mund.

»Wie haben Sie das geschafft?«

»Ich habe mit der Video Merchandising Company einen Vertrag über die Nutzung aller in unserem Katalog aufgeführten Nummern inklusive der damit verknüpften Rechte abgeschlossen. Die NHK hat sogleich angebissen. Eine Hand wäscht die andere. Sie waren reizend.«

Heribert schüttelte ungläubig den Kopf.

»Die Japaner ausschmieren, das soll Ihnen mal einer nachmachen! Wissen Sie, Häschen, daß Sie ganz vergessen haben, eine dumme Nuß zu sein? Warum zum Teufel zeigen Sie das erst jetzt?«

»Wenn ich vorher den Mund aufmachte«, entgegnete Janet, »blickten Sie nur auf meinen Busen.«

»Ihre Titten!« gurgelte Mackaert, »was haben Sie bloß mit Ihren Titten gemacht?«

»Ich bin sie losgeworden.«

Er stieß einen pathetischen Seufzer aus und zuckte dann die Achseln.

»Nun, das ist schließlich Ihre Sache. Aber Ihr Freund tut mir leid. Weiß er schon Bescheid?«

»Nein, das ist eine Überraschung«, sagte Janet gelassen.

Harold D. Pressburger hatte die Abschiedsszene schon seit langem eingeübt. Sowie Janet die Wohnung betrat, legte er mit seiner Tirade los:

»Ja, Janet, ich liebe jemand anderen. Es ist keine Frau. Kaum ein Kind. Ein zerbrechliches, unberührtes Wesen, das mich ebenso braucht, wie ich sie. Sicher hat sie nicht deine üppigen Formen, deine fleischlichen Reize ...«

Er hielt plötzlich inne, denn Janet hatte ihre Bluse aufgeknöpft.

»Wenn du gehen willst, dann tu's ruhig«, erwiderte sie ruhig. »Ich hatte diese Dinger, die sich zwischen dich und mich drängten, wirklich satt.«

Harold trat zu ihr, nahm sie in die Arme.

»Aber, aber, Janet, mein kleiner Schiffsjunge, mein Griechenknäblein, mein Satansbraten, ich machte doch nur Spaß. Du weißt genau, daß ich ohne dich nicht leben könnte.«

Bei Liv war es sehr gemütlich. Die Einrichtung in der winzigen Wohnung in der Rue Madame zeugte von bestem Geschmack und Intelligenz. An den Wänden hingen Edvard-Munch-Reproduktionen, und auf dem niederen Tischchen neben dem Diwan standen eine Flasche Bourbon, ein Eiskübel und Gläser bereit.

»Möchten Sie erst etwas trinken, oder sollen wir lieber Ihr Problem sofort in Angriff nehmen?«

»Ich tränke gerne einen kleinen Bourbon«, sagte Simon eingeschüchtert. »Das würde mich entspannen.«

Ihr verständnisvolles Lächeln tat ihm wohl. Er sah ihr beim Ausschenken der Getränke zu und war bezaubert über ihre anmutigen Gesten. Liv war ein hinreißendes Mädchen, das war ihm bei ›Lipp‹ gar nicht aufgefallen. In ihrem schlichten Sommerkleid, das bei einer anderen wie ein Morgenrock ausgesehen hätte, wirkte sie überaus verführerisch.

Sie prosteten einander zu, dann wurde das Schweigen immer lastender.

»Wollen wir nicht?« sagte sie schließlich, scheinbar leichthin.

Er rutschte unbehaglich auf seinem Diwan hin und her.

»Sie meinen jetzt, sofort? Hier? Jetzt gleich?«

Sie setzte sich neben ihn.

»Ziehen Sie Ihr Jackett aus, dann fühlen Sie sich gleich besser.«

Er gehorchte, wenn auch ungern. Sie schien ungeduldig.

»Rühren Sie sich nicht mehr, ich helfe Ihnen.«

Sie ließ eine Hand unter sein Hemd gleiten, schob den dikken Schal zur Seite, mit dem er sich die Brust plattdrückte, und begann leidenschaftlich seinen Busen zu kneten.

»O Liebling! Liebling!«

Sie riß ihm das Hemd vom Leib, preßte ihn in den Diwan, und er spürte, wie sie ihre Lippen auf eine der strotzenden Brustspitzen drückte.

»Aber was treiben Sie denn? Stev sagte doch, daß Sie nichts mehr aufregen könnte ...«

»Ja, das meinte ich auch«, gurgelte sie. »Aber sie sind so schön, so zart, so warm ... Ah! Du machst mich wahnsinnig!«

›Na so was!‹ vermochte er gerade noch zu denken. ›Das ist mir auch noch nicht passiert!‹

Es war das erste, aber nicht das letzte Mal. Nach Liv kam Laurence, dann folgten Elisabeth, Caroline, Pauline, Natascha, Amanda, Ornella und viele andere. Simon hatte in den Augen der Frauen einen Trumpf in der Hand: seine Brüste, von denen sie etwas verstanden und auf die sie stets hatten verzichten müssen, seine Brüste, die sie mit Begeisterung liebkosten, küßten, daran sogen, seine Brüste, die den anderen Männern abgingen und denen sie in den erlaubten Liebesbeziehungen für immer zu entsagen zu müssen glaubten. Simon bekam alle Frauen, die er begehrte: junge, erblühte, reiche, berühmte, sportliche, adlige und bürgerliche. Selbstredend kündigte er bei seiner Video-Firma. Er hatte es nicht mehr nötig zu arbeiten und auch nicht die Zeit dazu. Er wurde ein richtiger Playboy, von dem so mancher Zeitschriftenleser kopfschüttelnd sagte: »Aber was finden die Leute nur an dem Kerl mit der schiefen Nase und den Boxerohren, an dem ist doch nicht mehr dran als an mir!« Nun, das war es eben, an ihm war etwas mehr dran, aber das konnten sie nicht erraten, denn seine Anzüge waren zu gut geschnitten, und er ließ sich nie in der Badehose fotografieren. Er faszinierte die Medien. Man berichtete über die kleinste Begebenheit seines Lebens. Seine Art, sich zu kleiden, zu essen und zu sprechen, alles wurde analysiert. Umfragen wurden über ihn veranstaltet. Man errechnete den Grad seiner Beliebtheit. Statistiken wurden aufgestellt. Philosophen sprachen von einem gesellschaftlichen Phänomen, Politiker gaben sich alle Mühe, ihn nachzuahmen, Dichter widmeten ihm Oden.

Das ›Time Magazine‹ ernannte ihn gar zum Mann des Jahres, und sein Bild erschien auf dem berühmten Titelblatt mit der roten Umrahmung.

Da beschloß die Bubble Films Company, Simon Perelstein für ein Remake von *Casanova* zu engagieren, das tausendmal mehr kosten sollte als Fellinis Film. Aber als Heribert der Vorsitzenden von den horrenden Anforderungen des Superstars berichtete, wurde diese fuchsteufelswild.

»Sie sind wahrhaftig ein Esel, Heribert! Noch nie haben Sie es fertiggebracht, einen Vertrag auszuhandeln. Ich kümmere mich persönlich um diese Angelegenheit. Man soll mir einen Platz in der Concorde reservieren, morgen bin ich in Paris.«

So kam es, daß Janet und Simon sich drei Jahre nach ihrem Tausch wieder Angesicht zu Angesicht gegenüberstanden. Aber ihre Begegnung war außerordentlich kurz. Es fiel kein einziges Wort.

Sobald sie einander erkannten, stießen sie einen Entsetzensschrei aus, gaben sich nicht einmal die Hand, vielmehr rannten sie, so schnell sie ihre Füße tragen wollten, davon, als müßten sie fürchten, sich eine gräßliche Krankheit zu holen.

Dr. Jekyll und Mrs. Hyde

Nachdem dieser Film allenthalben in den Himmel gehoben wurde, mußte ich ihn mir wohl oder übel ansehen. Das schlimmste an meinem Beruf als Filmkritiker ist ja dies: dann und wann muß ich ins Kino.

Die Grundidee war amüsant, ja geistreich. Wenn Dr. Jekyll sein berühmtes Gebräu trinkt, verwandelt er sich nicht etwa in ein Monstrum, sondern in eine bezaubernde junge Frau, die so pervers, so teuflisch ist, daß der gräßliche Mr. Hyde sich neben ihr wie ein Erstkommunikant ausnimmt. Um dem Ganzen die Krone aufzusetzen, ist die Verlobte des Doktors furchtbar eifersüchtig und bildet sich ein, daß er ein Techtelmechtel mit Mrs. Hyde hat. Sie folgt der abscheulichen Kreatur auf ihren nächtlichen Streifzügen durch London, zuerst voller Entsetzen, doch bald erliegt auch sie den Verführungskünsten des Teufelsweibs. In einem übervollen Bett findet sie schließlich heraus, daß Dr. Jekyll und Mrs. Hyde ein und dieselbe Person sind. Ende.

Diese dürftige Fabel nahmen der Regisseur und der Drehbuchautor zum Vorwand, um ihren Fantasmen freien Lauf zu lassen. Ergebnis: ein abstoßendes Schauspiel, dessen Geschmacklosigkeit oft die Grenzen des Zumutbaren überschreitet. Unter anderem sei die Szene genannt, wo Mrs. Hyde vor ihrer Periode wieder zu Dr. Jekyll wird, der Nasenbluten hat. Man ist am Boden zerstört. War es wirklich nötig, uns in aller Ausführlichkeit zu zeigen, wie Mrs. Hyde eine kleine Wolfsfalle in ihre Vagina einführt? War es unerläßlich, das Zuschnappen dieser Falle über dem Penis eines armen Kerls zu filmen? Warum vögelt Mrs. Hyde mit allen Hunden, denen sie begegnet? Wie bringt sie es fertig, mit einem Biß so viele Ruten abzutrennen? Was die Oberhand behält, das Unglaubwürdige oder das Widerliche, bleibt dahingestellt.

Besonders anstößig schien mir die Episode, wo Dr. Jekyll, der seine an akuter Blinddarmentzündung erkrankte Verlobte operiert, plötzlich seine Instrumente wegwirft, auf den Operationstisch klettert und sich in der Wunde verlustiert. Ebenso erging es mir mit der, wo Mrs. Hyde, wie Gene Kelly, in Sperma-Pfützen Stepptänze aufführt, während an den Fenstern im ersten Stock über ein Dutzend Matrosen sich im Takt masturbieren. Ein wahres Monument an Vulgarität.

Ansonsten besticht der Film durch eine hervorragende Regie, eine ausgezeichnete Besetzung, eine bemerkenswerte Spielleitung und die gekonnte Kameraführung, doch das alles reicht nicht aus, um den vagen Eindruck eines Déjà-Vu-Erlebnisses zu zerstreuen. Wäre es nicht tunlich, dem Publikum über dreizehn diese Art von Filmen zu verbieten?

P. S. Offensichtlich rasiert Mrs. Hyde sich die Beine, während Dr. Jekyll behaart wie ein Bock ist. Ein weiteres unglaubwürdiges Element.

Endstation

In der Kosmosbar

DER KELLNER Schluß für heute!

ICH Schon gut, schon gut.

Im Café Endstation

DER KELLNER Nein, nein, Monsieur, tut mir leid, wir schließen gerade.

ICH Na gut.

Auf der Straße

EIN TAXIFAHRER Nee, mein Lieber. Ich mach Feierabend.

ICH Ach!

In der Metrostation Montparnasse-Bienvenüe

EIN BAHNBEAMTER Haben Sie denn das Schild nicht gesehen? Wir haben geschlossen.

Im Zweiwelten-Hotel

DER PORTIER Alles belegt.

ICH Ja wohin soll ich dann gehen?

DER PORTIER Das ist mir schnuppe.

Draußen ist es menschenleer. Auf den Tischen an den Gehsteigen stehen Stühle. Auf der Fahrbahn sind Bäume übereinandergeschichtet. Die Autos sind verschwunden, vermutlich hat man sie auf ihren Parkplätzen abgestellt. Auf einer Seite Schatten, auf der anderen Licht. Man braucht es mir nicht schriftlich zu geben. Ich weiß Bescheid. Ich lege mich in eine Kiste. Der Laden wird dichtgemacht.

Fest- und Feiertage

Robin Dubois konnte Fest- und Feiertage nicht ausstehen, aber ganz besonders haßte er Weihnachten.

»Alle diese essenden, trinkenden, singenden und tanzenden Leute, einfach schauderhaft...«

Sobald die ersten rotbeschmierten Weihnachtsmänner an den Fenstern der Cafés und Restaurants auftauchten, wurde er griesgrämig wie ein galliger Hagestolz.

Er war jedoch noch nicht dreißig und mit keinem Leberleiden behaftet. In dem kleinen Verlagshaus, wo er unlesbare Manuskripte umschrieb, wurde gemunkelt, daß der Heilige Abend ihn an die Trennung von einer geliebten Frau erinnerte. Doch keiner wußte etwas von einer festen Freundin oder von kurzlebigen Abenteuern. Brigitte, die die Reihe ›Frauen‹ leitete, und Annette, die Pressesprecherin, ließen es sich nie nehmen, ihn ab Anfang Dezember zu bearbeiten:

»Verbringen Sie doch den Heiligen Abend bei uns, Robin. Wir sind ganz unter Freunden, völlig zwanglos...«

Doch Robin Dubois lehnte die Einladung stets ab. Brigitte und Annette seufzten (Robin hatte etwas von Cary Grant), und jedes Jahr verlebte der junge Mann den gloriosen Heiligen Abend allein zu Hause, wobei ihn noch dazu ein leises Reuegefühl piesackte, denn vielleicht hätte er doch ausgehen sollen, um sich zugleich mit den anderen zu amüsieren.

Die wenigen Male, die er es versucht hatte, waren fürchterlich gewesen. Und da sich dasselbe Problem eine Woche später an Silvester stellte, war Robin allmählich ganz schön mit den Nerven herunter. Doch dieses Jahr keimte in seinem Gehirn eine glänzende Idee. Um das schwierige Kap wie im Traum zu umschiffen, brauchte er nur in der Nacht vom 23.

zum 24. so toll auf den Putz zu hauen, daß er in der folgenden Nacht einfach zu müde war, um sich mit der leidigen Frage zu befassen. Allerdings machte er den Fehler, Charles Leslie, den literarischen Direktor des Verlags, in seinen Plan einzuweihen.

»Wenn ich recht verstehe«, sagte dieser, zitternd vor Erregung, »wirst du den Heiligen Abend zu Hause verbringen?«

»Ja, weit entfernt von der lärmenden Menge, in stiller Beschaulichkeit.«

Charles Leslie machte einen Luftsprung.

»Dann kannst du ja Attila hüten ... Ich meine, Jérôme. Du bist mein rettender Engel, alter Kumpel. Josettes Eltern sind auf Reisen, die meinen auf dem Land. Wir sind bei Freunden eingeladen und dachten schon, wir müßten absagen. Kannst du den Kleinen einen Abend lang hüten? Würdest du das für uns tun?«

Robin brachte es nicht übers Herz, ihm die Bitte abzuschlagen.

Am Abend des 23. feierte er so lange, daß er den 24. fast völlig verschlief.

Er wurde von der vollzähligen Familie Leslie geweckt.

»Nie werde ich vergessen, was Sie heute für uns tun, Monsieur Dubois«, erklärte Josette. »Jérôme hat versprochen, artig zu sein, nicht wahr, Jérôme?«

Das Kind tat den Mund nicht auf. Mit hinterhältigen Blikken musterte es Robin, um seine Lippen spielte ein grausames Lächeln.

»Nicht wahr, Jérôme?« sagte nun Charles Leslie in so drohendem Ton, daß er ein störrisches ›Ja‹ zur Antwort bekam.

Das Ehepaar Leslie machte es kurz. Sie murmelten etwas von einem Zug und verschwanden, ohne sich noch einmal umzublicken.

Es war acht Uhr abends.

»Hast du Hunger?« erkundigte sich Robin.

»Nein. Außerdem esse ich nicht jeden Dreck. Wenn Sie

meinten, mich vergiften zu können, dann sind Sie schief gewickelt.«

»Ich finde dich reichlich erwachsen. Wie alt bist du, Jérôme?«

»Ich bin sechs, und ich gehe in die Schule, aber die Lehrerin ist fies, daher werde ich sie töten. Ich habe eine Pistole, und wenn ich wollte, könnte ich Sie auch töten. Es ist eine Pistole mit Bleikugeln, die sehr wehtun. Mein Name ist Jérôme, aber man nennt mich Attila. Der Weihnachtsmann bringt mir ein großes Gewehr mit einem Bajonett, damit kann ich alle Ihre Bücher aufschlitzen!«

»Bis es soweit ist, gehst du brav schlafen. Ich erzähle dir auch eine Geschichte.«

Nach hartem Feilschen brachten sie schließlich einen Kompromiß zustande. Attila, der das Laken bis unters Kinn gezogen hatte, diktierte seine Bedingungen:

»Ich will weder Rotkäppchen noch Dornröschen und auch nicht Aschenputtel. Sie sollen mir in der Zeitung die Unglücksfälle und Verbrechen vorlesen.«

»Ich habe keine Zeitung.«

»Dann will ich einen Kriminalroman mit einem Haufen Verbrechen.«

»Ich habe keinen Kriminalroman.«

»Dann erzählen Sie mir halt die Geschichte von dem Ungeheuer, das in einer Flasche eingeschlossen war und das zugleich mit der Flasche zerbrochen wurde. Es hatte nur noch eine Hand, einen Beinstummel und ...«

Der mordlustige Attila war eingeschlafen. Robin begab sich ins Wohnzimmer, um einen Lektoratsbericht über ein Manuskript abzufassen, das noch schwachsinniger war als das, was er sonst zu lesen bekam.

Mitternacht war schon vorüber, da ertönte ein schriller Schrei im Zimmer, wo Jérôme untergebracht war. Robin stürzte hinein und hätte in der Eile beinahe die Tür eingeschlagen.

Ein Männlein mit rotem Gewand, einem Sack, Stiefeln und einem schief übers Gesicht geklebten Bart, offensichtlich ein Weihnachtsmann, versuchte gerade, in Richtung Kamin zu entfliehen. Robin nahm ihn in den Schwitzkasten.

»Alles in Ordnung, Jérôme? Hat er dir auch nicht wehgetan?«

»Doch«, heulte das Kind, und zog seine Schlafanzughose hoch. »Er wollte mich verhauen.«

»Das ist ja die Höhe!« schrie der Weihnachtsmann mit sich überschlagender Stimme. »Dieser Balg ist eine öffentliche Gefahr. Er hat mich mit seinem Revolver bedroht und versucht, mich auszurauben. Er hat den Moment ausgenutzt, als ich gerade seine Schuhe mit Geschenken füllte, um mir einen Schlag auf den Kopf zu versetzen. Beinahe hätte ich dabei ein Auge verloren...«

»Was treiben Sie überhaupt bei mir? Sind Sie durch den Kamin hereingekommen?«

»Ja, nun ja, ich...«

»Der Weihnachtsmann hat angefangen, Monsieur Dubois, er hatte Geschenke für mich, aber sie sind zu scheußlich, da wollte ich sie umtauschen, aber er hat versucht, mir den Hintern zu versohlen.«

»Was! Diese Spielsachen sollen scheußlich sein? Die schönsten Stücke der Grant-Stiftung? Das geht zu weit! Was wollen Sie denn haben? Vielleicht eine Geruchsklingel? Einen Gelatinezug? Physiologischen Leim? Ein behaartes metrisches System? Eine ordentliche Tracht Prügel wäre das einzig richtige für Sie!«

Robin Dubois kratzte sich am Kopf.

»Hm... Tja... Attila ist ein recht eigenartiges Kind, aber das scheint mir noch kein Grund, um am Weihnachtsabend bei fremden Leuten einzubrechen. Sie hätten ja auch auf einen bissigen Hund stoßen können!«

»Kein Hund, nicht einmal ein bissiger, ist so schlecht erzogen wie Ihr Sohn.«

»Erstens ist er nicht mein Sohn, zweitens haben Sie weiß Gott kein Recht, mir die Leviten zu lesen! Und drittens sollten Sie jetzt erst einmal diese lächerliche Verkleidung ausziehen!«

»Nein!«

»Doch.«

Attila packte den Weihnachtsmann am Bart, der sich sofort ablöste, dasselbe geschah mit der Mütze und der Perücke. Robin sperrte Mund und Nase auf.

Sobald die enganliegende Kappe herunter war, strömte eine herrliche blonde Mähne über die Schultern des jungen Mädchens. Geradezu herausfordernd riß sie noch die grotesken Brauen ab, die sie entstellten. Sie hatte wirklich ein bezauberndes Gesicht: eine hübsche, gewölbte Stirn, ein entzückendes Näschen, etwas aufgeworfene, aber frische und wohlgeformte Lippen, ein Kinn, das weder zu groß noch zu klein war... Robin konnte sich nicht erinnern, je ein so niedliches Kinn gesehen zu haben.

»Sie sind eine Frau«, sagte er ein wenig töricht.

»Davon war ich immer überzeugt.«

»Wissen Sie, viel gibt es bei mir nicht zu stehlen.«

»Na klar, sonst wäre ich ja nicht hergekommen.«

Robin war fasziniert. Er bot ihr einen Stuhl an und setzte sich auf die Bettkante.

»Ich verstehe nicht.«

»Das ist ganz einfach. Ich gehöre der Hoscar-Mission an. Mein Name ist Linda Cristal, unverheiratet, Kreditnummer W 2007 Y, Fahrzeug ZZ23.«

Zerstreut blickte er zu Attila hinüber, der mit Feuereifer alle Gegenstände, die der Sack enthielt, zerstörte. Er fürchtete, den Boden unter den Füßen zu verlieren.

»Was ist das, diese Hoscar-Mission?«

»Eine Hilfsorganisation für unterentwickelte Epochen. Natürlich gehört die Ihre dazu. Ich komme aus dem 25. Jahrhundert, ohne jede Zwischenlandung. Wir leben in einigem

Wohlstand, ohne daß wir zu Egoisten geworden sind. Die Vorstellung, daß einige Jahrhunderte, einige Stunden von uns entfernt Menschen im Elend leben und sterben, macht uns sehr zu schaffen. Mitfühlende Herzen haben sich erbarmt. So wurde die Hoscar-Mission gegründet. Freilich sind wir nicht in der Lage, den Lauf der Geschichte zu ändern, wir können uns nur in kleinem Rahmen betätigen.«

»Rahmen? Was für ein Rahmen?«

Linda Cristal stieß einen unwilligen Seufzer aus, aber da Robin gar so verdattert dreinsah, faßte sie sich in Geduld.

»Sie wissen doch, die Kinder haben immer am meisten zu leiden, deshalb verkleiden wir uns als Weihnachtsmänner, um nicht aufzufallen, und bringen ihnen hübsche Geschenke.«

»Die Geschenke sind nicht hübsch, sie sind gräßlich«, kreischte Jérôme und schwang die Überreste einer enthaupteten Puppe durch die Luft.

Linda runzelte ihre niedlichen Brauen.

»Man kann euch doch nicht dieselben Geschenke bringen wie den Kindern meiner Epoche! Und wir sind nicht reich. Wir haben uns an alle großzügigen Spender wenden müssen. Übrigens haben sich die Familien als sehr gebefreudig erwiesen, denn im Augenblick gibt es eine starke Welle der Sympathie für das 20. Jahrhundert. Und ihr findet das ungenügend? Ihr seid schlicht undankbar!«

»Ich will einen Gelatinezug«, skandierte Attila. »Sonst ziepe ich dich an den Haaren. Geschieht dir dann ganz recht!«

Die arme Linda brach in Tränen aus.

»Wir wollten Ihnen eine Freude machen, und so danken Sie es uns! Sie wollen mich an den Haaren ziepen. Sie sind ein böser Junge!«

Robin reichte ihr sein Taschentuch. Sie dankte ihm mit einem armseligen Lächeln und tupfte sich die Augen ab, ohne im Sprechen innezuhalten.

»Ein Stück Schokolade oder einen Kaugummi nehmen Sie doch von mir?«

Attila schüttelte den Kopf.

»Das Zeug ist alt, es schmeckt nicht mehr.«

Sie verbarg das Gesicht in den Händen.

»Ihr seid bloß arme, verbitterte, unterentwickelte Menschen. Man hat mich gewarnt, aber ich wollte es nicht glauben. Dabei setzte ich so große Hoffnungen auf diese Reise!«

»Aber wir wollten gar nichts von euch«, sagte Robin leise. »Und doch bin ich sehr glücklich darüber, daß Sie gekommen sind ... Wie reisen Sie eigentlich? Wo ist Ihr Fahrzeug?«

Sie holte eine Art Spritze aus einer Tasche ihres Anzugs.

»Es ist ganz einfach, man braucht sich nur ...«

Attila spannte den Hahn seines Revolvers und drückte ab. Die Spritze zersprang in tausend Stücke, Tropfen einer blaßblauen Flüssigkeit versickerten im Teppichboden.

»Das geschieht dir recht«, jauchzte der reizende Knabe, »du hättest mir eben den Gelatinezug schenken sollen.«

»Meine Maschine«, jammerte Linda. »Nie mehr werde ich ins 25. Jahrhundert zurückkehren können. Nie mehr werde ich meine Freunde von der Hoscar-Mission sehen, auch nicht meine Eltern und Denis ...«

»Wer ist dieser Denis?« fragte Robin erbost. Noch nie war ein wildfremder Mensch ihm so unsympathisch gewesen.

»Ein wirklich guter, feiner Mensch ...« Sie wurde feuerrot und ihre Stimme erstarb.

»Eine Epoche ist nicht schlechter als eine andere«, plädierte Robin. »Mit größtem Vergnügen biete ich Ihnen die Gastfreundschaft in der meinen an. Ich finde Sie großartig!«

Sie schniefte, rieb sich die Augen, schien aufs höchste verwundert.

»Es ist unglaublich, einfach unvorstellbar«, murmelte sie.

»Was ist unvorstellbar?«

»Ich weine nicht mehr.«

»Das stimmt. Ihre Augen sind trocken.«

»Aber es gibt doch nichts Schlimmeres, Entsetzlicheres, als in eine andere Epoche verbannt, in einer anderen Zeit verlorengegangen, gestrandet zu sein. Welch schrecklicheres Unglück könnte einem Menschen überhaupt zustoßen?«

»Fassen Sie Mut! Ich werde mein möglichstes tun, um Ihren Verlust wettzumachen, um Ihnen zu helfen.«

»Ich weine aber nicht! Ich will nicht sterben! Ganz im Gegenteil, ich habe eher Lust, zu lachen und dummes Zeug zu schwatzen! Verstehen Sie, was das bedeutet?«

»Nein«, sagte Robin mit klopfendem Herzen.

»Das bedeutet, daß ich mich nicht allein fühle, daß ich glücklich bin, mit Ihnen in derselben Epoche, in derselben Sekunde zu leben. Das bedeutet, daß ich Sie liebe.«

»Ich bin zwar nur ein verbitterter, unterentwickelter Mensch, aber ich liebe Sie auch.«

Sie küßten sich lange, nachdem sie Attila gewaltig den Hintern versohlt hatten. Seit jener Zeit glaubt dieser nicht mehr an den Weihnachtsmann, Robin aber glaubt für zwei.

Die Parabel von der Gans und dem Knäblein

Auf einer Landstraße stiehlt ein Vagabund eine Gans. Er stopft sie in seinen Sack und macht sich schleunigst auf den Weg zu seinem Kameraden, ebenfalls Landstreicher seines Zeichens. Im Augenblick, wo er sich anschickt, die Gans aus dem Sack zu nehmen, um sie zu töten und zu braten, verwandelt sie sich in ein kleines Bübchen. Der Landstreicher ist somit nicht nur der Nahrung beraubt, sondern er hat jetzt auch noch einen weiteren Esser am Hals. Er hat von nun an einen Sohn zu versorgen.

Ein im Traum geschautes Gemälde von Ettore Bronzino illustriert diese Parabel. Das Bild ist in ein tragisches Licht getaucht, das nichts mit dem Stil des wirklichen Bronzino, eigentlich Agnolo di Cosimo, gemein hat, der vor allem wegen seiner Porträts bekannt ist.

Vielleicht rührt die makabre Atmosphäre davon her, daß vieles darauf hindeutet, das Kind werde anstelle der Gans getötet. Handelt es sich um eine Anspielung auf den uralten Ritus des Menschenopfers, dem noch Kannibalismus beigemischt ist? In diesem Gemälde verwandelt die linke Hand des Vagabunden die Gans in ein Knäblein, während die mit einem Messer bewehrte Rechte durchaus das Kind in etwas Eßbares, nämlich in eine Gans, zu verwandeln vermöchte.

Pendüle

Ich war so alt, daß mich der Tod von einer Sekunde zur anderen ereilen konnte. Im übrigen hatten alle Menschen, die ich je gekannt hatte, bereits das Zeitliche gesegnet, und ich lebte mutterseelenallein und in tiefster Verzweiflung im Reich der Schatten.

Die Zeit hatte meine körperlichen und geistigen Fähigkeiten nicht vermindert, meine Begierden waren nicht weniger stark, mein Scharfblick hatte nicht nachgelassen, und doch würde ich sterben, ganz einfach, weil meine Uhr abgelaufen war. Was konnte ich tun, um die Frist zu verlängern? Da kam mir ein verrückter Einfall: vielleicht genügte es, tausendmal das Wort ›Pendüle‹ auszusprechen, um unsterblich zu werden. Wie konnte man das Gegenteil behaupten, ohne wenigstens den Versuch gemacht zu haben? Sollte sich das Wort ›Pendüle‹ als wirkungslos erweisen, ließen sich ja noch andere Möglichkeiten durchprobieren, wie ›Blutwurst‹ oder ›Knebelbart‹, bis sich das richtige Zauberwort einstellen würde. Ich begann also die endlose Litanei der ›Pendülen‹ herzusagen, wobei ich mit den Fingern mitzählte. Aber ich hatte kaum drei Handvoll hinter mich gebracht, da schnürte mir schon die Gewißheit, daß ich scheitern würde, die Kehle zu. Mit größter Mühe krächzte ich noch zwei- oder dreimal das Wort ›Pendüle‹, und dann war ich auch dazu nicht mehr imstande.

Ich öffnete die Augen. Stockfinstre Nacht. Ich war in Schweiß gebadet und rang nach Luft. Ich knipste die Nachttischlampe an. Der Wecker zeigte auf zehn nach zwei. Der Schraubstock um meine Kehle lockerte sich. Ich sagte laut:

»Ich bin noch jung.«

Der Klang meiner Stimme jagte mir Angst ein. Sie war heiser, beinahe zittrig. Durst. Ich ging in die Küche, um ein Glas Wasser zu trinken.

Ranziger Ölfarbengeruch durchzog die Wohnung, als hätten die Anstreicher eben erst ihre Arbeit beendet, und dabei lebte ich schon seit einer ganzen Woche hier.

Im übrigen war ich von meinem Logis keineswegs angetan. Meine anfängliche Begeisterung war tiefer Niedergeschlagenheit gewichen. Seit meinem Einzug versank ich ständig in düstere Grübeleien, die sich mir aufs Gemüt legten. Ich fürchtete einen Nervenzusammenbruch. Diese melancholische Stimmung, meinem Naturell völlig fremd, war nicht nur auf den Tapetenwechsel zurückzuführen. Vielleicht lag es an der Atmosphäre in dieser Straße, die mehr einem Ödland glich, denn man hatte eine Menge alter Häuser zwecks Spekulationen auf dem Immobiliensektor abgerissen, oder aber an der Bauweise der Wohnung, die von außen sehr einfach wirkte, im Inneren aber überaus verschachtelt war... Irgendetwas flößte mir Grausen ein.

Und dabei war ich so glücklich gewesen, endlich das Hotelzimmer zu verlassen, wo ich seit fast zehn Jahren gehaust hatte. Ich verdankte diesen Glückstreffer einem Bankkunden, Monsieur Morova, der ich weiß nicht welchen Posten in einem Ministerium innehatte. Aufs Geratewohl, ohne mir irgendwelche Hoffnungen zu machen, hatte ich ihm von meinen Wohnungsnöten erzählt. Wie überrascht war ich, als er mir mitteilte, daß ich im Viertel Buttes-Chaumont eine Sozialbauwohnung beziehen könnte. Als ich mich umständlich bedanken wollte, winkte er ab:

»Richten Sie sich dort erst einmal ein, dann bleibt immer noch Zeit genug, um mir Ihren Dank zu beteuern!«

Ich hatte seinen Rat befolgt, aber nun bedauerte ich es. Ich war sogar entschlossen, so schnell wie möglich auszuziehen, und wenn ich ins Hotel zurückkehren mußte.

Ich stürzte drei Gläser Wasser hinunter und wandte mich

wieder zum Schlafzimmer. Als ich an der Wohnungstür vorbeikam, hörte ich ein Geräusch auf dem Treppenvorplatz. Es klang wie ein Schluchzen.

Ich schob den Riegel zurück und öffnete die Tür.

Das Treppenhaus lag im Dunkeln. Ich sah nur das orangefarbene Schimmern des Schalteruhrknopfes. Kaum hatte ich darauf gedrückt, da flammte grell das Licht auf.

Ein kleiner Bub mit tränenüberströmtem Gesichtchen kauerte am Aufzugsschacht. Er trug ein zu großes weißes Nachthemd und mochte etwa vier oder fünf Jahre alt sein. Das Kind war ein solches Bild des Jammers, daß sich mir das Herz zusammenkrampfte.

»Was machst du denn da?« fragte ich leise. »Du mußt nicht weinen. Hast du dich verlaufen?«

Der Junge sah mich voller Entsetzen an, ohne zu antworten. Seine Augen waren gelb wie die einer Katze.

»Ich tu dir nichts, du brauchst keine Angst zu haben. Du bist wohl hinausgelaufen, und die Tür ist hinter dir ins Schloß gefallen, nicht wahr? Wie heißt du denn? Wo wohnst du denn? In dieser Etage? Auf der linken Seite oder auf der rechten?«

Das Kind biß sich in die Fäustchen. Seine Verzweiflung erinnerte mich an die Betrübnis, die ich eben im Traum durchlebt hatte. Ich fühlte tiefes Mitleid für diesen kleinen Jungen, der so sehr litt. Ich machte einen Schritt auf ihn zu, aber er stieß einen Entsetzensschrei aus.

»Nein, noch nicht! Nein!«

Ich blieb wie angewurzelt stehen, wie versteinert angesichts dieser fürchterlichen Angst. In diesem Augenblick erlosch das Licht. Ich trat zum Schalter, und als es wieder aufflammte, war das Kind verschwunden.

Völlig verwirrt blickte ich mich um, dann vernahm ich das Ächzen des Aufzugs. Das kleine grüne Licht über der Tür ließ eine sieben, dann eine sechs, eine fünf, eine vier erkennen und schließlich eine drei. Sogleich drückte ich auf den Bedienungsknopf. Der Aufzug kam, aber er war leer. Ich fuhr in den dritten Stock hinunter. Keine Spur von dem Kind. Ich horchte an den Türen gleich neben dem Lift. Überall herrschte die gleiche Stille.

Ich kehrte in meine Wohnung zurück. Das Abenteuer steckte mir noch in den Knochen, und ich war mit mir sehr unzufrieden. Da ich ein Neuankömmling im Mietshaus war, kannte ich keinen meiner Nachbarn. Dann und wann hörte ich sie nachts husten, streiten oder Lustschreie ausstoßen, aber ihre Namen waren mir unbekannt, und auch ihre Gesichter konnte ich mir nicht vergegenwärtigen. Dieses Problem beschäftigte mich so sehr, daß ich vor Morgengrauen keinen Schlaf fand.

Kurz nach neun sprang ich aus dem Bett. In zwanzig Minuten mußte ich in der Bank sein. Schon stürmte ich mit Riesenschritten auf der Straße dahin, als ich es mir anders überlegte. Ich rannte zur Loge des Hauswarts zurück, der mich mit breitem Lächeln begrüßte:

»Tag, Herr Colsky, heute sind Sie aber spät dran.«

»Ja, allerdings. Sagen Sie mir doch bitte, wer außer mir noch im siebten Stock wohnt.«

»Die anderen Mieter sind noch nicht eingezogen. Sie sind allein im siebten Stock.«

»Und wer wohnt im dritten Stock?«

Er sah seine Liste durch.

»Da ist einmal Monsieur Decour, die Familie Soldado, Monsieur und Madame Angus... Warum? Ist etwas vorgefallen? Hat jemand Lärm gemacht?«

»Nein, keineswegs. Ich wollte nur wissen...«

»Da ist noch die Familie Pills, die in Kürze einziehen wird. Das ist alles.«

»Haben diese Leute, die Soldados oder die Angus, Kinder? Einen kleinen vier- oder fünfjährigen Jungen? Brünett.«

Der Hauswart brach in Gelächter aus.

»Die Soldados haben zwei Mädchen, die etwa acht und

zehn Jahre alt sind. Was Madame Angus betrifft, so werden wir es bald wissen, sie ist nämlich hochschwanger! Sie wird in den nächsten Tagen entbunden. Warum denn? Hat Sie ein Kind geärgert?«

»Nein, nein, ganz und gar nicht, ich dachte nur, daß es doch geradezu blödsinnig ist, seine Nachbarn nicht zu kennen. Vielen Dank! Auf Wiedersehen.«

Der Hauswart war neugierig geworden, aber von mir erfuhr er nichts. Meine Kollegen grinsten unverschämt, weil ich so übernächtigt aussah. Meine Ringe unter den Augen schrieben sie einem regen Geschlechtsverkehr zu, der durch meine großartige Wohnung sehr gefördert würde. Aber ich hütete mich wohl, ihnen die Wahrheit zu verraten. Es ist allemal besser, beneidet als bemitleidet zu werden. Weder unanständige Anspielungen noch obszöne Wortspiele vermochten das Kind von der letzten Nacht aus meinem Bewußtsein zu verdrängen. Es kam mir nicht aus dem Sinn. Das ging so weit, daß ich der folgenden Nacht nicht ohne Furcht entgegensah. Doch sobald ich mich hingelegt hatte, fiel ich, todmüde wie ich war, in tiefen Schlaf.

Dank der unablässigen Wiederholung des Wortes Pendüle war es mir endlich geglückt, unsterblich zu werden. Ich stand schon auf einem Podest, um ein Diplom in Empfang zu nehmen. Wichtige Persönlichkeiten, Journalisten, Schulkinder und eine Blaskapelle hatten sich zur Feier eingefunden. Ich war sehr bewegt, versuchte aber, mir nichts anmerken zu lassen, ja ich spielte sogar den Gleichgültigen, um die anderen nicht gegen mich aufzubringen, nämlich alle diejenigen, die keine Glückspilze waren wie ich und weiterhin sterben würden. Ich spürte ihre neidischen, haßerfüllten Blicke. »Wenn sie mich nur nicht umbringen«, dachte ich, »es wäre wirklich zu dumm, jetzt so nahe am Ziel zu sterben!« Aber die Zeremonie zog sich in die Länge. Die Bewegungen der Menschen kamen ins Stocken, die Worte wurden unverständlich, genau wie bei einem

Tonband, das zu langsam abgespult wird. Ich hörte Schluchzer. Ja, es waren Schluchzer.

Ich erwachte, aber die Schluchzer waren immer noch zu vernehmen.

Sie waren nicht Teil meines Traumes, sondern real. Während einer ganzen Weile wollte ich es nicht wahrhaben. Ich packte mir das Kopfkissen über den Kopf, um nichts mehr zu hören. Dann ging ich nachsehen.

Der Treppenvorplatz war durch das Minutenlicht erhellt. Der Bub kauerte an derselben Stelle wie in der Nacht zuvor. Sein Kummer war um nichts gemildert. Seine Augen weiteten sich vor Entsetzen, als ich Anstalten machte, auf ihn zuzugehen. Ich blieb, wo ich war.

»Wein doch nicht, ich tu dir ja nichts! Ich will dich nur nach Hause bringen.«

Im Gesicht des Kindes malte sich unüberwindlicher Widerwille, als ob es ein abscheuliches Tier, eine dicke behaarte Spinne oder ein giftiges Reptil vor Augen hätte. Unter seinen Blicken wurde mir so unbehaglich zumute, daß ich das Bedürfnis hatte, mich zu rechtfertigen.

»Es stimmt schon, daß ich kein besonders schöner Mann bin, aber ein Ungetüm bin ich auch wieder nicht. Ich tu doch alles, was in meiner Macht steht, um nett zu dir zu sein, aber du schaust mich an, als wäre ich dein Feind. Ich will dir doch nur helfen, damit du nicht mehr weinen mußt.«

Meine Worte hatten nicht die beruhigende Wirkung, die ich erhoffte. Das Kind schluchzte nun so heftig, daß es keine Luft mehr bekam. Über seine Fäustchen, die es gegen den Mund preßte, lief Speichel. Ich sah, wie sich die winzigen Zähne ins Fleisch bohrten.

»Nein, ich will nicht... noch nicht... Lassen Sie mir noch ein wenig Zeit... ich bitt' Sie gar sehr...«

Plötzlich erlosch das Licht, und der Schwall seiner unzusammenhängenden Reden brach ab. Als es wieder hell wurde, war der kleine Junge verschwunden. Noch hatte der Aufzug den sechsten Stock nicht erreicht, da rannte ich los, raste in wilder Erregung, in einem unvorstellbaren Zustand der Erbitterung, die Treppen hinunter. Ich überholte den Lift, dessen Inneres ich nicht sehen konnte, und erreichte die dritte Etage lange vor ihm. Aber diese sportliche Leistung nützte mir nichts, denn der Aufzug blieb im vierten Geschoß stehen. Ich rannte so schnell hinauf, wie ich hinuntergestürzt war. Keine Menschenseele!

Das Ganze war heller Wahnsinn!

Das Kind mußte doch von irgendwo herkommen. Es wohnte in diesem Haus, dessen war ich sicher. Warum weinte es jede Nacht vor meiner Tür? Was bedeutete seine Haltung mir gegenüber? Vielleicht wurde das Kind mißhandelt, in einer Wohnung des Mietshauses eingesperrt? Ein armes kleines Opfer, das von zu Hause ausgerissen war und nun eine fürchterliche Strafe erwartete. Oder aber der Sohn eines Hausbesetzers, der sich in einem noch unbewohnten Appartement eingenistet hatte.

Ich fand keinen Schlaf mehr.

Acht Tage lang kam das Kind jede Nacht, genau um Viertel nach zwei. Es war ungeheuer pünktlich. Nacht für Nacht öffnete ich die Tür, sprach aus einiger Entfernung mit ihm, ohne je wieder den Versuch zu machen, mich ihm zu nähern. Meine Worte vermochten seinen Jammer nicht zu mildern. Wie ein Häufchen Elend kauerte der Bub neben dem Aufzugschacht und war nicht zu trösten. Er blieb bald längere, bald kürzere Zeit und verschwand auf mysteriöse Weise.

Das Kind raubte mir den Schlaf, ruinierte meine Gesundheit.

Unter den verschiedensten Vorwänden klopfte ich an jede Tür, schwatzte mit allen Bewohnern des Mietshauses, aber ich vermochte nichts in Erfahrung zu bringen.

In der neunten Nacht beschloß ich, die Tür nicht zu öffnen. Aber nun wurde das Schluchzen so heftig, das Wimmern und Stöhnen so herzzerreißend, daß ich in Tränen ausbrach. Mit zitternder Hand schob ich den Riegel zur Seite und drehte den Türknauf.

Ich betätigte den Minutenschalter, und als das Licht aufflammte, sah ich das Kind an der gewohnten Stelle kauern. Ich rannte auf den Kleinen zu, flehte ihn an, mir zu vertrauen, mir endlich den Grund seines Kummers zu sagen. Ich schwor bei allen Heiligen, daß ich mein möglichstes tun würde, ihm zu helfen, ihn zu retten.

Diesmal hatte ich ihn überrumpelt, er war auf meinen plötzlichen Angriff nicht gefaßt gewesen. Bevor er sich von der Stelle rühren konnte, war ich schon bei ihm. Ich streckte die Arme aus, um ihn an mich zu ziehen, aber ich bekam nur Luft zu fassen.

Die bereits verschwommene Gestalt schrie noch:

»Nein, nein, jetzt nicht! Erbarmen!«

Dann verschwand die Erscheinung.

Aber nicht im Aufzug oder im Treppenhaus, auch von der Dunkelheit wurde sie nicht verschluckt. Das Bild löste sich ganz einfach auf. Ich lehnte mit dummem Gesicht an der Lifttür und fühlte mich mit einem Male völlig leer, als hätte ich eben eine fürchterliche Nachricht erhalten.

Meine Zähne begannen zu klappern. Mit Müh und Not vermochte ich in meine Wohnung zurückzukehren. Ich warf mich aufs Bett und versuchte gegen die aufsteigende Übelkeit anzukämpfen. Ich fühlte mich seekrank, schwindlig, als würde in meinem Körper das Unterste zuoberst gekehrt. Nach und nach verflüchtigten sich diese Symptome, und ich vermochte wieder einigermaßen klar zu denken.

Das Kind existierte überhaupt nicht. Es war meiner krankhaften Phantasie entsprungen, und wenn das zutraf, dann war ich eben verrückt. Vielleicht war es aber doch ein übernatürliches Wesen, ein Gespenst. Weder die eine noch die andere Hypothese gefiel mir. Im übrigen glaubte ich nicht an Gespenster. Und verrückt war ich auch nicht.

Am nächsten Tag schien der Hauswart über mein Aussehen geradezu erschrocken.

»Ist Ihnen nicht wohl, Monsieur Colsky?«

»Ich möchte Sie gern fragen, ob Ihres Wissens ein Kind in diesem Mietshaus gestorben ist?«

Er schluckte. Ihm wurde unheimlich.

»Ein Kind? Aber nein, Monsieur Colsky! Das Haus ist doch ein Neubau.«

»Und vorher? Hier standen doch sicher alte Häuser, die niedergerissen wurden.«

»Aber ganz und gar nicht. Hier war nur Ödland. Vielleicht gab es ein paar Kaninchenställe, aber sonst nichts.«

»Haben Sie nie etwas von einem tragischen Unglücksfall gehört, bei dem ein Kind ums Leben kam?«

»Nein, ganz bestimmt nicht!«

Er sah mich forschend, mit wachsender Besorgnis an.

»Man hat Ihnen bestimmt Unsinn vorgeschwatzt, Ihnen einen Bären aufgebunden ...«

»Und letzte Nacht ist nichts geschehen?«

Er brach in erleichtertes Gelächter aus.

»Doch! Das allerdings! Sie erinnern sich sicher an Madame Angus, von der ich Ihnen neulich erzählt habe. Na, sehen Sie, sie wurde letzte Nacht entbunden... Monsieur Angus ist selig. Übrigens, da kommt er selbst. Nun, Monsieur Angus, ist es ein Bub oder ein Mädchen?«

Der glückliche Vater strahlte übers ganze Gesicht.

»Ein Bub. Er hat die blauen Augen seiner Mutter, aber schwarze Haare wie ich. Er wurde um Viertel nach zwei geboren. Ein Prachtskerl. Er brüllt, daß er Tote erwecken könnte. Wir werden ihn Pendüle nennen ...«

Das war natürlich ein Scherz, aber mir war überhaupt nicht zum Lachen zumute.

›*Café Panik*‹

In jüngeren Jahren kehrte ich oft in einer Kneipe ein, um mir Geschichten anzuhören – na gut, auch um mir einen hinter die Binde zu gießen –, und diese Kneipe hatten wir ›Café Panik‹ getauft. Dort verbrachte ich zusammen mit Saufaus, Glasinderhand und anderen so manches fröhliche Stündchen. Da ich gestern zufällig in diese Gegend kam, wandelte mich die Lust an, mal schnell hinzupilgern. So ein Pech! Wo einst die Kneipe stand, befindet sich nun die Bank von Angoulême. Ich war richtig belämmert. Daher ging ich in das Café gegenüber, um mir schnell einen zu genehmigen. Und wen treffe ich dort an? Glasinderhand persönlich, pumperlgesund und kregel, trotz eines Gichtanfalls und den ersten Anzeichen einer Grippe, aber schließlich ist ja Winter.

Wir haben einander zugeprostet, wobei wir Angoulême zum Teufel wünschten. Wie in guten alten Zeiten begann Glasinderhand zu erzählen:

»Da war mal ein sehr reicher Typ, ein uralter Millionär, der so knickrig war wie alle diese Brüder. Mit seinem Faktotum, einem ebenso alten Tattergreis namens Rattenschwanz, lebte er auf seinem prächtigen Landsitz. Gutetat, so hieß der Millionär, und Rattenschwanz hatten ein merkwürdiges Verhältnis zueinander. Erst duzten sie sich. Dann warfen sie sich Schimpfworte an den Kopf. Außerdem hatten sie die Manie, bei jedem Anlaß zu wetten. Wenn Gutetat verlor, mußte er den Diener spielen, während Rattenschwanz die Rolle des Millionärs übernahm. Dann rächte er sich natürlich, denn sie waren beide rechte Giftzwerge. Schließlich brüllten sie sich an und wurden handgemein. Wenn es mal so weit war, lief das Ganze nach einem bestimmten Schema ab. Sie hatten komplizierte, unumstößliche und nicht eben alltägliche Regeln ausgeklügelt. Rattenschwanz und Gutetat mußten eine regelrechte Kriegserklärung abfassen und sie in einen versiegelten Umschlag stecken. Dann bezog jeder seine Stellung an dem Ort, den sie nach dem letzten Konflikt vertraglich festgelegt hatten. Sie telefonierten mit dem Waffenhändler. Ja, mit einem goldechten Waffenhändler, bei dem sie ihre Bestellungen aufgaben: soundsoviele Maschinengewehre, Kanonen, Panzer usw. Der Millionär zahlte. Dann begab sich Rattenschwanz ins Dorf, wo er Freiwillige anwarb, das heißt alle wehrfähigen Männer, denn diese armen Bauern waren heilfroh, daß sie mit einem Male mehr verdienten als belgische Söldner. Die Auseinandersetzungen zwischen Gutetat und Rattenschwanz waren die beste Einnahmequelle des Dorfes. Selbstredend blieb es nicht aus, daß in jedem Krieg – das haben Kriege nun mal so an sich – Menschen getötet und Häuser zerstört wurden, aber Menschen müssen ohnehin eines Tages sterben, und was die Häuser betrifft, so ließ Gutetat sie wieder aufbauen, schöner und geräumiger als die alten. Zum Schutz der Zivilbevölkerung gab es Unterstände, wohin sich die Dorfeinwohner beim ersten Sirenengeheul, das den Beginn der Kampfhandlungen anzeigte, begeben mußten. Dort hatten sie bis zur Unterzeichnung des Waffenstillstandes zu bleiben, wobei sie natürlich hofften, daß er nicht allzu lange auf sich warten ließ. Sie sehen, alles lief wie am Schnürchen, und keiner hatte etwas dagegen einzuwenden. Man hob die Kinder bis an die Schießscharten, so daß sie die Explosionen der Raketen, das Artilleriefeuer und die Panzereinsätze mitansehen konnten, genau wie auf dem Jahrmarkt oder bei einem Feuerwerk. So ging das immer weiter, bis eines Tages Gutetats Sprößlinge, ein fünfzigjähriger Tunichtgut und eine hochnäsige Gans von siebenundvierzig mit Schrecken feststellten, daß Papas Vermögen dahinschmolz. Als sein militärischer Wahnsinn ausgebrochen war, hatten sie gehofft, daß der Alte unter einem Trümmerhaufen begraben oder von einer explodierenden Granate zerrissen würde, aber nichts dergleichen geschah. Gutetat hatte immer Schwein, und die Eskalation der Waffen schien kein Ende zu nehmen. Da taten sich Liegestuhl und Vuittontasche zusammen. Sehr bald fanden auch sie die Adresse eines Waffenhändlers heraus. Sie heuerten eine kleine Söldnertruppe an, natürlich für einen Hungerlohn, und mischten sich in die Kampfhandlungen ein. Welch ein Krieg, Freunde, welch ein Krieg! Ein richtiges kleines Vietnam! Beim ersten Ansturm der Streitkräfte von Liegestuhl und Vuittontasche erkennt Gutetat, der es sich auf dem Sitz seines Geschützes bequem gemacht hat, daß sich ein neues Element eingeschaltet hat. Er setzt seinen Sturzhelm auf, der zwei Nummern zu groß ist, und schwingt ein zerfleddertes Kleenex. Rattenschwanz, der ihn genau in seiner Visierlinie hat, brummt verärgert, aber Regeln sind Regeln, und er darf einen Feind, der die weiße Fahne schwenkt, nicht abschießen. Die Besprechung findet in Nummer 57 statt, das heißt, in der kleinen Bretterbude, die früher dem Gärtner als Toilettenhäuschen diente.

›Na, du alter Trottel, ergibst du dich?‹ fragt Rattenschwanz herablassend.

›Halt's Maul, Saukerl‹, entgegnet Gutetat. ›Ich habe nur deshalb um eine Konferenz nachgesucht, weil ich vor einem Rätsel stehe.‹

›Nämlich?‹

›Ich möchte wissen, wo die Truppen mit tschechischen Maschinenpistolen herkommen. Sie waren auf dem Katalog, den man mir vorgelegt hat, nicht aufgeführt.‹

›Tschechische Maschinenpistolen?‹ fragt Rattenschwanz zurück. ›Ich erinnere mich wirklich nicht, welche bestellt zu haben. Im übrigen taugen sie nichts.‹

›Dann hat sich eine dritte Kriegsmacht eingeschaltet. Es würde mich gar nicht wundern, wenn es Liegestuhl und Vuittontasche wären.‹

›Weiß Gott, deine gräßlichen Bälger wären durchaus

imstande, so einen Quatsch zu machen›, pflichtet Rattenschwanz bei.

›Ich schlage dir ein Bündnis auf Zeit vor‹, fährt Gutetat fort, ›zu zweit werden wir mit ihnen schon fertig. Wir kennen das Gelände, und sie haben von Tuten und Blasen keine Ahnung.‹

›Einverstanden. Aber wer übernimmt das Kommando? Du oder ich?‹

›Ich.‹

›Kommt nicht in Frage. Ich!‹

Sie können sich gerade noch flach auf den Bauch werfen, denn pfeifend kommt ein Geschoß angesaust und explodiert fünf Meter von ihnen entfernt. Die Bretterbude fliegt in die Luft, so daß die beiden ohne Deckung mitten auf dem Schlachtfeld liegen.

›Wetten wir!‹ ruft Rattenschwanz und rennt, was das Zeug hält, auf einen ausgebrannten Panzer zu, um sich in Sicherheit zu bringen.

›Einverstanden, wetten wir!‹ keucht Gutetat, der ebenfalls losgeprescht ist.

›Wetten, daß ich es fertigkriege, innerhalb von weniger als einer Stunde meine Fahne auf der Kirchturmspitze aufzupflanzen!‹

›Wetten, daß in einer Stunde meine Fahne an der Kirchturmspitze wehen wird!‹ setzt Gutetat dagegen.

›Aber wir haben keine Fahnen.‹ Diese sinnige Bemerkung stammt von Rattenschwanz.

›Dann nehmen wir halt unsere Jacken‹, entgegnet Gutetat und schiebt somit das Hindernis kurzerhand beiseite. ›Topp?‹

›Topp!‹

Da veranstalten also die beiden Irren einen Hindernislauf in Richtung Dorfkirche, während die Schlacht auf dem Gutsgelände mit verdoppelter Feuerkraft tobt. Doch Liegestuhl und Vuittontasche hatten ausgerechnet den Kirchturm zu ihrem Hauptquartier erkoren, von wo aus sie, nicht ohne

Sorge, mit dem Feldstecher den Fortgang des Kampfes verfolgten.

›Wir hätten Boden-Boden-Raketen nehmen sollen‹, greinte Vuittontasche. ›Deine Knausrigkeit wird uns jetzt teuer zu stehen kommen.‹

›Ich wollte doch den Bomber mieten, damit wäre das Ganze in zehn Sekunden zu Ende gewesen. Aber Madame mußte natürlich ihren Senf dazugeben! Wenn wir jetzt einen auf den Deckel kriegen, bist du schuld.‹

Genau in diesem Augenblick wurden sie von Rattenschwanz und Gutetat überrascht, die jeder einen Revolver in der Hand hielten und völlig humorlos dreinblickten.«

»Wie ging dann die Sache aus?«

»Oh, ein Sieg auf der ganzen Linie. Im Dorf nannte man diesen Krieg den ›Sechs-Stunden-Krieg‹. Gutetat und Rattenschwanz haben sämtliche tschechischen Maschinenpistolen, die feindliche Artillerie und die Panzer erobert. Sie haben von den Besiegten die Wiedergutmachung aller im Dorf angerichteten Schäden verlangt und sie für unbegrenzte Dauer als unbesoldete Dienstboten angestellt. Auf die Art kann sich Rattenschwanz voll und ganz dem Bau von neuen Festungswerken für den nächsten Konflikt widmen, während sich Gutetat einen supermodernen Atombunker anlegt.«

»Einen Atombunker?«

»Ja. Im Dorf heißt es, daß der nächste Krieg der letzte sein wird.«

Apotheker

Beinahe hätten sich die üblen Machenschaften der Apotheker, die mit Urin Schwarzhandel treiben, zu einem handfesten Skandal ausgewachsen, aber, wie erwartet, hat man die Sache dann doch totgeschwiegen. Doch die Tatsachen liegen auf der Hand: Zahlreiche Patienten, die ihren Harn zwecks Analyse in einer jener Apotheken von zweifelhaftem Geschäftsgebaren abgegeben haben, bekamen ihn nicht wieder. Ein Apotheker, das wissen nur wenige, ist verpflichtet, den nach der Analyse übriggebliebenen Harn seinem rechtmäßigen Besitzer zurückzuerstatten. Leider hält sich kaum ein Apotheker an das Gesetz. Bekanntlich ist diese Berufsgruppe auf jede Einnahmequelle, und sei sie noch so gering, erpicht. Apotheker horten den Harn, den sie im geeigneten Moment mit beachtlichem Profit weiterverkaufen. Eines Tages wird es Frankreich vielleicht an Urin, aber ganz gewiß nicht an Apothekern fehlen. Sie haben sich Reserven angelegt, die sie erst dann auf den Markt bringen, wenn der Kurs sehr hoch steht. Was für ein mieses Pack!

Garstig oder Die schwarze Manier

Zu jener Zeit herrschte das Scheusal Gorgoth im Land Überleben. Dieser Gorgoth war eine Ausgeburt der Hölle. Zusammen mit seiner Frau Murgunde, einer widerwärtigen Hexe, quälte er seine Untertanen mit seiner Tyrannei, die wie ein Nachtmahr auf ihnen lastete.

Überleben war ein weites und schönes Land, aber seine Einwohner hatten angefangen, es zu hassen, und mitunter pöbelten sie sogar die Touristen an, die wegen des überaus angenehmen Klimas weiterhin in Scharen in diese Gegend einfielen. Es war vielleicht nicht das unglücklichste Volk der Erde, denn die Zahl der unglücklichen Völker dieser Erde ist so groß, daß viele die Siegerpalme in diesem Wettstreit für sich beanspruchen könnten, aber es gehörte sicher zu den beklagenswertesten. Um die Steuern zu zahlen, mußte man hart arbeiten, und das, was übrigblieb, wenn es überhaupt etwas war, reichte knapp zum Überleben. Je ärmer einer war, desto mehr Steuern zahlte er. Es gab sogar eine Armutssteuer im Lande Überleben. Man mußte für alles zahlen: für das Wasser, die Luft, die Zeit und das Gras, das die Tiere fraßen. Es gab auch alle möglichen merkwürdigen Verbote: Es war untersagt, sich in der Öffentlichkeit zu bücken, ein Liedchen ohne Worte zu trällern oder am Daumen zu lutschen, auch Fragen, die mit »warum?« oder »wie?« anfingen, durfte man nicht stellen und so weiter und so fort.

Die Zuwiderhandelnden wurden fürchterlich bestraft. Man trat ihnen auf die Füße, zog sie an der Nase, blies ihnen Zigarrenrauch in die Augen, und vor allem steckte man sie ins Gefängnis. Es gab so viele Häftlinge, daß dann und wann die

Strafanstalten wie Abszesse aufplatzten und sich alle diese armen Menschen plötzlich in der freien Luft wiederfanden, ohne daß sie etwas dazugetan hätten. Aber sie hatten nie Zeit zum Davonlaufen, denn sogleich befahl Gorgoth seiner Schwarzen Garde, das Gelände zu umstellen, und kurz darauf bauten seine Architekten ein weiteres Gefängnis, das noch größer, noch sicherer war, und alles ging weiter wie zuvor und wurde immer schlimmer.

Da geschah es, daß Murgunde einen Sohn gebar. Gorgoth nannte ihn Garstig, in der Hoffnung, daß das Kind einmal so böse würde wie er selbst. Er kümmerte sich höchstpersönlich um seine Erziehung, er lehrte ihn von jung an, Vögel zu töten, Schwache zu schlagen, Greise mit Füßen zu treten, kurz, sich als würdiger Sproß des satanischen Tyrannen zu verhalten.

Zu ihrem Leidwesen hatten die Eltern keine Freude an dem armen Garstig. Er war ein reizender kleiner Junge, niedlich und zartgliedrig, dessen natürliche Güte Anstoß erregte. So sehr Gorgoth das Böse liebte, so sehr liebte Garstig das Gute. Er konnte auch nicht das unscheinbarste Lebewesen weinen sehen, ohne Tränen des Mitleidens zu vergießen. Obwohl er erst sieben war, erschien ihm das Joch, das auf seinem Lande lastete, entsetzlich. Bei so viel Gewalttätigkeit weinte er natürlich oft. Diese Tränen erbitterten die beiden Ungeheuer so sehr, daß sie ein Edikt erließen, das alle Überlebenden zwang zu lachen, sobald sie in die Nähe des Palastes kamen. Aber dieses Edikt machte die Sache nicht viel besser, denn es ist sehr schwierig, auf Befehl zu lachen, und beim schaurigen Klang des erzwungenen Gelächters mußte Garstig noch heftiger weinen. Wütend über das Scheitern seiner Maßnahmen, beschloß Gorgoth, anders vorzugehen. Er organisierte große Feste, um das Volk zu amüsieren, damit es aus freien Stücken lachte. Er ließ Arenen bauen, um dort öffentlich Tiere nach einem sorgfältig ausgeklügelten, grausamen Ritus zu schlachten. Es war ein wahrer Triumph. Die Überlebenden waren so sehr an die menschliche Misere gewöhnt, daß sie angesichts der leidenden Tiere geradezu Erleichterung empfanden. Sie schrien: »olé!« um ihr Wohlgefallen kundzutun, und als der erste Stier zu Boden fiel, brüllten sie vor Lachen, so komisch fanden sie seinen Todeskampf. Nur dem gutherzigen Garstig wurde das Herz schwer, aber er verzog keine Miene, um keinen Anlaß zu weiteren teuflischen Erfindungen zu geben, unter denen dann das Volk zu leiden hätte.

Er weigerte sich einfach, in die Arena zurückzukehren. Er zog es vor, sich in Gesellschaft Davids, seines zahmen Vogels, und der Katzen, die Murgunde ihm geschenkt hatte, damit sie den Vogel töteten, in sein Zimmer einzuschließen. Bislang war es Garstig gelungen, das Blutbad zu vermeiden, aber er wußte wohl, daß es eines Tages einer der Katzen glücken würde, in einem unbewachten Augenblick zuzupacken und ihm seinen einzigen Freund zu rauben. Und wirklich, an einem trüben Frühlingsmorgen hörte Garstig den Ruf des Scherenschleifers auf der Straße. Er rannte ans Fenster, um dem Mann bei der Arbeit zuzusehen. Sobald er den Katzen den Rücken zukehrte, stürzten sie sich auf David. Garstig hörte ein schwaches Piepsen, das ein Lebewohl bedeutete, und als er sich umwandte, hing nur noch eine schwarze Feder an der Leine.

»Scherenschleifer! Scherenschleifer! Ich schärfe die Messer!« schrie der Mann auf dem Schloßplatz von neuem, wobei er darauf achtete, zwischen jedem Wort zu lachen, wie es vorgeschrieben war.

In seinem Kummer rief Garstig hinunter:

»Mach dich fort, böser Scherenschleifer! Wegen dir ist mein Vogel gestorben, und das bringt dich noch zum Lachen! Mach dich fort! Ich will deine Stimme nicht mehr hören!«

»Da sieh mal einer an! Du weinst um einen toten Vogel«, entgegnete ruhig der Scherenschleifer, ohne mit Lachen aufzuhören, wie das Gesetz es befahl. »Du hast aber Glück. Das beweist, daß du es dir leisten kannst. Mich würde man sofort einsperren. Du mußt schon eine wichtige Persönlichkeit sein...«

»Wer ich bin, geht dich nichts an«, entgegnete Garstig voller Zorn. »David ist tot, und ich habe Kummer, genügt das denn nicht?«

Der Scherenschleifer nickte.

»Doch, natürlich. Du bist ein lieber Junge. Es tut mir leid, daß du deinen Freund verloren hast. Um dich von meiner Aufrichtigkeit zu überzeugen, will ich dir eine Gunst erweisen.«

»Ich bin der Sohn eines Tyrannen«, seufzte Garstig, »und du willst mir eine Gunst erweisen? Du machst dich über mich lustig, das ist gemein.«

Der Scherenschleifer lächelte gütig.

»Wer du bist, geht mich nichts an, das hast du selber gesagt. Hör mal, möchtest du an meiner Stelle die Messer am Schleifstein wetzen?«

Das Kind klatschte in die Hände.

»O ja! Schon seit langem sehe ich dir bei der Arbeit zu. Jedesmal bewundere ich deine Geschicklichkeit. Immer frage ich mich, ob ich das wohl auch könnte. Wie hast du das erraten?«

»Ich bin eben ein Philosoph. Ich errate, was in deinem Kopf vor sich geht, weil ich weiß, was dein Herz bewegt. Willst du also kommen?«

Garstig rannte die Freitreppe hinunter, an den Wachen vorbei, zum Scherenschleifer. Dieser reichte ihm ein schartiges Messer und sagte:

»Dieses Messer gehört mir. Hüte es wie deinen Augapfel! Es ist kein gewöhnliches Messer.«

»Er macht sich immer noch über mich lustig«, dachte Garstig, denn an dem Messer war wirklich nichts Besonderes. Dennoch machte er sich voller Eifer an die Arbeit.

Kaum stoben die ersten Funken in die Höhe, als eine dichte Rauchsäule vor ihm aufstieg und eine riesenhafte Gestalt vor ihm stand.

»Du schleifst das magische Messer«, brüllte der Geist mit einer Stimme, daß der Erdboden erzitterte. »Du bist also der Kleinmeister. Rede, und dir wird gehorcht werden.«

Garstig blickte den Scherenschleifer forschend an.

»Sind Sie vielleicht ein Hexenmeister wie mein Vater? Dann kann ich Sie nicht leiden!«

»Ich gleiche deinem Vater nicht. Mein einziges Königreich ist die Philosophie, und ich gebe dir drei Wünsche frei. Goliath wird sie dir erfüllen. Er heißt nämlich Goliath. Ein merkwürdiger Familienname, findest du nicht?«

Der kleine Junge war unschlüssig. Einerseits haßte er das Zauberwesen und fürchtete, daß Gorgoth ihm eine Falle stellte, andererseits fand er es schade, die Kräfte Goliaths nicht zu nützen, um das Los der Überlebenden zu erleichtern. Keinen Augenblick kam es ihm in den Sinn, einen Vorteil für sich selbst zu erbitten, denn er war überhaupt kein Egoist.

»Ich wünsche mir«, sagte er in gemessenem Ton, »daß alle Einwohner dieses Landes glücklich sind. Alle, ohne Ausnahme.«

»Du bist der Kleinmeister. Dein Wunsch soll erfüllt werden.«

Goliath klatschte in die Hände und verschwand.

Garstigs glücklicher Gesichtsausdruck nötigte dem Scherenschleifer ein ironisches Lächeln ab.

»Du bist der erste, dem dein Wunsch zugute kommt«, sagte er. »Aber treten wir doch in dieses Haus, um zu sehen, ob deine Freude berechtigt ist.«

Gemeinsam gingen sie in ein großes Gebäude, das dem Palast gegenüberlag. Wie überrascht aber war Garstig, als er entdeckte, daß er sich in einem Irrenhaus befand. Da waren Wahnsinnige aller Art, junge und alte, in tollen Verrenkungen, die einen waren nackt, die anderen hatten sich verrückten Schmuck umgehängt, wie Hörner und Federn, oder sich gar eine Krone aufgesetzt. Beim Anblick der armen Irren ballte Garstig die Fäuste.

»Scherenschleifer, du hast mich getäuscht, ich hatte mir erbeten, daß sie glücklich, nicht, daß sie wahnsinnig seien!«

»Daran sieht man, daß du kein Philosoph bist«, seufzte jener. »Wie kann man in einem Land ohne Freiheit glücklich sein?«

Garstig verfiel in Nachdenken und mußte einsehen, daß der Scherenschleifer nicht unrecht hatte.

»Es bleiben mir noch zwei Wünsche«, sagte er. »Kehren wir also zum Schleifstein zurück!«

Sobald Goliath erschien und die rituellen Worte gesprochen waren, befahl Garstig:

»Ich will, daß die Einwohner frei sind, frei wie die Vögel in der Luft.«

»Du bist der Kleinmeister. Dein Wunsch soll erfüllt werden«, bestätigte der Koloß.

Wiederum klatschte er in die Hände, bevor er verschwand.

In diesem Moment knallten Schüsse. Überall in der Stadt wurden Menschen niedergemäht, und im übrigen Land war es sicher nicht besser. Eine rohe Soldateska trieb eilig Männer, Frauen und Kinder zusammen und feuerte sogleich auf sie, ohne eine Miene zu verziehen.

Garstig wollte sich zwischen die Opfer und ihre Henker werfen, aber sein Freund hielt ihn zurück.

»Tu das nicht! Sie würden dich töten, und das Gemetzel ginge bis ans Ende der Zeiten weiter.«

»Aber ich habe doch die Freiheit erbeten«, weinte der kleine Junge, »und nicht dieses Blutbad.«

»Wie kann man in einem Land frei sein, das von einem Tyrannen beherrscht wird? Frei sind nur die Toten. Die haben keinen Herrn mehr über sich.«

»Aber die anderen? Die blutrünstigen Wüstlinge?«

»Sie gehorchen dir. Sie sind deine Diener.«

»Es bleibt mir noch ein Wunsch«, sagte Garstig. »Schnell! Zum Schleifstein!«

Goliath ließ nicht auf sich warten.

»Du schleifst das magische Messer. Du bist also der Kleinmeister. Rede, und dir soll gehorcht werden.«

»Ich will nicht mehr der Kleinmeister sein. Ich will der Großmeister werden. Ich will der sein, der alles vermag, der alles beherrscht, ohne einen anderen Meister über mir zu haben.«

»Du bist der Großmeister. Dein Wunsch soll erfüllt werden.«

Mit hoffnungsvoll leuchtenden Augen wandte sich Garstig an den Scherenschleifer:

»Wir sind uns also einig? Ich entscheide von nun an über alles.«

Der Scherenschleifer schien sich unbehaglich zu fühlen. Er wich seinem Blick aus.

»Warum siehst du mich nicht an?« fragte Garstig. »Ich habe den Eindruck, du fürchtest dich vor mir. Das brauchst du nicht. Zwar bin ich der Großmeister, aber ich bin gut.«

»Sieh dich an«, erwiderte der Philosoph.

Ohne ein weiteres Wort zu sagen, hielt er ihm einen kleinen Taschenspiegel vors Gesicht. Garstig stieß einen Schrei aus, doch dieser Schrei klang wie das Meckern einer Ziege. Denn Garstig sah nicht mehr wie ein kleiner Junge aus. Er hatte sich in einen Ziegenbock verwandelt. Goliath hatte seinen Wunsch sehr wohl erfüllt. Er war zum Großbock geworden. Zum Teufel in Person!!!

Da kam eine Kohorte von dämonischen Wesen auf ihn zugerannt, um ihn zu begrüßen. Angeführt wurde sie von seinem Vater und seiner Mutter, die ihm außer Atem Glückwünsche zuriefen. Gorgoth rühmte sich, das glorreiche Schicksal seines Sohnes vorhergesehen zu haben. Murgunde weinte vor Stolz.

Auf einen Schlag begriff Garstig, was ihm zu tun übrigblieb. Er spürte eine große Ruhe in sich, die sich jedesmal dann einstellt, wenn ein Mensch eine wirklich richtige Entscheidung trifft.

»Scherenschleifer, ich habe keinen Wunsch mehr frei, nicht wahr?«

»Das ist leider der Fall!« murmelte der arme Mann. »Meine ganze Philosophie gründete sich auf meinen Schleifstein und auf deine drei Wünsche.«

»Nun, dann schenke mir zum Andenken dieses wunderbare Messer!«

»Mit Freuden. Aber es hat jetzt keine Zauberkraft mehr. Wozu wird es dir dann dienen?«

»Die Mächte der Finsternis zu vernichten. Denn die schwarze Magie muß man mit der blanken Waffe bekämpfen!«

Darauf stieß er das Messer mehrmals in das Herz Gorgoths und dann in das Murgundes. Ein gewaltiges Geheul brach los.

Sogleich zerfielen die teuflischen Gestalten zu Staub. Aus dem Blut, das den Boden tränkte, erhob sich ein Vogel. Es war David, der geliebte Vogel David, der munterer zwitscherte denn je.

Im selben Augenblick nahm Garstig sein natürliches Aussehen wieder an. Auf dem Schloßplatz, der im gleißenden Licht lag, war keine Spur mehr vom Scherenschleifer und seinem Schleifstein zu sehen.

Mit einem Male erschien ein Maskenzug mit Musikanten und Tänzern. Junge Leute, die groteske Larven an langen Stangen trugen, umringten das Kind.

»Seid ihr glücklich?« fragte er sie der Reihe nach.

Manche antworteten mit ja, andere mit nein.

»Seid ihr frei?«

Manche nickten zustimmend, andere schüttelten den Kopf.

»Habt ihr einen Herrn?«

Manche bejahten, andere verneinten.

»Ich glaube, so ist es gut«, dachte Garstig.

Er blickte auf das Messer in seiner Hand, dann warf er es in den Rinnstein.

»Du hast dein Messer fallenlassen!« rief ein kleines Mädchen.

»Richtig«, antwortete Garstig und bückte sich, um es aufzuheben. »Vielleicht kann ich es noch einmal gebrauchen.«

Der Stipendiat

HERVÉ OHRFEIGENGESICHT Mama! Mama! Stell dir vor, ich kriege das Stipendium, das ich Anfang des Jahres beantragt habe!

GERMAINE OHRFEIGENGESICHT Na, die haben sich aber ganz schön Zeit gelassen! Wie hoch ist denn das Stipendium?

HERVÉ OHRFEIGENGESICHT *(die vorgedruckten Formulare überfliegend)* Na, wo steht's denn? *(liest)* »... ich beehre mich, Ihnen mitzuteilen, daß Ihr Antrag positiven Bescheid erhält.« ... noch ein Stück weiter ... da steht's ja ... fünfzigtausend Francs.

GERMAINE OHRFEIGENGESICHT Fünfzigtausend Francs! Ganz netter Zuschuß!

HERVÉ OHRFEIGENGESICHT Warte mal, da ist noch was mit der Hand geschrieben. *(Liest)* »Da wir leider die Mittel nicht flüssig machen können, und da unser Konto für dieses Jahr saldiert ist, möchte ich Sie davon in Kenntnis setzen, daß Ihnen die Summe in Form von Scheißpfunden ausgezahlt wird, selbstverständlich zum gegenwärtigen Kurs.«

GERMAINE OHRFEIGENGESICHT Immerhin etwas!

Vorhang

Spiegelverkehrt

Es war einmal ein Typ, sagen wir, Robert, der mit einem hübschen Mädchen verheiratet war, nennen wir sie Véronique. Roberts Bruder namens Jean-Paul hatte ebenfalls ein flottes Weib geehelicht, die Marguerite hieß.

So kompliziert ist das gar nicht. Da sind also Robert und Jean-Paul, die beiden *freak brothers*, und ihre Angetrauten Véronique und Marguerite. Alles klar?

Die vier gingen immer zusammen aus. Sie waren unzertrennlich. So richtig nette Nachtschwärmer. Sie waren jung, gutaussehend und gerade vermögend genug, um sich in originellen Lokalen gute Getränke leisten zu können.

Aber in der Silvesternacht rammt der total vollgelaufene Robert mit seinem alten Peugeot einen parkenden Lastwagen. Aus ist der Spaß! Nach einem Monat wird er aus dem Spital entlassen und erfährt, daß seine Schwägerin Marguerite gestorben ist und er ihren Tod verursacht hat. Da kriegt er natürlich fürchterliche Schuldgefühle.

Sein Bruder Jean-Paul, der ihn am Krankenhauseingang abholt, läßt kein Wort des Vorwurfs über seine Lippen kommen. Aber er hat Augenschatten bis ans Kinn, und wenn er nicht aufpaßt, rollen ihm die dicken Tränen übers Gesicht. Robert und Véronique bieten ihm an, eine Zeitlang bei ihnen zu wohnen, bis er über seinen Schmerz hinweggekommen ist.

Sie sind sehr lieb zu ihm, vor allem Véronique. Robert findet, daß sie zuviel des Guten tut, daß sie übertreibt. Nachts steht sie auf und begibt sich ins Zimmer des unglücklichen Witwers. Sie schläft in seinem Bett. Alle zwei Nächte findet Robert sie in Jean-Pauls Armen. Natürlich weiß er, daß alles seine Schuld ist, aber er kann sich einfach nicht damit abfinden. Wenn Robert gegenüber Véronique etwas verlauten läßt, entgegnet sie, daß er Hirngespinste hat und daß sie nur versucht, ihrem Schwager eine verständnisvolle Freundin zu sein.

»Geduld muß man haben, viel Geduld. Du siehst doch, daß Marguerites Tod ihm einen fürchterlichen Schlag versetzt hat.«

»Ich weiß. Aber das Mitgefühl hat auch irgendwo seine Grenzen. Der Tod seiner Frau tut mir sehr leid, vor allem, weil ich daran schuld bin. Aber ich habe den Eindruck, daß er mich haßt und daß er sich rächen will, indem er dich mir wegnimmt.«

»Aber nein, du redest Unsinn. Er ist unglücklich, das ist alles. Er braucht jemanden, der sich um ihn kümmert. Mit mir redet er offen. Er fängt schon an, sich wieder für alles mögliche zu interessieren. Allmählich findet er von neuem Geschmack am Leben.«

Wie sehr sie Robert auch zureden mag, er läßt sich nicht überzeugen, ja, mit jedem Tag wächst seine Eifersucht. Er spioniert seiner Frau und seinem Bruder nach, und alles, was er herausfindet, gibt seinem Verdacht neue Nahrung. Kein Zweifel, Véronique und Jean-Paul haben ein Verhältnis miteinander.

Was aber Véronique nicht zu sagen wagt: sie ist überhaupt nicht Véronique, sondern Marguerite. Robert, der bei dem Unfall einen Schock abbekommen hatte, wollte einfach nicht wahrhaben, daß seine eigene Frau in seinem alten Schlitten ums Leben gekommen war. Er hatte Véronique getötet. Nur aus Herzensgüte spielten ihm sein Bruder und seine Schwägerin die Komödie vor. Allerdings hatte Jean-Paul allmählich die Nase voll. Robert fiel ihm auf den Wecker, und er wurde ebenso eifersüchtig wie sein Bruder.

»Eines Tages mußt du ihm die Wahrheit sagen«, versuchte er seiner Frau klarzumachen. »So kann das nicht weitergehen. Er hält dich wirklich für Véronique.«

»Na und?« erwiderte Marguerite. »Das ist das mindeste, was du für ihn tun kannst. Immerhin ist er dein Bruder. Wenn es ihm besser geht, wenn er wieder zu Kräften gekommen ist, werden wir ihm die Wahrheit sagen.«

»Je eher, desto besser. Ich habe meinen Bruder gern, aber dich liebe ich auch, und ich will dich nicht verlieren.«

Doch genau das geschah: er hat sie verloren. Nachdem sie so lange die Rolle der Véronique gespielt hatte, verliebte sie sich schließlich in ihren Pseudo-Ehemann. Und als Jean-Paul, dem die Geduld riß, von ihr verlangte, zwischen ihm und seinem Bruder zu wählen, tja, da wählte sie Robert.

»Das mußt du doch einsehen, Jean-Paul, ich kann seine Wirklichkeit nicht zerstören, das wäre ein zweiter Unfall, der noch viel schlimmer und grausamer wäre als der erste. Er hält mich für Véronique, und ich habe einfach nicht das Recht, sie ein zweites Mal zu töten.«

So kam es, daß Robert, obwohl ein Hahnrei, es fertigbrachte, die Situation so zu drehen, daß sie mit seinem Wahn übereinstimmte. Am Ende bekam er recht. Jean-Paul hatte keine Frau mehr, und sein Bruder seufzte erleichtert auf, als er endlich auszog.

»Die Frauen sind doch alle rechte Biester«, lautete das Schlußwort meines Kumpels Glasinderhand, der mir diese Geschichte an einem Sommerabend auf der Terrasse des Cafés ›La Nouvelle Mairie‹ erzählte. »Was die Männer betrifft, so sollen sie nur krepieren, sie verdienen es nicht besser.«

Ein Hund erhob Einspruch.

Chirurgen

Wenn er getrunken hat, ist ein Chirurg nicht weniger gefährlich als ein Autofahrer. Wie viele blödsinnige Unfälle, wie viele empörende Irrtümer sind nicht auf unmäßigen Alkoholgenuß zurückzuführen! Nicht selten torkelt ein Chirurg, mitunter auf eine Assistentin gestützt, in den Operationssaal. Wie oft kommt es vor, daß einer die Narkose des Patienten oder der Patientin ausnutzt, um Dinge zu treiben, die nichts mehr mit ärztlicher Behandlung zu tun haben! Unlängst soll sich sogar ein Chirurg, dem plötzlich übel wurde, in den Bauch des Kranken erbrochen haben. Das muß ein Ende nehmen! Von nun an braucht man vom Chirurgen nur zu verlangen, daß er sich vor der Operation einem Alkoholtest unterzieht. Wird der Ballon rosarot, so kann nicht mehr die Rede davon sein, sich dem Skalpell des Säufers auszuliefern. Selbstredend legt die Ärztekammer heftigen Protest ein. Warum ist aber der Protest so heftig? Weil Ärzte halt gern trinken!

Wer's glaubt, wird selig

Shaen Baxter, eine handfeste junge Frau von siebenundzwanzig Jahren, die für einen Modeschöpfer an der Fifth Avenue die Abteilung Public Relations dirigierte, beschloß ganz unvermittelt, ihr bisheriges Leben aufzugeben, um Ordensschwester zu werden.

Nichts schien auf eine religiöse Berufung hinzudeuten: weder ihre Herkunft – sie entstammte einer protestantischen, aber nicht praktizierenden Familie – noch ihre feministische Vergangenheit und schon gar nicht ihr Verhältnis mit Herbie Newman, einem Journalisten bei der ›Village Voice‹. Als sie diesem ihre Absicht mitteilte, den Schleier zu nehmen, geriet ihm der Bissen gefüllten Karpfens, den er gerade zum Mund führte, in die falsche Kehle, und sie mußte warten, bis er endlich aufhörte zu husten und sich sein Jackett abzuputzen, bevor sie weitersprechen konnte.

»Ich kann dir deine Verblüffung nachempfinden. Es mag ja tatsächlich absurd klingen, aber ich schwöre dir, daß es mir damit ernst ist.«

»Habe ich etwas getan, das dir mißfallen hätte? Hängt dir gar noch die Geschichte mit dem Mädchen an der Bar nach?«

»Nein, Herbie. Ich verspüre wirkliche Zuneigung für dich und ich habe dir nicht das geringste vorzuwerfen. Aber ich sehne mich aus tiefster Seele, mit allen Fasern meines Wesens nach einer anderen Dimension. Ohne Gott scheint mir das Leben sinnentleert.«

»Schon gut, schon gut! Viele Leute glauben an Gott, ohne deshalb gleich ins Kloster zu gehen. Höre die Messe, wenn dir daran liegt, verrichte deine Gebete, triff dich mit Pfarrern, aber werde bloß kein Nönnchen!«

»Sieh mal, Herbie, ich habe die letzten Tage viel nachgedacht. Katastrophen in Indien, Erdbeben in Peru und der Türkei, all die unglücklichen Menschen, die Hungers sterben, die verfolgt und gefoltert werden. Ich kann einfach nicht weiterleben, als wäre alles so, wie es sein sollte.«

»Ich sehe nicht ein, inwiefern dein Eintritt in einen Orden ihr Schicksal erleichtert.«

»Du bist Jude, Herbie. Du gehörst dem auserwählten Volk an, deine Einstellung wird dir vom Herrn, deinem Gott, diktiert. Du handelst gemäß seinem Willen. Für mich ist das ganz anders. Nie bin ich mit geistlichen Dingen in Berührung gekommen, und jetzt soll meine Geburtsstunde sein! Dieses neue Leben, dessen bin ich ganz sicher, wird mir größere und tiefere Freuden bescheren. Nie mehr werde ich allein, nie mehr verzweifelt sein. Ich werde keine Angst mehr haben. Ich will aus dem Dunkel ins Licht treten, Herbie.«

»Wer hat dir bloß diese Flausen in den Kopf gesetzt?«

»Niemand, Herbie. Ich verstehe deinen Ärger, deinen Zorn. Ich bin dir nicht böse. Deine Reaktion ist ganz natürlich. Ich habe nicht erwartet, daß du Freudensprünge machen und mir deine Bewunderung aussprechen würdest. Aber auf gar keinen Fall will ich, daß du leidest.«

»Oh, darum brauchst du dir keine Sorgen zu machen. Wenn ich leide, dann betest du für mich, und im Handumdrehn bist du aus dem Schneider!«

»Sei nicht so bissig, Herbie! Du bist ein guter Mensch. Ganz anders als die anderen. Ich bitte dich um eine wahrhaft übermenschliche Anstrengung, denn ich bedarf deines Verständnisses, deiner Hilfe. So leicht ist mir der Entschluß auch nicht gefallen, wie du dir denken kannst. Ich brauche dich.«

Herbie schüttelte den Kopf, als wäre ihm ein Stück Zimmerdecke auf den Schädel gefallen. In einem Zug leerte er ein großes Glas Wein.

»Was soll ich schon dazu sagen? Da du mich nicht mehr liebst, tu, was du nicht lassen kannst!«

»Ich liebe dich, aber auf andere Art. Mein Herz gehört Gott!«

»Nichtsdestoweniger solltest du einen guten Psychoanalytiker aufsuchen!«

Um ihn nicht noch mehr zu vergrämen, erklärte sie sich bereit, Doktor Block zu konsultieren. Aber alles Zureden des Arztes vermochte ihren Glauben nicht zu erschüttern. Sie trat als Novizin in ein neuenglisches Kloster ein. Es gehörte einem sehr alten Orden an, der kaum hundert Mitglieder in der Welt zählte. Er nannte sich ›Orden der Armen-Seelen-Retterinnen‹. Nach einem Jahr des Noviziats nahm sie den Schleier und erhielt den Namen Maria von der Barmherzigkeit.

Trotz der überaus strengen Ordensregeln ließ der mystische Eifer der jungen Frau nicht nach. Sie stand als erste auf, ging als letzte zu Bett. Neben den Gebeten, der Meditation und der Aufgaben zum Wohl der Gemeinschaft fand sie noch Zeit, der Oberin, die ihr besondere Sympathie entgegenbrachte, bei der Abfassung ihrer Schriftsachen zu helfen.

In ihrer Eigenschaft als Soror Epistolaria betraute man sie damit, im Heiligen Jahr eine Gruppenreise in den Vatikanstaat zu organisieren. Gewissenhaft und umsichtig erfüllte sie ihre Aufgabe, so daß die zwanzig Schwestern, die sie begleiteten, die Fahrt vollauf genießen konnten.

Schwester Maria von der Barmherzigkeit war überglücklich. Rom machte auf sie einen tiefen Eindruck. Der Anblick des Petersdoms erschütterte sie, und oft mußte sie sich die Augen abwischen, so reichlich flossen die Tränen des Glücks.

Aber die höchste Seligkeit wurde ihr zuteil, als seine Heiligkeit Papst Johannes Paul II. sie in einer Privataudienz empfing. Liebenswürdig erkundigte er sich nach dem Verlauf ihres Besuchs in der Heiligen Stadt, er befragte sie nach der wirtschaftlichen Lage des Ordens, den Sorgen der Oberin. Nachdrücklich betonte er die aktuelle Bedeutung des Fegefeuers, und er beendigte das Gespräch mit ein paar verbindlichen Worten, die er an jede einzeln richtete.

Dieses Erlebnis hatte auf Maria eine unerwartete Wirkung. Noch am Morgen war sie so glücklich gewesen, und nun schlich eine erbarmungswürdige Kreatur aus dem päpstlichen Palast. Ihre Knie zitterten, kalter Schweiß rann ihr zwischen den Schulterblättern über den Rücken, mitten auf der Marmorfreitreppe verlor sie das Bewußtsein und stürzte über alle Stufen hinunter. Die Schweizergarde brachte sie mit Blaulicht ins Spital, wo man erleichtert feststellte, daß sie außer zahlreichen Blutergüssen offensichtlich keine Verletzungen hatte. Doch sie hatte hohes Fieber, und man beschloß, sie 48 Stunden zur Beobachtung dazubehalten.

Auf ihrem Schmerzenslager im Krankensaal dritter Klasse weigerte sich Maria hartnäckig, die Augen zu öffnen. Sie wagte nicht, anderen Blicken zu begegnen, denn sie fürchtete, daß ihre Augen den Sturm verrieten, der in ihrem Inneren tobte und ihren Glauben zu entwurzeln drohte.

Schwester Maria von der Barmherzigkeit mußte sich auf die Lippen beißen, um die Schmerzensschreie zu unterdrükken, die ihr die Brust zerrissen. Denn ein offener Bruch, den kein Röntgengerät darstellen konnte, hatte ihr innerstes Wesen gespalten. Wie ein Blitzschlag hatte sie die Leidenschaft ins Fleisch getroffen.

Sie war verliebt.

Nicht in seine Heiligkeit, Papst Johannes Paul II.

Sondern ganz einfach in den Mann.

Angesichts des beispiellosen Grauens, das ihr diese Feststellung einflößte, wurde ihr schwindlig. Um sich abzulenken, um der Panik zu entfliehen, die sie zu überwältigen drohte, betete sie natürlich. Unaufhörlich betete sie, aber sehr unheilige Wörter mischten sich in die frommen Sprüche: Liebling, Schatz, ich liebe dich.

Das Entsetzen wühlte in ihren Eingeweiden. Schluchzend flehte sie die Heilige Jungfrau an, ihr zu Hilfe zu kommen, sie beschwor Jesus und alle Heiligen. Aber ein anderes Gesicht tauchte vor ihr auf.

Es war das geliebte Gesicht, das zu lieben ihr verwehrt war. Das edle Antlitz ihrer unerreichbaren Liebe, das abscheuliche Gesicht der Sünde.

Sie bohrte ihre Fingernägel in ihren weichen Bauch, riß sich die Haut auf, mißhandelte ihren Leib. Es trieb sie dazu, diese fleischliche Hülle zu zerreißen, die sich anmaßte, sich erfrechte, mit solcher Vehemenz zu existieren.

Hatte sich Gott, der doch so gut, so groß, so barmherzig war, von ihr abgewandt? Sie läutete nach einer Krankenschwester, damit sie ihr ein Schlafmittel gab. Aber auch im Schlaf fand sie nicht den ersehnten Frieden.

Als sie am nächsten Morgen die Augen öffnete, glaubte sie das Opfer eines teuflischen Gaukelspiels zu sein. Johannes Paul II. saß an ihrem Bett, beugte sich mit dem Ausdruck unendlichen Wohlwollens über sie. Er legte seine kühle Hand auf ihre brennende Stirn.

»Wir haben von Ihrem Unfall gehört, meine Schwester, und wir haben für Ihre Genesung gebetet.«

Mit zugeschnürter Kehle und trockenem Mund stieß sie gurgelnde Laute aus. Er berührte ihre Lippen mit dem Finger.

»Ich sehe, wie sehr Sie leiden. Versuchen Sie nicht, zu sprechen. Vertrauen Sie auf die Liebe unseres Herrn Jesus Christus. Mit seiner Hilfe und dank Ihrer gesunden Natur werden Sie bald wieder auf den Beinen sein. Ich hoffe, daß Sie Ihren Besuch in Rom nicht in allzu schlechter Erinnerung behalten werden.«

Ein Krampf warf ihren Kopf nach hinten. Alle ihre Rükkenmuskeln gerieten in spastische Zuckungen. Langsam wölbte sich ihr Rückgrat nach oben, wie ein Bogen, der mittels einer unsichtbaren Sehne gespannt wird. Sie wollte schreien, doch aus ihrem Mund trat nur ein wenig Galle.

»Rufen Sie einen Priester. Ich will beichten.«

Die Oberin lächelte ihr nachsichtig zu.

»Keine Sorge. Sie bekommen Ihren Priester schon. Immer mit der Ruhe, es geht Ihnen heute gar nicht so schlecht. Aber gestern, meine Tochter, waren Sie in einem beängstigenden Zustand.«

»Ich mache mir selber angst, Mutter. Ich versichere Ihnen, daß es dringend ist. Es geht um mein Seelenheil!«

»Ich schicke sofort den Kaplan zu Ihnen.«

Immer noch lächelnd trippelte die Oberin davon.

»Mein Vater, ich klage mich einer gräßlichen Sünde an.«

»Sie setzen mich in Erstaunen, meine Tochter, aber ich höre.«

Sie befanden sich im Röntgenzimmer, das Gerät diente als Beichtstuhl. Maria von der Barmherzigkeit drückte sich an die Glaswand und sprach so leise, daß der Kaplan die Ohren spitzen mußte. Er machte eine Bewegung, um näherzurükken, dabei stieß er versehentlich mit der Hand an einen Knopf, streifte verschiedene Tasten. Der Bildschirm schaltete sich ein, und wie ein Wunder zeigte er das Innere der jungen Frau. Ihr Brustkorb und ihre Lungen waren von grünem Licht überflutet.

»Ich weiß nicht, wie man das Ding ausschaltet, und ich fürchte, das Gerät funktionsuntüchtig zu machen. Sei's drum! Reden Sie ruhig weiter!«

»Was ich zu sagen habe, erfüllt mich mit tiefer Scham. Ich weiß um die Schwere meines Vergehens.«

»Begehen Sie nicht die Sünde der Vermessenheit, meine Tochter. Reden Sie ohne Umschweife und zweifeln Sie nicht an der göttlichen Barmherzigkeit.«

»Ich klage mich an, Vater, Liebe für unseren Allerheiligsten Vater empfunden zu haben.«

»Seien Sie deutlicher, meine Tochter!«

»Aber verstehen Sie mich denn nicht, mein Vater? Ich spreche von profaner Liebe! Von körperlicher Liebe!«

»Wie wollen Sie sich dessen so sicher sein? Die mystische Liebe, wenn sie sehr leidenschaftlich ist, vermag solche... Empfindungen hervorzurufen. Die heilige Teresa von Avila...«

»Keine Rede von mystischer Liebe. Bevor ich den Schleier nahm, war ich mit einem gewissen Herbie Newman befreundet ... einem Juden ...«

»Sie müssen für ihn beten.«

»Jeden Tag bete ich für ihn ... Wenn wir zusammen waren, wurde ich wie ein Tier. Er erregte mich. Ich wollte ihm angehören, ihn in mir spüren, damit er mich befriedigte. Ich gierte nach fleischlicher Lust. Ich bin geflohen. Ich glaubte, eine andere geworden zu sein. Als ich vor dem Heiligen Vater stand ... da verspürte ich genau dasselbe wie mit Herbie Newman ... Eine abscheuliche Begierde.«

Ihre Stimme zitterte, sie brach in Tränen aus.

»Aber, aber, weinen Sie doch nicht so! Trocknen Sie Ihre Tränen, meine Tochter!«

»Aber das ist doch grauenhaft! Ich habe mich in Seine Heiligkeit Papst Johannes Paul II. verliebt!«

»Na und? Es ist doch gar nicht gesagt, daß er nicht frei ist.«

Frau mit Bart

Das Übel befällt bislang bartlose Hausfrauen, Mütter, die nicht einmal die Pille nehmen. Junge Mädchen werden davon heimgesucht, desgleichen Arbeiterinnen und sogar die Girls vom Lido. Was geht hier vor? Professor F. vom Institut Pasteur schlägt Alarm: Sowjetisches Gas steckt dahinter. Dieses Gas, das von russischen Wissenschaftlern hergestellte giftige Ausdünstungen enthält, hat die Eigenschaft, seine Benutzer zu Marxisten zu machen. Die Frauen Frankreichs verwandeln sich langsam, aber sicher in Karl Marx oder Friedrich Engels. Die bewährtesten Enthaarungsmittel, selbst tägliches Rasieren erweisen sich als wirkungslos. Man kann von Glück sagen, wenn die bärtigen Hausfrauen nicht noch zusätzlich mit dem Messer zwischen den Zähnen auftreten.

Die bequemere Lösung

Ich bin zwar nicht gerade ein Riese, aber doch überdurchschnittlich groß: 1,93 m. In jüngeren Jahren spielte ich Basketball, und ich hatte sogar die Ehre, mit der Studentenmannschaft Wettkämpfe auf höchster Ebene auszutragen. Doch ist die Körpergröße von 1,93 m nicht nur von Vorteil. Man hält mich oft für einen Trottel, außerdem habe ich Probleme mit der Wirbelsäule, und wenn ich im Theater sitze, sind die Leute hinter mir ständig am Schimpfen. Dazu kommt noch, daß ich krankhaft schüchtern bin und mich so klein mache, wie es nur geht, um keine Aufmerksamkeit zu erregen.

Stellen Sie sich meine Verblüffung, meine Scham und meine Empörung vor, als sich unlängst folgendes auf der Straße abspielte: Ein mir unbekannter Mensch klettert mir auf den Rücken und dann auf den Kopf.

Und als ich ihn nach dem Grund frage, wissen Sie, was er mir da geantwortet hat:

»Sie sind eben leichter zu besteigen als der Mount Everest!«

Umwerfend, nicht wahr?

Rückblende

Es war zu dem verhaßten Zeitpunkt, an dem die Steuererklärungen fällig werden. Da ich am frühen Vormittag im Finanzamt vorgeladen war, hatte ich mir die Nacht um die Ohren geschlagen, um ja nicht zu spät zu kommen. Zehn Minuten lang hatte ich mir den Mund fusselig geredet, um Inspektor Mokant meinen Standpunkt klarzumachen, und nun stand ich mit tränenden Augen und belegter Zunge, schlimmer als nach einer wüsten Zecherei, auf dem Gehsteig. Vormittage liegen mir gar nicht. Ich kriege davon Fieberpusteln, einen richtigen Katzenjammer. Was tun? Sollte ich schlafen gehen oder mein ramponiertes Gestell von Bar zu Bar schleppen? Ich beschloß, im Hotel ›Panik‹ ein Frühstück einzunehmen. Unterwegs begegnete ich Rotekarte, der mich in die erstbeste Kneipe schleifte. Daß ich so früh auf war, beeindruckte ihn sehr.

»Nicht die Möglichkeit! Bist du aus dem Bett gefallen?«

Ich erklärte ihm meine Misere, und zum Trost gab er eine Runde aus.

»Ich weiß nicht, ob du diesen merkwürdigen Typen namens Affenmünze gekannt hast«, sagte er träumerisch. »Er war Romancier, aber nicht einer von der Sorte, die Bestseller produziert. Wenn er von einem Buch zweitausend Exemplare verkaufte, hielt er das schon für einen Bombenerfolg. Natürlich war er immer abgebrannt, und so suchte er in seinen Mußestunden nach einem Mittel, reich zu werden, ohne sich ein Bein auszureißen. So einfach ist das gar nicht. Doch nachdem er die Konjunktur studiert hatte, war er zu der Überzeugung gekommen, eine wirklich einträgliche Geldquelle gefunden zu haben: die Religion. ›Je mysteriöser eine Idee ist, desto größere Summen bringt sie in Bewegung‹, hatte ihm ein Jesuit anvertraut. Affenmünze war von der Beweiskraft dieses Argumentes hingerissen. Da kam er auf die glorreiche Idee, seine eigene Religion in die Welt zu setzen, was nicht so beschwerlich ist, wie man immer meint, vor allem nicht für einen Romancier. Die Hauptschwierigkeit besteht darin, daß man seine Phantasie in Zaum halten muß, sonst springen die Gläubigen ab. Es genügt, zum Beispiel auf das Neue Testament zurückzugreifen und es um zwei oder drei eigene Ideen zu erweitern. ›Das ist eine Binsenweisheit‹, tönte Affenmünze, nachdem er eine Flasche Morgon, sein Lieblingsgetränk, geleert hatte. ›Alle Welt leidet. Wenn man einem Leidenden ein Allheilmittel vorschlägt, sei es noch so närrisch, und wenn man ihm dann sagt: Versuch es doch, schaden kann es auf keinen Fall, so schenkt er dir Glauben. Ja, mein Freundchen, so ist das mit dem Glauben! Selbst wenn der Typ weiterhin skeptisch dreinschaut, so hört er auf dich, er hat also den Glauben. Das einzige Handikap für meine Religion ist die Tatsache, daß ich allein bin. Ich bräuchte einen guten Graphiker, der ein Emblem entwirft, Plakate und Flugblätter zeichnet, das schöne Märchen ein bißchen aufpoliert, den Traum sinnfällig macht. Ohne das geht es nicht. Sieh mal das Kreuz an! Was für ein großartiges Emblem!‹ Er brachte es fertig, Schwarzweiß, einen verkrachten Graphiker, der Wodka statt Wasser in seinen Pastis goß, für sein Unternehmen zu gewinnen. Nach mehreren mißglückten Versuchen brütete Schwarzweiß endlich das Emblem aus, das die neue Religion versinnbildlichen sollte.«

Rotekarte tunkte seinen Zeigefinger in sein Rotweinglas und malte das Zeichen auf die Theke. Es sah so aus:  Ich gestand meine Enttäuschung. Doch nun machte sich Rotekarte daran, mir alle verborgenen Feinheiten dieses kleinen Meisterwerkes auseinanderzusetzen.

»Erstens ist die Auswahl begrenzt, weil alle einfachen Embleme schon von den anderen Religionen und den politischen Parteien in Beschlag genommen wurden. Das Zeichen muß aber überaus schlicht sein, damit jeder Idiot es wiedererkennen und malen kann. Zweitens hat dieses Zeichen etwas Arabisches oder etwas Orientalisches, wenn dir das lieber ist, und das kommt der Mystik sehr zustatten. Letztlich paßt es hervorragend zur Religion, die Affenmünze schließlich ausgeklügelt hatte. Sie nannte sich ›Der große Rückblick zurück‹ oder ›Die große Rückblende‹ in der Version für leitende Angestellte. Affenmünze predigte hinreißend: ›Ihr alle leidet, und doch habt ihr zu Gott gebetet. Warum nur läßt Gott euer Leiden zu? Aus Sadismus? Aus Gleichgültigkeit? Dann wäre euer Gott ja ein sehr merkwürdiger Gott! Nein, Gott kann weder sadistisch noch gleichgültig sein. Warum aber verlängert er euer Leiden? Ich werde euch den wahren Grund sagen: er weiß eben nicht, daß ihr leidet. Wie ist das denn möglich? Es kommt daher, daß ihr bisher zwar glaubtet, euch an Gott zu wenden, in Wirklichkeit aber habt ihr nur zu Gottes Schatten gebetet. Ihr habt eure Gebete in die falsche Richtung geschickt. Ihr habt eine falsche Nummer gewählt. Ich aber habe gute Nachricht für euch. Ich weiß, wo sich der wahre Gott befindet. Der Gott, der euch die schönsten Augenblicke eures Lebens in einer ewigen Rückblende wieder erleben läßt. Ich weiß, wo sich dieser Gott befindet, der das vermag. Er ist da...‹ Doch in diesem Augenblick hielt Affenmünze immer inne, denn es fehlte ihm der Schlußstein zu seinem geistlichen Gebäude, nämlich der Lebendige Gott, den er nicht auftreiben konnte. Affenmünze und Schwarzweiß suchten in allen Pariser Kneipen fieberhaft nach ihm. Sie brauchten einen nicht allzu ramponierten Saufbold, der noch gut aussah und fähig war, ihre Anordnungen aufs Wort zu befolgen. Schließlich entdeckten sie den seltenen Vogel im Weinlokal ›Vignes d'Auteuil‹. Er war ein harmloser Schwachkopf ohne Arbeit und Familie, der sich von den Kunden an der Theke aushalten ließ und mitunter dem Wirt beim Flaschenabfüllen zur Hand ging. Ding-Dong war ein braver

Kerl, überaus gutartig, dafür aber sehr gefräßig, was die Investitionen erhöhte. Affenmünze und Schwarzweiß sahen großzügig über dieses Detail hinweg. Die ersten öffentlichen Versammlungen fanden ganz in der Nähe, in einem Café am Place des Vosges statt. Ein Riesenerfolg! Wenn Affenmünze rief: ›Er ist da!‹ erhob sich Ding-Dong, noch sein Grieben-Sandwich im Mund, verdrehte die Augen, wobei er ein ungefähres Einmaleins brummelte, und jeder im Saal wußte nun klipp und klar, daß er dieses Rückblicks zurück bedurfte. Ich kann das bezeugen, denn ich habe keine einzige Versammlung versäumt. Aber der schönste Moment war der, wenn die drei Schelme mit der Kollekte begannen. Sie erleichterten das Publikum um alle Wertgegenstände, was sie mit der Theorie begründeten, daß man, um nach rückwärts zurückzukehren, so wenig wie möglich wiegen muß, um Gottes Kräfte zu schonen. Man muß einfach gesehen haben, wie Uhren, Schmuckstücke, Münzen, Geldscheine, Schecks und sogar Schlüssel in ihre Baskenmützen wanderten. Nach sechs Monaten fuhr Affenmünze einen Mercedes, und Schwarzweiß konnte die Hypothek auf seinem Häuschen in der Vorstadt zurückzahlen. Ding-Dong aber schlug sich in allen Restaurants mit Michelin-Sternen den Ranzen voll. Er sah mehr und mehr wie ein Buddha aus, was seinem Beruf nur zuträglich war. Und dann brach alles zusammen.«

»Warum? Ist Ding-Dong krank geworden? Ist er gestorben? Sind die beiden anderen miteinander in Streit geraten?«

»Nein. Der Fiskus. Auch er hat einen großen Rückblick zurück vorgenommen. Alle wurden mit Steuernachzahlungen bombardiert. Und die waren verdammt gesalzen. Eine teuflische Rückblende! Affenmünze ist unter dem Schock zusammengebrochen, er wurde kindisch. Schwarzweiß steckte sein Häuschen in Brand, weil er nicht ertragen konnte, wieder eine Hypothek aufzunehmen.«

»Und Ding-Dong?«

»Der Fiskus war so beeindruckt von seiner geradezu übernatürlichen Fähigkeit, den Leuten das Geld aus der Tasche zu ziehen, daß er dort eine Anstellung bekam. Er arbeitet in diesem Viertel. Ich muß übrigens gehen. Ich bin bei ihm im Finanzamt bestellt.«

Louis Aragon ist nicht mehr

Louis Aragon ist nicht mehr. Einer der Begründer des Surrealismus, 1897 in Paris geboren, Mitglied des Zentralkomitees der Kommunistischen Partei, Dichter und Romancier, der sich mit seinen von Léo Ferré vertonten Chansons beim großen Publikum höchster Beliebtheit erfreute, war unmerklich zum bedeutendsten lebenden französischen Dichter geworden.

Das französische Volk trauert um ihn. Über den zwanzig Pariser Arrondissements liegt eine seltsam drückende Stimmung. Der Metzger schneidet seine Steaks nicht mehr, der Schuster besohlt keine Schuhe mehr, der Bäcker knetet keinen Teig mehr. Louis Aragon ist nicht mehr. Der senegalesische Straßenkehrer überläßt die Chaussee ihrem Schicksal, Hunde machen ihr Geschäft nicht mehr in den Rinnstein. Louis Aragon ist nicht mehr. Die Clochards trinken keinen Rotwein mehr. Erschöpfte Autofahrer sind in der Rue de Réaumur, Ecke Rue du Fauborg Saint-Denis, eingekeilt, wo sich immer der Verkehr staut, die Prostituierten machen keine Kunden mehr an, Polizisten weigern sich, das unlösbare Verkehrsproblem in die Hand zu nehmen. Louis Aragon ist nicht mehr. Jener Malermeister bringt es nicht mehr über sich, seinen Pinsel über die Wände zu streichen, der Dresseur spricht nicht mehr mit seinem Löwen, und der Zeitungsverkäufer hat nicht einmal sein Paket ›Humanité‹ ausgepackt. Louis Aragon ist nicht mehr.

In der Provinz ist es noch schlimmer: man nimmt davon überhaupt keine Notiz.

Blind date

Ich weiß nicht, ob Sie viele Filmproduzenten kennen. Es gibt hervorragende und widerwärtige, aber ihre größte Untugend besteht darin, daß sie die Leute miteinander verkuppeln. ›Sie sollten L. kennenlernen. Sie werden sich ausgezeichnet verstehen‹, sagen sie gern, oder ›Warum arbeiten Sie nicht mit N. zusammen? Er hat genau das, was Ihnen fehlt, und Sie haben das, was ihm fehlt ...‹

Sie bedenken nicht, daß die Folgen mitunter verheerend sein können.

Marlène Baxter gehörte der Kategorie guter Filmproduzentinnen an. Sie hatte unlängst zwei durchschlagende Erfolge mit *Verrat* und *Liebe auf die Schnelle* eingeheimst. Es ging sogar das Gerücht, daß sie nicht mehr wußte, wohin mit dem vielen Geld, das sie daran verdient hatte, so daß ich angenehm überrascht war, als ich ihre Stimme am Telefon erkannte.

»Haben Sie gerade etwas in Arbeit?«

Ich antwortete aufs Geratewohl:

»Ja, ich befasse mich eben mit dem Bankett des Zöllners Rousseau.«

»Was ist denn das?«

»Ein Bankett, das Picasso zu Ehren des Zöllners Rousseau in seinem Atelier auf dem Bateau-Lavoir gegeben hat. Geladen waren Braque, Apollinaire, Gertrude Stein und eine Menge anderer Leute, die alle weltberühmt werden sollten, aber der Traiteur brachte das Menü nicht. Es ist eine Art Fabel über den Erfolg, die Bohème, die verlorene Zeit.«

»Das interessiert mich sehr. Kommen Sie morgen in mein Büro. Ist Ihre Arbeit schon sehr weit gediehen?«

»Nein, ich habe erst an die fünfzig Seiten geschrieben.«

»Bringen Sie sie mit, wir werden uns darüber unterhalten.«

In Wirklichkeit hatte ich gerade ein Buch von Fernande Olivier gelesen, die Erinnerungen der Großen Fernande, wie man sie nannte, und die Episode des Banketts hatte mir sehr gefallen. Aber ich hatte keine einzige Zeile zu diesem Thema geschrieben. Freilich war ich sehr knapp bei Kasse, und so schien mir ein kleiner Scheck ein Geschenk des Himmels. Ich wußte nicht einmal, wie ich meine Miete bezahlen sollte. Ich blätterte eben in meinem Adreßbuch, um einen Menschen zu finden, den ich anhauen konnte, als das Telefon klingelte.

Ich spannte also einen leeren Bogen in meine Schreibmaschine, und dann arbeitete ich die ganze Nacht hindurch.

Als ich in Marlène Bakers Büro trat, war ich nicht unzufrieden mit mir. Selbstredend hatte ich keine fünfzig Seiten geschafft, nicht einmal ganze dreißig, aber ich konnte mich ja immer noch damit herausreden, daß sie sich am Telefon verhört hatte.

»Kennen Sie Ernst Tomas?« fragte sie ganz unvermittelt.

»Hm, nein. Natürlich habe ich von ihm gehört, aber ich kenne ihn nicht persönlich.«

»Haben Sie *Blaue Mission* gesehen?«

»Nein. Hat er das Drehbuch dazu geschrieben?«

»Ja. Der Film ist nicht umwerfend, aber das Skript ist toll. Was halten Sie davon, mit ihm zusammenzuarbeiten?«

»Ich weiß nicht. Geht es in dieser *Blauen Mission* um Maler?«

»Nein, ganz und gar nicht. Aber er hat einen tollen Instinkt für Handlungs- und Persönlichkeitsstrukturen, und wenn Sie Ihre phantastischen Einfälle beisteuern, könnte einiges dabei herauskommen. Hätten Sie etwas dagegen, wenn ich Sie miteinander bekannt machte?«

Ich zuckte die Achseln.

»Du lieber Gott! Nein! Warum auch?«

Sie reichte mir einen Scheck herüber. Er lautete auf eine klitzekleine Summe, dennoch steckte ich ihn gerne ein.

»Zum Zeichen meines Interesses an Ihrem Projekt. Ich werde ein Diner organisieren und Ihnen Bescheid geben.«

Das Essen fand in einer Wirtschaft ganz in der Nähe der Alma Mater statt, wo die Filmleute sich gerne treffen. Wir waren nur zu dritt. Ich fand Ernst Tomas nicht sonderlich sympathisch. Er redete zu lautstark, quasselte über Gott und die Welt, hatte fertige Meinungen über alles. Ansonsten sah er recht gut aus, er war groß und blond, in seinem Nacken baumelte so etwas wie ein kümmerlicher Pferdeschwanz ganz im Stil der sechziger Jahre. Er rauchte kleine, stinkende italienische Zigarren und fraß wie ein Scheunendrescher.

Marlène Baker ließ uns bis zum Nachtisch nicht eine Sekunde aus den Augen. Sie war hell begeistert.

»Ich glaube, ich hatte da einen glänzenden Einfall«, flüsterte sie mir zu, bevor sie sich verabschiedete. »Sie sind füreinander geschaffen, das ist eindeutig.«

»Aber über den Film haben wir überhaupt nicht geredet.«

»Das bespreche ich lieber unter vier Augen mit ihm, um ihn nicht vor den Kopf zu stoßen. Er ist sehr empfindlich, und ich möchte auf keinen Fall, daß er sich überrumpelt fühlt.«

»Sie haben sicher recht.«

»Lassen Sie mich nur machen, ich halte Sie auf dem laufenden.«

Sie rief mich am nächsten Tag an, um mir die freudige Nachricht mitzuteilen. Welch ein Wunder! – Ernst Tomas war bereit, mit mir zusammenzuarbeiten.

»Wir haben uns darauf geeinigt, etappenweise vorzugehen. Sie schreiben so an die fünfzig Seiten, und wenn sie mir zusagen, gebe ich Ihnen grünes Licht für die dialogisierte Fassung. Die Einzelheiten dann schriftlich, außerdem erhalten Sie einen kleinen Scheck.«

»O. K.«

»Im übrigen wird Ernst Sie gleich anrufen, um das Arbeitsprogramm mit Ihnen durchzusprechen.«

»Großartig! Es klingelt an der Tür. Auf Wiederhören.«

Der Besucher war kein anderer als Ernst Tomas, der es nicht für notwendig erachtet hatte, sich telefonisch anzukündigen. Er hatte zwei Flaschen Scotch unterm Arm und wirkte schon reichlich angeheitert.

»Mensch, Sie wohnen aber hoch oben! Haben Sie keinen Aufzug?«

»Nein, tut mir leid.«

»Haben Sie Gläser in Ihrer Bude?«

»Ich denke schon.«

Er ging mit mir in die Küche und schüttelte mitleidig den Kopf angesichts der Unordnung, die allenthalben herrschte.

»Du armes Schwein, ist sie denn abgehauen?«

»Wer?«

»Deine Frau. Ich duze dich, denn wenn wir zusammen arbeiten, ist es am besten, wir fangen gleich damit an.«

»In Ordnung.«

»Ist sie mit einem Macker verduftet?«

»Nein, wir haben uns scheiden lassen. Seit drei Jahren lebe ich allein.«

»Es sind alles Luder!« erklärte er, dann brach er in wieherndes Gelächter aus: »Außer Mama Baker natürlich!«

Wir kehrten in den Raum zurück, den ich als Salon bezeichnete und machten es uns bequem.

»Mama Baker steht auf die Bankett-Geschichte. Meines Erachtens nicht kommerziell genug. Aber ich habe da eine Idee.«

»Ja?« fragte ich höflich.

»Das Ganze muß aus Picassos Perspektive gezeigt werden und einen Tag seines Lebens erzählen. Vierundzwanzig Stunden aus dem Leben eines Genies.«

»Wie soll das aussehen?«

»Wir beginnen mit Picassos Affen, der in der Morgendämmerung auf den Dächern des Montmartre herumklettert. Er steigt in eine Mansardenwohnung, entwendet Brot und Butter, die er ins Atelier trägt, damit der Künstler etwas zum Frühstücken hat. Damit machen wir den Vorspann.«

»Das ließe sich machen, aber ist es nicht noch ein bißchen früh, schon über den Vorspann zu reden?«

»So arbeite ich eben, mein lieber Freund. Ich sehe ganze Sequenzen, Bildfolgen vor mir und fange sie ein, als wären es Fliegen, kapiert?«

Das Telefon klingelte. Er hob ab.

»Wer ist am Apparat?«

Die Antwort muß wohl sehr komisch gewesen sein, denn er brach in Gelächter aus und begann unverständliches Zeug über die Emanzipation der Frauen zu reden.

»Da ist eine gewisse Velma«, mit diesen Worten hielt er mir den Hörer hin. »Doll emanzipiert. Witzige Person.«

Ich war kurz angebunden. Velma war die Pressesprecherin meines Verlags. Ich war wütend auf sie, weil sie mich versetzt hatte. Bevor sie auflegte, erteilte sie mir noch einen Rüffel:

»Damit Sie's nur wissen, Ihr Kumpel ist mir lieber!«

»Du hättest sie zum Essen einladen sollen«, warf Ernst Tomas mir vor. »Das Weib ist verdammt scharf.«

Er leerte ein Glas Scotch nach dem anderen und streute die Asche seiner gräßlichen Zigarren auf meinen Teppichboden. Endlich konnte ich ihn hinauskomplimentieren, aber das Bankett des Zöllners erschien mir nunmehr in einem recht düsteren Licht.

Ich verschaffte mir alle Bücher von Ernst Tomas, die ich auftreiben konnte: zwei Romane, einen Essay über die Symbolsprache der Beat generation und einen Gedichtband, der einer gewissen Evelyn zugeeignet war. Die Lektüre gab mir keine Aufschlüsse über die Persönlichkeit des Autors. Er ermangelte weder der Virtuosität noch der Intelligenz, aber er paßte sich der Mode an und gab sich keine Blöße. Bemerkenswert schien mir an seinen Schriften nur ihr hohler Klang. Alles daran war oberflächlich, verlogen, durchschnittlich. Eine Literatur, die auf Schau angelegt war. Die Gedichte, in denen jeder zweite Vers auf Englisch geschrieben war, fand ich wegen ihrer Kürze besser.

Wir beschlossen, nachmittags von 15 bis 20 Uhr zu arbeiten, was den Vorteil hatte, daß wir so zu den Essenszeiten frei waren. Bei seinem Eintreffen war Ernst Tomas meist schon ziemlich beduselt. Er lallte ein paar vage Vorschläge, legte sich auf den Diwan und schloß die Augen. Ich tippte zwei oder drei Zeilen, und wenn ich sicher war, daß er schlief, ging ich meinen normalen Beschäftigungen nach. Bei diesem Arbeitstempo kam das Exposé des *Banketts* natürlich kaum voran, aber das war mir gleichgültig, da ich das ganze Projekt ohnehin abgeschrieben hatte. Der Scheck von Marlène Baker belief sich auf eine zu kleine Summe, als daß in mir ein wirkliches Schuldbewußtsein hätte aufkommen können. Die seltenen Male, an denen Ernst Tomas nüchtern war, besprachen wir ein Detail, dann ließ er einen Schwall von Betrachtungen über die Liebe, die Freundschaft, die Kunst und die Musik los. Er war ein verbitterter Dogmatiker. Er nahm es der ganzen Welt übel, daß sie nicht dem wunderbaren Bild glich, das er sich in seiner Kindheit von ihr gemacht hatte. Er erging sich in ausführlichen Beschreibungen des prächtigen Säuglings, der er einst gewesen war, rühmte seine schulischen Leistungen, seine überdurchschnittliche sportliche Gewandtheit, seine sexuelle Frühreife. Ich machte es mir bequem, stützte die Ellenbogen auf die Schreibmaschine, und ließ, hingeflegelt wie einst während der Mathematikstunden am Gymnasium, seine Suada über mich ergehen. Zum Trost strich ich in Gedanken die Tage durch, die ich seine Gegenwart noch zu ertragen hatte. Ich haßte ihn.

»Ich mache mir Sorgen um Ernst«, vertraute mir Marlène Baker etwa fünf Monate später an. »Er gefällt mir gar nicht.«

Sie hatte mich in die Bar des Hotels ›Pont-Royal‹ bestellt. Sie wolle mich unter vier Augen sprechen, hatte sie hinzugefügt.

»Warum?«

»Im Moment ist er nicht in Form. Er trinkt zuviel, er

geht nicht unter Leute, man könnte meinen, daß ihn nichts mehr interessiert.«

Ich schlürfte meinen Campari und hielt es nicht für nötig, diesem treffenden Porträt noch etwas hinzuzufügen.

»Wissen Sie, er hängt sehr an Ihnen. Ich weiß nicht, was Sie mit ihm angestellt haben, aber er hält große Stücke auf Sie.«

»So, so!«

»Wie steht's mit dem Skript?«

»Oh!... Es kommt langsam voran.«

»Ich glaube, ich habe es falsch angefangen.«

Ich bekundete meine energische Zustimmung.

Aber auf das folgende war ich nicht gefaßt:

»In Paris können Sie sich nicht richtig konzentrieren. Sie werden dauernd durch Anrufe, Freunde und sonstige Verpflichtungen abgelenkt. Ich hätte Sie ins Grüne schicken sollen, aufs Land.«

»Nein, nicht aufs Land!«

»Hören Sie mal zu! Ich habe ein Haus in der Normandie. Ihr beide werdet euch dort wohlfühlen. Und für Ernst ist es die beste Lösung. Sie sind doch sein Freund, oder?«

»Ich kenne ihn kaum ...«

»Wie dem auch sei, er jedenfalls betrachtet Sie als seinen Freund. Tun Sie es aus Kameradschaftlichkeit. Um ihn zu retten. Denn ich rede völlig im Ernst, man muß ihn vor sich selbst beschützen. Er hat so einen gefährlichen Hang zur Selbstzerstörung.«

Ich geriet in Panik und suchte verzweifelt nach einem Vorwand, um mich da herauszuwinden. Aber schon zückte Marlène Baker ihr Scheckbuch. Die Augen gingen mir über, als ich die Summe las, die sie mir bestimmte.

»Wissen Sie, Marlène«, sagte ich eingeschüchtert. »Ich bin gar nicht mehr so sicher, daß das Sujet was taugt. Übrigens hat Ernst Tomas auch einiges daran auszusetzen.«

»Wie können Sie so etwas behaupten? Er schwört Stein und Bein, daß Sie genial sind, daß es das beste Skript seines Lebens wird! Aus diesem Grund hat er sogar die Ablieferung seines nächsten Romans hinausgeschoben, der in der Saison der Literaturpreise hätte erscheinen sollen. Sie hegen Zweifel, das ist für einen schöpferischen Menschen das Natürlichste von der Welt. Aber ich setze so großes Vertrauen in Sie, daß ich Ihnen völlig freie Hand lasse. Das Exposé brauchen Sie gar nicht zu machen, fangen Sie lieber gleich mit der Dialogfassung an. Mein Instinkt trügt mich bestimmt nicht.«

Wir richteten uns also in Marlènes Villa ein. Ein weitläufiges, komfortables Haus mit einem Schwimmbecken und gut bestücktem Keller. Wir brauchten uns um nichts zu kümmern, denn eine Nachbarin versorgte den Haushalt und kochte für uns. Sie brutzelte uns köstliche Mahlzeiten, bei denen weder an Butter noch an Sahne gespart wurde. Ernst war wie ausgewechselt.

Er erbot sich sogar, mich an der Maschine abzulösen. Wir einigten uns über die Handlungsstruktur und vermochten endlich mit der Abfassung des Dialogs zu beginnen. Innerhalb von zwei Monaten war der erste Wurf beendet, der hundertfünfzig Seiten umfaßte. Natürlich war er noch nicht restlos ausgefeilt, aber doch schon weit genug gediehen, um die Vorarbeiten in Angriff zu nehmen und ihn den Schauspielern vorzulegen, die wir ködern wollten.

Marlène, die wir telefonisch benachrichtigt hatten, kündigte uns fürs nächste Wochenende ihren Besuch an. Sie frohlockte:

»Ich habe zu den Agenten von Dustin Hoffman und Robert de Niro Kontakt aufgenommen. Sie sind daran interessiert, und vielleicht wird Polanski die Regie übernehmen. Die Sache läßt sich gut an, Kinder!«

Ich war bereit, Abbitte zu leisten. Vielleicht hatte Marlène doch recht. Ernst Tomas und ich waren gar kein so schlechtes Gespann!

Einen Tag vor dem Eintreffen unserer Produzentin erhielt ich einen Brief von Philippe Jean. Er teilte mir mit, daß er endlich die Mittel zur Finanzierung von *Zutritt verboten* beschafft hatte. Das Projekt, bei dessen Ausarbeitung wir Blut und Wasser geschwitzt hatten, lag schon seit vier Jahren auf Eis. Er hoffte, im nächsten Sommer mit den Dreharbeiten beginnen zu können.

Ich machte den großen Fehler, Ernst Tomas von der guten Nachricht in Kenntnis zu setzen. Er beglückwünschte mich überschwenglich. Doch nachdem er sich einige Gläser Calvados hinter die Binde gegossen hatte, änderte sich sein Ton.

»Sag mal, das war wohl ein Scherz. Du wirst dich doch nicht mit dieser Niete einlassen?«

»Philippe ist ein Freund von mir, und ich halte ihn für einen begabten Regisseur.«

»Was, der soll ein Regisseur sein? Er ist eine Null! Seine Produktionen sind der Inbegriff des miesesten, aufgeblasensten französischen Spießerfilms.«

»Hör auf, darüber brauchen wir kein Wort zu verlieren, wir haben eben verschiedene Ansichten, und damit Punktum.«

»Natürlich ist dir das Wurst, du kriegst einfach mehr Kröten. Aber ich muß die Suppe auslöffeln!«

»Was hast du denn damit zu tun?«

»Wir arbeiten immerhin zusammen! Mein Name wird automatisch mit dem deinen in Verbindung gebracht. Es könnte dann so aussehen, als wäre ich an Philippe Jeans Filmen beteiligt. Das kannst du mir einfach nicht antun!«

»Du bist übergeschnappt! *Zutritt verboten* und *Das Bankett* haben überhaupt nichts miteinander zu tun. Das sind zwei ganz verschiedene Filme.«

Er verließ den Raum und schlug die Tür hinter sich zu. Ich rief Philippe an, um ihm zu sagen, wie sehr ich mich freute, dann machte ich einen Kopfsprung ins Schwimmbecken, um auf andere Gedanken zu kommen.

Am späten Nachmittag fiel mir eine mögliche Lösung zur

Gestaltung der Beziehung zwischen Picasso und seiner Freundin ein. Von Anfang an waren wir bei dieser Liebesgeschichte auf ein Problem gestoßen, denn wir vermochten Fernandes Charakter nicht zu definieren.

Ich machte mich auf die Suche nach Ernst und fand ihn schließlich in seinem Zimmer, wo er auf dem Bett schmökerte. Er ließ mir nicht die Zeit, um ihm die Vorzüge meiner neuen Idee auseinanderzusetzen.

»Du kannst dir die Mühe sparen. Mach nur deinen Film mit Philippe Jean, und kümmere dich nicht mehr um *Das Bankett.*«

»Jetzt versteif dich mal nicht auf Philippe Jean und höre mir zwei Minuten lang zu! Ich weiß nicht, was zwischen euch vorgefallen ist, und es ist mir auch schnurzegal. Kommen wir lieber auf unser Problem zurück! Ich glaube, daß Picasso allen Grund hat, eifersüchtig zu sein. Fernande ...«

Er schleuderte mir sein Buch ins Gesicht und sprang mit einem Satz aus dem Bett. Sein Mund war vor Haß verzerrt.

»Du brauchst dich überhaupt nicht mehr mit dem *Bankett* zu befassen, und auch nicht mit Picasso oder Fernande. Ich werde das Drehbuch schreiben, so wie ich es für richtig halte, und du wirst mir keine Steine mehr in den Weg legen. In diesem Leben gibt es Ficker und Gefickte, und ich will nicht zu den letzteren gehören.«

Vor Verblüffung vermochte ich nur noch zu stammeln.

»Du willst doch nicht etwa behaupten, daß die Idee zum *Bankett* von dir stammt? Immerhin haben wir die hundertfünfzig Seiten gemeinsam verfaßt, oder etwa nicht?«

Er grinste mit unverschämter Seelenruhe.

»Welche hundertfünfzig Seiten? Ach so! Du meinst wohl die da?«

Er deutete auf einen großen Haufen Asche im Kamin.

»Das taugte nichts, da habe ich sie lieber vernichtet.«

Verzweifelt klammerte ich mich an die Hoffnung, daß er mich auf den Arm nehmen wollte.

»Wenn es deine Absicht war, mir Angst einzujagen, dann ist dir das weiß Gott gelungen!«

Er stocherte in der Asche und zog ein angesengtes Blatt Papier aus dem Haufen.

»Da, schau selbst, ob ich lüge. Dein Gequatsche kümmert mich einen Dreck.«

Sein Gesicht war ganz nah an meinem. Er weidete sich an meinem Entsetzen und schwenkte das Papier vor meinen Augen. Ich versetzte ihm mit aller Kraft einen Kinnhaken. Er brachte mich durch einen Fußtritt zu Fall, und dann wälzten wir uns am Boden wie zwei Buben, die während der Pause im Schulhof raufen, nur daß wir eben keine Buben mehr waren und es sich um Arbeit handelte, um eine sechsmonatige Arbeit!

Er kroch zum Kamin, packte den Schürhaken und versuchte, damit auf mich einzuschlagen. Zum Glück war er zu betrunken, um richtig zielen zu können. Ich benutzte die dicke Wolldecke, die vom Bett geglitten war, als einen Schild. Schließlich gelang es mir, sie ihm über den Kopf zu werfen. Ich legte mich mit meinem ganzen Gewicht auf ihn, um ihn zu bändigen. Er wehrte sich wie eine Katze, kratzte und schlug wild um sich. Doch auf einmal rührte er sich nicht mehr.

Als ich die Decke wegzog, stellte ich fest, daß er tot war. Ich hatte ihn umgebracht. Erstickt.

Ich warf die Leiche in den stillgelegten Brunnen im Hof. Der Brunnenrand war so niedrig, daß er eine Gefahr darstellte, vor der uns die Nachbarin mehr als einmal gewarnt hatte. Ich machte Ordnung im Haus, dann rief ich die Polizei an.

Während der Ermittlungen wurde in keinem Augenblick der Verdacht laut, ich könne es gewesen sein. Daß Ernst Tomas an einer Depression litt, war ein öffentliches Geheimnis, und der Alkoholgehalt in seinem Blut ließ sich leicht nachweisen. Marlène Baker weinte sehr, doch mir gegenüber verhielt sie sich überaus korrekt. Sie beklagte nur, daß Ernst das Manuskript, sein letztes Werk, wie sie sagte, vernichtet habe. Sie stellte mir also einen weiteren Scheck aus, damit ich es aus dem Gedächtnis neu schriebe. Aus Respekt oder auch aus Ekel vor der ganzen Sache weigerte ich mich, auch meinen Namen darunterzusetzen. Der Film kam zustande, ohne de Niro, ohne Dustin Hoffman und Polanski, aber er hatte einen ganz netten Publikumserfolg. Wenn die Journalisten mich nach dem verstorbenen Schriftsteller fragten, sagte ich nur Gutes über ihn.

Ich brauchte mich nicht dazu zu zwingen.

Merkwürdig, wie erträglich die Leute werden, sobald sie gestorben sind.

Sprüche ohne Hand mit Fuß

1 Armkrüppel haben einen hohen Begriff von handwerklichen Berufen, aber es fehlt ihnen die Berufung dazu.

2 Ich kannte einmal einen Armkrüppel, dessen Lebenslinie so lang war, daß sie in einem Haarbüschel auf seiner Brust endete.

3 Statt Beifall zu klatschen, pfeifen Armkrüppel. Manche trampeln auch. Andere wiederum verlassen den Saal vor Ende der Aufführung.

4 In ihren leeren Ärmeln führen Armkrüppel oft Proviant für mehrere Wochen mit sich.

5 Da die Abstimmung durch Handaufheben verboten ist, geben Armkrüppel ihre Stimme in geheimer Wahl ab. Freilich haben sie einige Mühe, die Wahlzettel in die Umschläge zu schieben, und viele davon fallen neben die Urne.

6 Schmiergelder werden einem in die Hand gedrückt, denn die Armkrüppel haben die Bestechung zu einer Kunst erhoben.

7 Armkrüppel spielen Volleyball nach anderen Regeln, aber das Prinzip bleibt sich gleich.

8 Armkrüppel, die sich als Chirurgen betätigen, stecken ihre Nase in alles. Diese ist außerordentlich beweglich.

9 Armkrüppel lassen ihre Armbanduhren meist auf dem Nachttisch liegen.

10 Ein daumenlutschendes Armkrüppelchen gehört bestimmt der privilegierten Schicht an.

11 Zu Boxern ausgebildete Armkrüppel verbringen geruhsame Tage im Ring. Allerdings steigen die Mieten, und die Schiedsrichter nehmen zuviel Platz ein.

12 Manche Armkrüppel haben eine solche Fertigkeit darin entwickelt, mit dem Mund zu schreiben, sich zu rasieren oder Karten zu spielen, daß sie darüber das Essen vergessen.

13 Revolutionäre Armkrüppel heben während einer Kundgebung nie die Faust. Sollte man doch einmal eine sehen, so handelt es sich höchstwahrscheinlich um einen provokativen polizeilichen Eingriff.

14 Armkrüppel unterzeichnen ihre Schecks mittels eines Fersenabdrucks, aber sie sehen davon ab, sie auszufüllen.

15 Armkrüppel haben sich einen Gott nach ihrem Ebenbild erschaffen. Es ist Christus am Kreuz, das nur einen Balken aufweist. Die Frömmsten bekreuzigen sich.

16 Armkrüppel, die per Anhalter fahren, werden oft wegen Exhibitionismus festgenommen.

17 Armkrüppel bedienen sich ihres Kinns als Zeigefinger. Die Kinnlosen sind zu willensschwach, um auf das zu deuten, was sie meinen.

18 Es gibt bei den Armkrüppeln einen Adel der Stümpfe, der auf sehr komplizierten Gesetzen beruht und über den man sich nicht öffentlich lustig machen sollte.

19 Der Armkrüppel betrachtet es als ein Gebot der Höflichkeit, in Gegenwart einer Dame den Hut aufzubehalten.

20 Armkrüppel legen das Besteck nicht neben den Teller, vielmehr plazieren sie es in geschmackvoller Anordnung auf den Fußboden unter dem Tisch.

21 Der militärische Gruß würde bei Armkrüppeln ein derartiges athletisches Training voraussetzen, daß er verboten ist.

22 An seiner Zeitung unterscheidet man unter Armkrüppeln die Rechtshänder von den Linkshändern.

23 Zwar tun sich Armkrüppel nicht im Kraulstil hervor, aber um den toten Mann zu machen, haben sie die besten Voraussetzungen.

24 Unlängst war im Archäologischen Armkrüppel-Museum eine großartige Ausstellung von Fingerabdrücken zu sehen.

25 Der Armkrüppel, der unter Anklage stand, die Frau des Metzgers von Pont-Saint-Esprit erwürgt zu haben, war nur der Drahtzieher.

26 Armkrüppel rauchen wie Schlote, aber mit Aschenbechern können sie nichts anfangen.

27 Für den Armkrüppel, der sich weigert, den Nacken zu beugen, ist der Weg vom Pokal zu den Lippen sehr weit.

28 Armkrüppel sind durchaus fähig zu fliegen, und als Reisegruppe bekommen sie sogar Ermäßigung.

29 Armkrüppel bewahren ihr Taschengeld im Mund auf.

30 In Armkrüppel-Kreisen wird die Informatik nicht mit offenen Armen aufgenommen.

31 Der Ärmelkanal? Ein unüberwindliches Weltmeer, behaupten die Armkrüppel.

32 Bei den Armkrüppeln werden obszöne Gesten rasch zu Taten.

33 Armkrüppel auf Urlaubsreise hängen sich den Fotoapparat um, der ihnen gegen den Bauch schlägt. Um den Auslöser zu betätigen, drücken sie kräftig, bis der Bauchnabel nach vorn schnellt.

34 Wenn ein Armkrüppel das *Notenblatt für Elise* interpretiert, haben seine Füße Wichtigeres zu tun, als die Pedale zu treten.

35 Armkrüppel, die miteinander Dame spielen, versetzen ihre Steine durch kräftiges Blasen.

36 Wenn Armkrüppel ein Orchester dirigieren, halten sie den Taktstock mit allem fest, was ihnen zu Gebote steht. Ärgerlich ist dabei nur, daß sie den Musikern oft den Rücken zukehren müssen.

37 Die Schreibmaschinen für Armkrüppel mögen ja sehr komfortabel sein, aber nur einem sehr abgehärteten Schriftsteller brennt nicht schon nach drei Seiten das Gesäß.

38 Nach jahrhundertelangen Bemühungen ist es den Armkrüppeln endlich gelungen, die Toilettenseife in den Griff zu bekommen.

39 Wenn ein Armkrüppel, der auf sich hält, Schnupfen hat, bleibt er auf seinem Zimmer.

40 Blinde Armkrüppel tragen stoßsichere Brillen.

41 Begegnet man einem zahnlosen Armkrüppel, so kann man sicher sein, daß es sich um einen Radsportler handelt.

42 In der Balzzeit haben Pinguine eine belegte Zunge, aber saubere Füße. Das gleiche gilt für Armkrüppel.

Die Form bleibt gewahrt

Bei der Gräfin Morange, deren Salon nach dem Abendessen wegen eines Stromausfalls im Dunkeln liegt. Sobald das Licht wieder aufflammt, bietet sich ein derartiges Schauspiel, daß alle sich des ausgesuchtesten Takts befleißigen und sich so verhalten, als würden sie nichts sehen.

DIE GRÄFIN *(eine Hand im Hosenschlitz von Saint-Val)* Es ist mir ein Rätsel. Ich suche und suche und finde einfach keine Kerzen in dieser Schublade. Gestern waren noch welche da... Mit ihren ewigen Streiks gehen sie einem allmählich auf die Nerven...

FÜRST KOLSKY *(den üppigen Busen von Madame d'Aubecourt knetend)* So ist das eben, die Gewerkschaften nehmen nicht die geringste Rücksicht auf die Verbraucher. Aber eines Tages werden sie sich unbeliebt machen. Jedenfalls sieht man nicht die Hand vor Augen. Ich war ganz sicher, mein Feuerzeug in der Westentasche gelassen zu haben...

MADEMOISELLE DE VENICIEUX *(die Monsieur de Kronkeit französisch küßt, mit fast unhörbarer Stimme)* Ich weiß, es ist lächerlich, aber ich fürchte mich im Dunkeln. Mama, reichen Sie mir doch Ihren Arm!

BARON BERNARD *(der die Gräfin sodomisiert)* Weiß der Himmel, wie lange das dauern wird. Vielleicht sogar die ganze Nacht! Hoppla! Vorsicht, meine Damen, ich suche meine Streichhölzer!

MADEMOISELLE DE VENICIEUX *(Monsieur Kronkeits Samen in ein Taschentuch spuckend)* Mein Gott, ist das Zeug scharf. Ich habe sicher ein falsches Glas genommen. In meinem war nur Mineralwasser. Ich vertrage keinen Alkohol. Wer ist denn das? Mama, könnte es nicht ein Gespenst sein?

MADAME DE VENICIEUX *(vom Fürsten Kolsky gefickt)* Nein, mein Kind... Doch der Mensch verfügt über gewisse Kräfte, von denen die Wissenschaft nur eine sehr verschwommene Vorstellung hat. Ich bin davon überzeugt, daß die Stöße, die meinen Sessel erschüttern, eine durchaus rationale Erklärung finden. Leider ist unser Wissen zu beschränkt, um der richtigen auf die Spur zu kommen... Habe ich mich deutlich ausgedrückt, Stephanie?

DIE GRÄFIN *(an Mademoiselle d'Aubecourts Scham leckend)* Sie brauchen sich nicht zu ängstigen, Mademoiselle. Wir sitzen alle im selben Boot, genießen wir, was das Leben uns Schönes bietet, und halten wir zusammen. Mhm... welch delikate Süßspeise... Haben Sie schon davon gekostet, Fürst?

FÜRST KOLSKY *(der ungestüm onaniert)* Pürierter Schinken nochmal! Gibt es denn keine Kerzen in diesem Haus?

SAINT-VAL *(dessen Rute in Monsieur Kronkeits Hinterteil verschwindet)* Und wenn es nun gar kein Streik ist? Wenn ganz einfach die Sicherungen durchgebrannt wären?

MADEMOISELLE D'AUBECOURT *(die das Glied des verstörten Butlers gepackt hat)* Ah! Endlich habe ich einen! Ich habe einen Geist am Schwanz erwischt!

BUTLER Ich bitte Mademoiselle ergebenst, mich freizulassen.

MADEMOISELLE D'AUBECOURT Nein, nein! Ich habe Sie gefangen, ich halte Sie auch fest.

DIE GRÄFIN *(vom Fürsten gepfählt)* Es ist letzten Endes doch recht amüsant, im Dunkeln zu leben. Auf die Dauer gewöhnt man sich daran.

BUTLER *(der in Mademoiselle d'Aubecourt in Bewegung kommt)* Was für widerliche Leute! Sie könnten wenigstens das Licht löschen. Sei's drum, ich tu's! *(Er reißt sich von seiner Partnerin los und betätigt entschlossen den Schalter. Es wird dunkel.)*

ALLE *(wie aus einem Munde, außer dem Butler)* Licht!

›Das Wachs und die Lohe‹

Pfeiferauchend stand ich am Fenster und sah zu den Zwillingen hinüber, die friedlich unter der großen Eiche spielten. Da hatte ich plötzlich die rettende Idee! Ich stieß einen Schrei aus und rührte mich nicht von der Stelle, das Mundstück der Pfeife nur zwei Zentimeter von meinen Lippen entfernt, aber es kam mir nicht einmal in den Sinn, den Abstand zu vergrößern oder zu verringern.

Ich hatte die Lösung für alle unsere Probleme gefunden.

»Woran denkst du?« fragte Mary, den Kopf über ihr Horoskop geneigt. »Du ahnst ja nicht, welchen Blödsinn sie über den Steinbock verzapfen. Ich sollte denen mal energisch meine Meinung sagen...«

»Ich dachte gerade... Hast du die Telefonrechnung bezahlt?«

»Nein, noch nicht. Sie können es jeden Tag sperren.«

»Und den Strom?«

»Auch nicht.«

»Wieviel benötigen wir, um das Auto aus der Werkstatt zu holen?«

»Mehr als wir besitzen. Hör mal, Philippe, was ist mit dir los? Jetzt ist wirklich nicht der Moment, um Bilanz zu ziehen. Es ist doch Sonntag!«

Mary ist die einzige humorvolle Frau, der ich je begegnet bin. Zum Glück ist sie meine Frau. Nach siebenjähriger Ehe habe ich schließlich den Grund für diese eigenartige Begabung gefunden. Mary ist so schön, so klug, so glücklich, daß sie sich dessen geradezu schämt. Um das alles wettzumachen, nimmt sie sich einfach nicht ernst. Humor ist ein Sport, den wir schon deshalb gern betreiben, weil er nicht viel kostet.

»Du hast noch alles mögliche vergessen: die Steuern, die Feuerversicherung, die Kleidung ...«

»Mary, ich hatte eben eine Idee. Wir brauchen doch Geld, oder?«

»Das ist eine beschönigende Umschreibung.«

»Schau mich an! Was siehst du?«

Sie sah mich mit ihren großen veilchenblauen Augen an.

»Ich sehe den Mann, den ich liebe, ein Genie.«

Ich hüstelte. Die Antwort war mir keineswegs unangenehm, aber sie ermangelte der Präzision.

»Ich weiß nicht, ob ich ein Genie bin. Aber Schriftsteller bin ich in jedem Fall. O. K.?«

»O. K.«

»Wie leben Schriftsteller?«

»Schlecht.«

»Auf welche Weise gelingt es einem Schriftsteller, eine Menge Geld zu verdienen?«

»Indem er viele Bücher verkauft.«

Ich steckte mir die Pfeife wieder an. Das traf den Nagel auf den Kopf!

»Mary«, verkündete ich feierlich, »ich werde einen Bestseller schreiben.«

Sie schüttelte den Kopf.

»In deinem Horoskop steht nichts davon.«

»Ich fühle mich durchaus imstande, einen Bestseller zu schreiben. Bisher habe ich es noch nie versucht. Mir ging es eher darum, eine andere Literatur zu schaffen, die sämtliche herkömmlichen Kriterien über Bord wirft, keine Rücksicht auf die Nachfrage nimmt. Wenn ein Wissenschaftler ein neues Gas entdeckt, kaufen sich die Hausfrauen auch nicht gleich einen neuen Herd. Der Bestseller ist ein Fertigprodukt, für das ein Bedürfnis besteht. Man kauft ihn genauso wie ein Kilo Kartoffeln. In erster Linie verlangt man von ihm, daß er einen nicht aus den gewohnten Bahnen wirft. Er muß für die große Mehrheit geschaffen sein, und die große Mehrheit, das ist ...«

»Bertrand.«

»Ja, Bertrand...«

Ich vermochte nicht weiterzusprechen, sah sie nur mit offenem Mund an. Mary konnte meine Gedanken lesen! Ich mußte sie einfach in die Arme schließen.

»Nun, was meinst du?«

»Vielleicht wirst du es später bedauern.«

»Ich bedaure vor allem, daß wir uns in einer so mißlichen Lage befinden. Es ist keine Schande, ein Bestsellerautor zu sein. Und außerdem habe ich von meinen zweitausend Lesern die Nase voll.«

Unsere Lippen fanden sich.

»Meinst du ... meinst du, daß du es bald geschafft hast? Ich brauche einen neuen Wintermantel, und die Zwillinge haben nichts mehr anzuziehen...«

»Mal rechnen... etwa zwanzig Seiten täglich, hm... was Ansehnliches... auch nicht übertrieben dick... sagen wir mal dreihundertzwanzig Seiten à fünfzehnhundert Anschläge... sechzehn Tage... dann noch die Korrekturen... Ich sollte es eigentlich gegen Monatsende dem Verleger aushändigen können.«

Schrille Schreie riefen uns wieder in die Gegenwart zurück. Die Zwillinge lieferten sich mit Plastikäxten eine unerbittliche Schlacht.

Sobald wieder Ruhe herrschte, rief ich Bertrand an, um ihn noch für denselben Abend zum Essen einzuladen. Zum Glück war er frei.

Bertrand war ein Vetter ersten Grades von Mary. Dieser biedere Mensch übte den Beruf eines Spirituosenvertreters aus, was an sich nicht bemerkenswert war, doch er besaß eine überaus seltene Eigenschaft: Bertrand dachte wie alle Welt. Er hatte zahlreiche Wettbewerbe gewonnen, indem er Fragen beantwortete, die etwa folgendermaßen lauteten: ›Welches sind Ihres Erachtens die drei Schlager, die unter den zwanzig hier aufgeführten von den Hörern preisgekrönt werden?‹ Es ging nicht darum, die Chansons nach ihrer Qualität oder ihrer Originalität zu bewerten. Dazu hätte sich Bertrand nie verstiegen. Er sollte nur den Geschmack der Mehrheit erraten. Bertrand gab seine ehrliche Meinung dazu, und er traf ins Schwarze.

Es braucht nicht eigens erwähnt zu werden, daß der Kandidat, für den er stimmte, immer Sieger wurde. Bei der Dreierwette gewann er immer nur unansehnliche Summen, denn allzu viele Leute hatten auf dieselben Pferde gesetzt. Bertrand verkörperte die französische öffentliche Meinung wie kein anderer.

Von Natur aus, nicht aus Opportunismus, war er das Sprachrohr der französischen Mehrheit. Man brauchte ihn nur bei Tisch zu sehen: er aß wie ein Scheunendrescher.

Nach der Mahlzeit brachte Mary die Zwillinge zu Bett. Ich blieb also mit meinem kostbaren Vetter allein. Er entkorkte eine Flasche Weinbrand, die er mitgebracht hatte, und schenkte ein.

»Probier mal diesen Nektar. So etwas Feines hast du noch nie getrunken. Er ist nur für den Export bestimmt.«

Ich schnalzte mit der Zunge, um ihn bei Laune zu halten.

»Wahrhaftig ... er ist großartig.«

Er strahlte vor Befriedigung.

»Nicht wahr? Das ist kein Waschwasser! Soll ich dir einen nachschenken?«

Ich ließ ihn gewähren. Er zündete sich eine Zigarette an, ich stopfte meine Pfeife, kurz, es war ein idealer Augenblick für eine ungezwungene Plauderei über Gott und die Welt. Er legte als erster los:

»Was treibst du gerade? Arbeitest du an einem neuen Roman?«

»Ja, ich habe eben damit angefangen ... er hat noch keine feste Form.«

»Weißt du, von deinem letzten habe ich nicht viel mitgekriegt. An manchen Stellen habe ich den Eindruck, daß du dich über die Leute lustig machst. Das ist natürlich dein gutes Recht, wenn du Esel findest, die das mögen ...«

»Eben darum, Bertrand, hätte ich gern deine Meinung zu meinem nächsten Buch. Die Ansichten des Lesers sind wichtig, vor allem, wenn dieser Leser ein guter Freund ist. Mitunter habe ich das Gefühl, mich auf dem Holzweg zu befinden.«

Bertrand war selig. Zum erstenmal diskutierten wir über meine literarische Arbeit. Da ich ihm zuzuhören schien, wollte er mich nicht enttäuschen. Er ließ eine lange Tirade vom Stapel, in der er die heutigen Schriftsteller der Unfähigkeit anklagte, mit dem Anfang anzufangen und mit dem Ende aufzuhören.

Ich gab ihm mit ernsthafter Miene recht.

»Was du sagst, ist sehr interessant. Ja, ich gedenke, deine Ratschläge zu befolgen. Die Geschichte handelt von einem noch jungen Mann, der eben aus dem Gefängnis entlassen wurde ...«

Er verzog das Gesicht.

»Weißt du, die Vorbestraften ... Ein Sportler wäre mir lieber ...«

»Richtig. Ein Skiweltmeister, so Mitte der Dreißig, der keine Rennen mehr fährt ...«

Bertrand schien interessiert.

»Er hat sozusagen umgesattelt?«

»Ja. Er wird zu einem versierten Geschäftsmann, denkt nur ans Geld, hat Erfolg ...«

»Glaub bloß nicht, daß das so einfach ist ...«, brummte Bertrand.

»... nach anfänglichen Schwierigkeiten. Aber immerhin, er bringt es zu etwas. Er heiratet eine tüchtige junge Frau, die einen Bombenposten in einer Firma innehat.«

»Eine Schwimmerin der Spitzenklasse wäre mir lieber, weißt du, so ein gutgebautes Weib.«

»Einverstanden. Er heiratet also eine berühmte Schwimmerin. Sie haben ein Kind. Ein bezauberndes kleines Mädchen...«

»Einen Jungen fände ich besser.«

»Einen reizenden kleinen Jungen. Sie will das Schwimmen aufgeben, aber ihr Mann läßt das nicht zu...«

»Der ist ja wahnsinnig! Wenn die sich nicht einmal um ihren Balg kümmert...«

»Sie würde gern weiter trainieren, doch schließlich erreicht der Ehemann, daß sie den Sport aufgibt und sich nur noch ihren Mutterpflichten widmet. Es kommt zu einer Krise, zu immer heftigeren Auseinandersetzungen zwischen den beiden. Das Kind wächst heran. Es ist nun drei Jahre alt. Zufällig trifft die Mutter einen Sportkameraden, der sie immer schon geliebt hat. Die beiden gehen heimlich in einem Freibad schwimmen. Während einer dieser Eskapaden fällt das Kind aus einem Fenster des vierten Stocks und stirbt.«

Ich hatte meinen Bertrand an der Angel. Mit halboffenem Mund und glasigen Augen hing er an meinen Lippen. Jedes Wort traf ihn wie ein Faustschlag.

»Und dann?« fragte er wie ein Kind. »Lassen sie sich scheiden?«

»Die Mutter macht sich entsetzliche Vorwürfe. Der Schrei, den sie beim Verlassen des Autos gehört hat, gellt ihr andauernd in den Ohren. Sie kann ihren Mann, ihre Wohnung nicht mehr ertragen. Es kommt zur Trennung, dann zur Scheidung. Sie heiratet ihren früheren Kameraden, ohne ihn wirklich zu lieben. Der Skiweltmeister aber muß feststellen, daß das Glück in der Welt, in der er lebt, nur eine Fassade ist. Um seinen Kummer zu vergessen, kehrt er in die Berge zurück.«

»Fährt er wieder Ski?«

»Nein, er wird Bergführer. Er lebt in einem Chalet. Es vergehen mehrere Jahre. Er weiß nicht, was aus seiner Frau geworden ist. Eines Tages kommt ihm zu Ohren, daß ein Bergsteigerehepaar auf einem abgelegenen Felsvorsprung vom Schneesturm überrascht wurde. Er versucht die beiden zu retten und findet dabei seine Frau wieder. Der Mann liegt im Sterben. In der großen weißen Stille gesteht sie ihm, daß sie ihn noch liebt, und bittet ihn um Verzeihung ...«

»Nein«, sagt Bertrand grimmig. »Er verzeiht ihr nicht.«

»Er verzeiht ihr nicht, aber dennoch rettet er sie. Später erfährt er, daß sie von ihrem zweiten Mann ein Kind hat, das eben drei Jahre alt geworden ist. Er sucht es heimlich auf. Die Unschuld des kleinen Wesens hat es ihm angetan. Er heiratet seine Frau zum zweitenmal und vertritt so Vaterstelle an dem Kind. Was hältst du davon?«

»Großartig«, murmelte Bertrand. »Das verstehe ich wenigstens ... Aber ich finde die Geschichte ein wenig traurig ...«

Er füllte die Gläser.

»Also, wenn dich das stört ...«

»Nein, nein, ich mag traurige Geschichten ganz gern, wenn sie nur gut ausgehen. Ein Roman, der schlecht endet, taugt nichts ... Habe ich nicht recht?« sagte er zu Mary gewandt, die eben aus dem Kinderzimmer kam.

»Ich habe keine Ahnung, worum es geht«, entgegnete sie und zwinkerte mir zu. »Aber eines weiß ich genau: Philippe ist mit dir einverstanden.«

Ich gähnte ungeniert. Bertrand verabschiedete sich, nachdem er die üblichen Dankesfloskeln aufgesagt hatte. Kaum hatte sich die Tür hinter ihm geschlossen, da raste ich an meine Schreibmaschine, deren Geklapper die Scheiben meiner Bürofenster zum Erzittern brachte.

Am nächsten Morgen, als ich gerade die Seite 25 tippte, klingelte das Telefon. Es war Bertrand.

»Du, übrigens, ich habe über die Sache nachgedacht ... Du weißt schon, dein Roman.«

»Ja, natürlich. Und ...«

»Warum fährt der Skiweltmeister keine Rennen mehr?«

»Ich weiß nicht ... Überdruß ... das Alter ... so ein bißchen wie Killy ...«

»Meinst du nicht, daß ein Unfall dramatischer wäre?«

Ich rieb mir die Nasenspitze.

»Hm... hm... Tja, das ist eine gute Idee. Nach seinem Unfall ist er behindert... Heilgymnastik, Eifersucht auf seine Frau...«

Bertrand schien quirlig wie ein Floh. Ich hörte ihn keuchen.

»Genau so ist es! Du hast ins Schwarze getroffen! Das ist menschlich, pathetisch... Er versinkt in Selbstmitleid, er könnte auch anfangen zu trinken, und das Mädchen hilft ihm über die schlimme Zeit hinweg.«

Ich sagte zu allem ja und amen.

»Ich werde es in dieser Richtung machen. Danke.«

»Nichts zu danken, ruf mich nur an, wenn du etwas brauchst. Es ist mir ein Vergnügen.«

Ich arbeitete bis zum Abend durch, vergaß darüber das Mittagessen. Ich hatte sogar einen Vorsprung, denn eben war Seite 42 fertiggeworden. Ich strich mir gerade Brote, als Mary hereintrat, um sich nach dem neuesten Stand der Dinge zu erkundigen.

»Haben die Zwillinge dich auch nicht zu sehr gestört? Wegen ihres Geburtstags sind sie zur Zeit unausstehlich. Was können wir ihnen nur schenken?«

»Unser Budget ist total erschöpft. Versuch, sie auf später zu vertrösten.«

»Mach so schnell wie möglich!«

»Ich halte meinen Zeitplan ein. Schreibt man Bö mit ö oder oe?«

»Ein Buchstabe ist schon teuer genug. Du siehst müde aus, willst du nicht Quartett mit mir spielen, um dich ein wenig zu entspannen?«

»Mit Vergnügen. Was gibt es heute abend am Fernsehen?«

»Eine Hommage für Mauriac.«

»Ich glaube, ich gehe lieber schlafen...«

Mitten in der Nacht weckte mich das Klingeln des Telefons. Es war Bertrand, der vor Aufregung ganz heiser war.

»Philippe, ich habe mir die Geschichte noch einmal durch den Kopf gehen lassen. Wir haben etwas vergessen.«

»Na so was! Was denn?«

Es war vier Uhr morgens.

»Den Hund. Es fehlt ein Hund. Ein zärtlicher, anhänglicher Hund, genau das Gegenteil von der treulosen Schwimmerin. Wäre es nicht überhaupt besser, er lernte in der Klinik eine Krankenschwester kennen?«

Ich wehrte ab.

»Ich habe nämlich schon ...«

»Na gut, wenn du nicht willst ...«

»Wir reden morgen darüber. Gute Nacht.«

»Gute Nacht.«

Bertrand, der kein Auge zugetan hatte, jagte mich am nächsten Morgen aus dem Bett.

»Welche Verantwortung«, seufzte er. »Hör mal, da muß viel abgeändert werden. Er ist kein Skiweltmeister, sondern ein Rennfahrer. Dann versteht man den Unfall besser. Und schließlich wird er kein Bergführer, sondern jagt wilde Tiere in Afrika. Der Ehemann der Moderatorin ...«

»Der Moderatorin?«

»Ach Gott, davon habe ich dir noch gar nichts gesagt. Schwimmen ist nicht modern genug. Sie ist Moderatorin, und ihr zweiter Mann arbeitet als Fotograf. Er soll in Afrika eine Reportage machen und ...«

Ich brachte ihn mit einer Bewegung zum Schweigen. Wut stieg in mir hoch.

»Du machst dich doch nicht etwa über mich lustig?«

»Ich?«

Sein Erstaunen war nicht gespielt.

»Ich will dir nur helfen, dir Ratschläge geben, damit das, was du schreibst, auch Hand und Fuß hat. Das ist kein *Nouveau Roman*. Die Sache muß richtig durchkonstruiert werden.«

»Und was die Kinder betrifft, so bleibt alles beim alten?«

Er wich meinem Blick aus.

»Ja, so ungefähr. Diese Geschichte mit dem Kind, das aus dem Fenster fällt... Ich habe das nie so recht gemocht. Ich dachte schon mal an Leukämie, aber das ist auch nicht das richtige...«

»Danke.«

»Aber schließlich habe ich doch gefunden, was wir brauchen. Eine Entführung, das wäre ideal.«

»In Afrika?«

»I wo! Die Entführung findet noch vor der Cholera-Epidemie statt.«

»Eine Cholera-Epidemie?«

»Ja, das ist zur Zeit große Mode. Ich lese alles über Cholera. Du etwa nicht?«

»Doch doch... Red nur weiter...«

Das würde eine verdammt harte Woche werden!

Zu meinem Erstaunen hörte ich drei Tage lang nichts mehr von ihm. Am Morgen des vierten Tages (Seite 102) besuchte mich ein Bertrand, der kaum wiederzuerkennen war. Sein fahles Gesicht, seine wie im Fieber glänzenden Augen flößten mir Besorgnis ein.

»Hast du Ärger? Ist etwas Schlimmes passiert?«

Ein Lächeln spielte um seine bleichen Lippen.

»Ich habe mir gesagt, daß ich mich, da du meine Kritik ernstzunehmen scheinst, nicht mit ein paar Hinweisen begnügen dürfe. Ich mußte einfach selbst mit Hand anlegen. Daher habe ich diese Seiten da verfaßt... Hier hast du sie...«

Er reichte mir ein dickes Bündel.

»Ich möchte, daß du sie erst liest, wenn ich schon gegangen bin. Das Ganze ist sicher ein bißchen unbeholfen, aber ich habe keine Übung in solchen Dingen.«

»Möchtest du ein Gläschen Branntwein, bevor du dich auf den Weg machst?«

Er schüttelte den Kopf und stürmte davon.

Ich begann also auf der Seite 1 und las das ganze Manuskript bis Seite 320. Ja, Bertrand hatte in drei Tagen dreihundertzwanzig Seiten zu Papier gebracht. Ich hatte mich immer für einen Schnellschreiber gehalten, aber Bertrand brach alle meine Rekorde. Sein Roman, denn er hatte tatsächlich einen Roman geschrieben, war fürchterlich. Alberne Figuren, ein unglaubwürdiger Handlungsverlauf, ganz zu schweigen von den zahlreichen Grammatikfehlern. Ich gab *Das Wachs und die Lohe*, so lautete der Titel dieses Machwerks, Mary zu lesen, und als sie damit fertig war, unterhielten wir uns lange.

»Mein armer Schatz, du tätest besser daran, die Sache aufzustecken. Bertrands Geschreibsel ist für deine Zwecke völlig untauglich.«

»Die Schuld trage ich allein. Der Gedanke war absurd. Ich bin ein avantgardistischer Schriftsteller. Ich habe ein kleines, aber erlesenes Publikum. Nie mehr will ich versuchen, einen Bestseller zu fabrizieren!«

Mary tröstete mich mit einem Kuß.

»Was wirst du Bertrand sagen?«

»Daß er ein Meisterwerk geschrieben hat und daß ich es nicht mit ihm aufnehmen kann, daß ich kapituliere.«

Genau mit diesen Worten gab ich *Das Wachs und die Lohe* ihrem Verfasser zurück, der sich kaum über meine geradezu beleidigende Lobhudelei wunderte.

»Glaubst du, ich soll das Manuskript einem Verleger zur Veröffentlichung vorlegen?«

»Unbedingt. Willst du Adressen?«

»Nein, lieber nicht. Ich möchte dich nicht kränken, aber zu deinen kleinen, avantgardistischen Betrieben habe ich kein rechtes Vertrauen. Ich will mich mal mit Laffont oder Hachette in Verbindung setzen.«

»Vielleicht hast du recht. Nun, dann wünsche ich dir alles Gute!«

»Danke. Weißt du, ich werde es dir nie vergessen, daß du

mich zum Schreiben ermutigt hast. Ich bin dir sehr zu Dank verpflichtet. Übrigens werde ich dir das Buch zueignen.«

»Das verdiene ich nicht.«

»Doch, doch! Ich bestehe darauf.«

Selbstredend wurde *Das Wachs und die Lohe* zu einem Triumph. Er hörte auf, Herr Irgendwer zu sein, und zählte nun zur Prominenz. Er schwang große Reden am Fernsehen, gab in modischen Magazinen eine Meinung zu allem ab und übernahm sogar die Schirmherrschaft über eine Werbekampagne für ein Medikament, das die intellektuellen Leistungen steigert. Wie es der natürliche Lauf der Dinge mit sich bringt, wurde er mir spinnefeind und ließ sich nie mehr bei uns blikken.

Was mich betrifft, so habe ich nun genug Geld, um mir den Luxus zu leisten, unverständliche Dinge zu schreiben. Die Zahl meiner Leser ist noch mehr geschrumpft, aber ich beklage mich nicht. Den Zwillingen habe ich herrliche Spielsachen und Mary einen Pelzmantel geschenkt, ja sogar alle meine Rechnungen sind bezahlt.

Wie denn das?

Ganz einfach: ich habe mein Köpfchen benutzt.

Also: Bertrand hatte in 3 Tagen 320 Seiten geschrieben. Er war 38 Jahre alt. Am 17. 6. hatten die Zwillinge Geburtstag.

Ich habe in der Lotterie das große Los gezogen.

Vielleicht ist Bertrand deshalb verschnupft.

Kulturkrise

Tournecourt hat die gräßliche Angewohnheit, im Bett zu rauchen. Das Unausbleibliche ist eingetreten: glühende Asche ist auf die Buchseiten gefallen, die Feuer gefangen haben. Trotzdem liest Tournecourt unbeirrt weiter.

MADAME TOURNECOURT *(neben ihrem Mann liegend, der ihr den Rücken zukehrt)* Findest du es nicht ein bißchen heiß? Du solltest das Deckbett abnehmen.

TOURNECOURT *(liest weiter)* Hab ich eben getan.

MADAME TOURNECOURT Und das Licht ist auch zu grell, ich kann dabei nicht schlafen.

TOURNECOURT *(betätigt den Schalter)* Na siehst du, jetzt ist es abgedreht.

MADAME TOURNECOURT Was du nicht sagst? Ich sehe doch einen Lichtschein. *(Sie wendet sich um und stößt einen Schrei aus.)* Tournecourt, dein Buch brennt!

TOURNECOURT *(zerstreut)* Papperlapapp ... Du entbrennst, du entbrennst ...

MADAME TOURNECOURT Aber Tournecourt, es brennt!

TOURNECOURT Reg dich doch nicht gleich so auf.

MADAME TOURNECOURT Jetzt bin natürlich ich schuld! Wir verbrennen, und ich soll das ruhig mitansehen!

TOURNECOURT Dauernd übertreibst du. Das Buch brennt doch, nicht wir!

MADAME TOURNECOURT Willst du nichts unternehmen, um den Brand zu löschen? *(Sie weint)* Lieber Gott, beschütze uns!

TOURNECOURT *(lenkt ein)* Laß mich nur das Kapitel zu Ende lesen, dann tu ich schon was.

MADAME TOURNECOURT Das Buch muß ja ungeheuer spannend sein...

TOURNECOURT *(gähnt)* Nein, es ist fad. Aber du kennst mich ja: was ich angefangen habe, führe ich auch zu Ende.

MADAME TOURNECOURT Ist es ein Roman?

TOURNECOURT Nein, ein Essay.

MADAME TOURNECOURT Wovon handelt er denn?

TOURNECOURT Von der Kulturkrise.

MADAME TOURNECOURT Lauter Lügenmärchen. Du solltest lieber die Feuerwehr anrufen, als dir die Finger verbrennen.

TOURNECOURT Bei meiner Handprothese besteht da keine Gefahr.

MADAME TOURNECOURT Richtig, ich habe deine Handprothese vergessen. Wenn du nur beim Autofahren nicht mehr lesen würdest!

TOURNECOURT *(aus dem Häuschen)* Beim Autofahren soll ich nicht lesen, nicht beim Essen und auch nicht beim Rauchen... Überhaupt nie sollte ich lesen, was?

MADAME TOURNECOURT *(verschüchtert)* Du könntest auf dem Klo lesen... wie alle Welt.

TOURNECOURT Wenn ich auf dem Klo lese, schlägst du die Tür ein, um mich herauszuholen.

MADAME TOURNECOURT *(weinerlich)* Ich darf doch auch mal aufs Klo.

TOURNECOURT Jetzt hör mal gut zu, geh aufs Klo, wenn du unbedingt willst, aber laß mich in Frieden. Wenn ich wegen dir den Faden verliere, brauche ich doppelt so lang für dieses lumpige Kapitel.

MADAME TOURNECOURT *(wehrlos)* Einverstanden, Tournecourt, aber verbrenn die Bettdecke nicht!

TOURNECOURT Du meine Güte! Jetzt ist da nur noch ein Haufen Asche! *(Wütend schleudert er den Überrest des Buches in eine Zimmerecke)* Jetzt bist du wohl zufrieden, nie werde ich den Namen des Mörders wissen!

MADAME TOURNECOURT Es wäre besser, du schliefest jetzt, als die Asche im Bett zu verstreuen!

TOURNECOURT Mir bleibt ja wohl nichts anderes übrig. *(Er schließt die Augen und schläft ein. Sogleich versinkt er in einen erotischen Traum und fängt dabei Feuer. Vorhang.)*

›Ein Kampf auf Leben und Tod‹

»Wie stehen die Verkaufszahlen vom *Heißen Atem*, Mikkey?«

»Nicht schlecht, Georges, bald an die vierhunderttausend Exemplare! Eigentlich glaubte ich gar nicht so sehr an diesen Atem... Aber du hast weiß Gott die Gabe, das Sujet zu finden, das beim Publikum ankommt...«

Georges setzte sein undurchdringliches Lächeln auf. Genüßlich schlürfte er seinen Whisky und beobachtete den Verleger aus den Augenwinkeln.

Mickey Rapp war kein gewöhnlicher Verleger. Bevor er Bücher verkaufte, war er in der Autobranche und vorher im Holzgeschäft tätig gewesen. Schon in der Schule hatte Mikkey, wie Georges sich erinnerte, ein besonderes Talent bewiesen, um sein Taschengeld aufzubessern, indem er Tauschhandel mit Bonbons und Murmeln trieb. Inzwischen hatte er es weit gebracht. Die Aktien des Rapp Verlags waren Gold wert. Diesen Erfolg verdankte er vor allem Georges Trom, dem Publikumsliebling, von dessen fünfzehn Romanen keiner weniger als eine Auflage von zweihundertfünfzigtausend Exemplaren erreicht hatte. Jedes Buch war in etwa zwanzig Sprachen übersetzt und verfilmt worden.

Nein, Mickey konnte sich nicht über seinen Hausautor beklagen, dennoch blickte er sorgenvoll drein.

Schon aus der Art, wie er sich den Schweiß von der Stirn wischte, wie er die Flasche in die Hand nahm, wenn er sich zu trinken einschenkte, war zu ersehen, daß ihn etwas quälte. Etwas überaus Peinliches!

Es war ein milder Frühlingsabend, im nahen Ozean spiegelten sich die Lichter der Bucht, doch Mickey fühlte sich immer weniger wohl in seiner Haut. Selbst der köstliche Bratenduft, der aus der Küche drang, wo die beiden Damen des Hauses, seine Frau Elisabeth und seine Tochter Florence, wirtschafteten, vermochte ihn nicht auf andere Gedanken zu bringen. Immer noch klangen ihm die Worte von Paul Sentis, dem Leiter seiner exklusiven Reihe ›Pensum‹, in den Ohren:

»Eben habe ich den *Heißen Atem* gelesen. Das Ganze ist klug ausgedacht, die Handlung geschickt gesponnen, aber die Sprache ist unter aller Kanone. Eine wahre Schande, Mister Rapp! Alle Welt zerreißt sich das Maul darüber. Georges Trom hat keine blasse Ahnung von der Zeitenfolge, er verwechselt Adjektive mit Adverbien, er fängt seine Sätze aufs Geratewohl an, dann führt er sie nicht zu Ende, kurz, er hat einen schweinischen Stil! Das geht einfach nicht an! Wenn man nur ein klein bißchen Respekt für sein Publikum hat, bietet man ihm keine verrottete Ware an! Lassen Sie seine Manuskripte umschreiben!«

Mickey erinnerte sich genau an seine Antwort:

»Georges wird das nie zulassen. Wie sein Buch geschrieben ist, ist ihm schnurzegal. Für ihn zählen nur die verkauften Exemplare. Außerdem hält er mit pedantischem Starrsinn an seinen Formulierungen fest. So ist er immer schon gewesen. Wenn der Lehrer in der Volksschule seine Aufsätze vorlas und er versehentlich ein Wort veränderte, wurde Georges fuchsteufelswild. Es liegt in seinem Charakter! Er sagt, daß die Literatur nichts damit zu tun habe.«

»Eben«, hatte Paul Sentis geantwortet. »Er braucht einen literarischen Berater... Ich kenne jemanden... Laden Sie ihn übers Wochenende ein, und versuchen Sie, Georges für die Idee zu gewinnen.«

Noch gestern schien die Sache ein Kinderspiel, doch jetzt, ein paar Minuten vor dem Abendessen, war alles viel komplizierter!

»Was hast du nur?« fragte Georges befremdet. »Du

bewegst die Lippen, als ob du mit dir selbst sprechen würdest.«

Mickey fuhr zusammen.

»Aber nein, Georges ... ich genieße einfach diesen Whisky ... Er ist ausgezeichnet ... ja ... hm ... wirklich ausgezeichnet.«

Mißtrauisch schüttelte Georges den Kopf.

»Also komm, erzähl mir keine Märchen. Ich kenne dich lange genug, um zu sehen, daß du etwas auf dem Herzen hast. Geht es um Geld?«

Mickey schwitzte Blut und Wasser. Es riß ihn beinahe aus dem Sessel, als Elisabeth ankündigte, daß man zu Tisch gehen könne. Nach der Suppe fragte sie in aller Unschuld:

»Na, Mickey, hast du mit ihm über den literarischen Berater gesprochen?«

Der unglückselige Verleger verschluckte sich, krümmte sich unter einem Hustenanfall und verschüttete den Inhalt des Tellers auf seine Hose. Georges saß starr wie ein Stock, den Löffel in der Hand. Scharf musterte er seine drei Tischgenossen und fragte mit eisiger Stimme:

»Was versteht ihr eigentlich genau unter meinem ›literarischen Berater‹?«

Elisabeth wurde über und über rot. Sie stammelte:

»Ich weiß nicht ... Hm ... Erklär es ihm, Schatz, du kannst das besser als ich ...«

»Also, ich ... es ist ganz einfach ... hm ...«

Georges, den jetzt auch die Unruhe packte, wandte sich an die einzige Person, die kaltes Blut bewahrt hatte, an die vierzehnjährige Florence.

»Sag bloß, Flo, worum geht es hier eigentlich?«

Sie zuckte die Achseln.

»Seitdem man meinem Vater gesagt hat, daß die Grammatik in Ihren Büchern krank und der Wortschatz siech ist, fühlt er sich elend. Sicher wegen der Ansteckung ... Da hat er halt beschlossen, Ihnen einen literarischen Berater zu verpassen.«

»Was?« brüllte Georges.

Georges war etwa vierzig Jahre alt. Seine roten Haare ließen seine irische Herkunft erkennen. Er war sehr groß, sehr athletisch gebaut und körperlich in Hochform. Als er »was?« schrie, zitterten die Wände. Mit einem Satz sprang er auf und rief in einer wilden Anwandlung von Hoffnung:

»Das kann doch nicht stimmen, Mickey! Nicht wahr, Mikkey! Das ist bloß ein Scherz?«

»Nein ... hm ... tut mir furchtbar leid, Georges ... Aber du bist so berühmt ... so talentiert ... hm ... genial ... deine Romane sollten besser geschrieben sein.«

»Was redest du da? *Der heiße Atem* verkauft sich ausgezeichnet, stimmt's oder nicht? Ich verstehe überhaupt nicht, was die Sprache damit zu tun hat!«

»Ja, natürlich ... aber eben, Paul Sentis hat mir gesagt ...«

Georges brüllte wie ein verwundetes Tier.

»Paul Sentis! Das hätte ich mir denken können. Das ›Pensum‹!! Nie hat er mehr als zweihundert Exemplare verkauft. Diese widerliche Hyäne ist grün vor Neid. Aber diesmal ist er zu weit gegangen ... Ich schlage ihm die Schnauze platt, dann werden wir ja sehen, ob er seine dreckige Nase noch in meine Bücher zu stecken wagt!«

»Hör doch«, flehte Mickey, »was Paul gesagt hat, habe ich schon tausendmal aufgetischt bekommen. Alle finden deine Geschichten ungeheuer spannend, einfallsreich und phantasievoll, aber alle bedauern ihren miserablen Stil! Man kann eben nicht alles haben. Paul einen Berater in puncto Ideen zu geben, wäre sinnlos, während ein literarischer Berater dir mit ein bißchen gutem Willen sehr nützlich sein könnte.«

Georges ließ sich auf seinen Stuhl fallen.

»Kommt nicht in Frage. Wenn du meine Bücher nicht mehr magst, bringe ich sie anderswo heraus.«

»Red keinen Unsinn! Natürlich liebe ich deine Bücher, wie Millionen von Menschen. Aber du verdienst Besseres. Du bist ein großer Schriftsteller! Das darfst du nicht vergessen.«

»Wir werden ja sehen«, brummte Georges. »Im Augenblick ist mir der Appetit vergangen.«

Mickey atmete erleichtert auf. Das Ganze war nicht so schlimm verlaufen, wie er befürchtet hatte.

Georges verbrachte eine unruhige Nacht. Durch seine Träume geisterte Paul Sentis im Gewand eines Eunuchen und Haremswächters und verfolgte ihn mit einer stählernen Gänsefeder, die scharf geschliffen wie ein Krummsäbel war. Er erwachte schweißgebadet.

Es war acht Uhr morgens, alle schliefen noch. Der Himmel war blau, die Vögel sangen, und Paul Sentis schien ihm in weiter Ferne. Schließlich raffte sich Georges auf und stieg aus dem Bett. Nach einer kräftigen Dusche und einem ausgiebigen Frühstück fühlte er sich besser, so daß er sich zum Liegestuhl schleppte, der auf der Terrasse in der Sonne stand. Er zündete sich eine Mentholzigarette an und ließ sich seinen nächsten Roman durch den Kopf gehen. Er sollte den Titel tragen: *Ein Kampf auf Leben und Tod*. Die Handlung stand bereits fest, eine Liebesgeschichte in Afrika. Die Frau eines Tierbändigers, der von einem Löwen getötet wurde, hegt einen unversöhnlichen Haß gegen alle Wildkatzen. Ohne Unterlaß macht sie Jagd auf sie, aber nichts vermag ihren Rachedurst zu stillen. Doch dank einem heruntergekommenen, versoffenen, impotenten Schriftsteller, den sie wieder zu einem Mann macht, findet sie ihre Seelenruhe wieder.

Der erste Teil der Arbeit war beendet. Jetzt brauchte er nur noch jede Situation zu träumen, darin bestand nämlich seine Methode. Sobald er die Handlung in allen Einzelheiten vor sich sah, begab er sich an Ort und Stelle, dann träumte er die ganze Geschichte, Zeile um Zeile, wie einen großen Film, in dem jedes Wort eine ganze Filmrolle beansprucht hätte.

Nach kurzer Zeit verspürte er das Bedürfnis, ein paar Sätze zu Papier zu bringen, und er nahm seine Maschine aus ihrer Hülle. Sie war seine ständige Begleiterin. Er mochte sie nicht missen, denn mit der Hand konnte er überhaupt nicht schreiben. Er wußte nicht einmal mehr, wie man sich eines Kugelschreibers bedient, und er hatte sogar vergessen, wie man zum Beispiel ein großes Z macht.

Gerade hatte er den Satz: »Warum wollte sie sich seit drei Jahren weiterhin an den Gedanken klammern, daß er tot war?« mit einem Fragezeichen versehen, als eine sanfte Stimme hinter ihm ertönte:

»Meinen Sie nicht, daß es genügen würde: ›Warum klammerte sie sich seit drei Jahren an den Gedanken, daß er tot war?‹«

»Ja, natürlich«, entgegnete er, ohne nachzudenken.

Ein Schauer lief ihm über den ganzen Leib. Er wandte sich um und sah sie.

Abgesehen von der Tatsache, daß ihr Haarschnitt wirkte, als hätte man ihr einen Nachttopf übergestülpt, daß sie wie ein Clown geschminkt und ihr Gesicht durch eine verschnörkelte Brille entstellt war, daß ihre Kleidung mit der Eleganz einer Vogelscheuche wetteiferte, war sie schön. Er war völlig verdattert. Ihre Gesichtszüge, ihre wohlproportionierten Rundungen, ihre schlanken, gutgeformten Beine, alles zusammen strahlte warme, sinnliche Weiblichkeit aus. Sie gehörte zu der Sorte Frauen, die von weiblichen Geschworenen zum Tode verurteilt werden, auch wenn sie nur einen Apfelbutzen entwendet haben.

Ihre grauen Augen blitzten hinter der unförmigen Brille.

»Warum starren Sie mich so an?«

»Weil ich nicht zu den Weiberfeinden gehöre. Wer sind Sie denn?«

»Hat Mickey Rapp Ihnen nichts gesagt? Ich bin Ihre literarische Beraterin!«

Er warf ihr einen bewundernden Blick zu, dann brach er in Gelächter aus. Sie wurde feuerrot.

»Ich verstehe nicht, was daran so komisch sein soll ...«

Er wischte sich die Tränen ab, die ihm vor Lachen übers Gesicht kullerten.

»Oh! Allerdings, es ist einfach zu drollig ... komisch ... meine Muse!!! Ich möchte nur wissen, wo Mickey Sie aufgetrieben hat ...«

»Er hat mich im sechsten Stock des Rapp Verlags, Büro 711, aufgetrieben, wie Sie sich auszudrücken belieben. Und jetzt hören Sie endlich damit auf, mich wie ein alter Satyr zu beäugen, ich bin ihre literarische Beraterin und nicht Ihr Frühstück!«

»Wie heißen Sie denn, meine Hübsche. Rita Faulkner? Oder Dodo Hemingway?«

Sie geriet allmählich aus der Fassung.

»Da Sie es unbedingt wissen wollen, ich heiße Esther Sentis, aber ich gebe nicht immer Antwort, vor allem dann nicht, wenn ich von einem Flegel angesprochen werde, der weder Umgangsformen noch den geringsten Sinn für Grammatik besitzt ...«

»Sentis ...? Sie sind ...?«

»Ja. Seine Tochter. Und ich bin stolz darauf, daß ich einen richtigen Schriftsteller zum Vater habe und nicht so einen Schreiberling, der nur das Papier bekleckert!«

»Na gut, wenn Sie so stolz auf Ihre Familie sind, dann bleiben Sie doch im Schoße Ihrer Lieben. Adieu!«

In diesem Augenblick griff Mickey ein. Er war noch schlaftrunken, so bemerkte er die Spannung zwischen den beiden nicht.

»Ich sehe, daß ihr euch miteinander bekannt gemacht habt. Ausgezeichnet. Ihr werdet euch großartig verstehen. Du wirst schon sehen, Georges, ihr bringt noch Meisterwerke zustande!«

»Zweifellos. Ich schreibe viel besser, wenn jemand mir dabei zu trinken einschenkt. Vor allem, wenn der Boy ein Girl ist!«

»Um dir zu trinken ... nein, so was ... ein toller Witz!«

Ihr aber standen die Tränen in den Augen.

»So, jetzt mal Spaß beiseite! Nun rede ich!«

Esther wirkte so wild entschlossen, daß die beiden Männer mucksmäuschenstill dastanden, als hätte die gestrenge Lehrerin sie bei einem Unfug ertappt.

»Mister Rapp hat mich mit einem Auftrag betraut, und ich war bereit, ihn auszuführen, aber eines will ich sofort klarstellen: Ich wurde nicht engagiert, um Getränke zu servieren, und auch nicht, um Beleidigungen und Demütigungen einzustecken. Georges Trom hat mich nicht mit offenen Armen aufgenommen. Darauf war ich nun allerdings gefaßt. Aber jetzt sage ich Ihnen mal ganz sachlich, was ich von Ihnen halte, Mister Trom, und dann tun Sie, was Ihnen beliebt. Ihre Bücher sind abscheulich, sie sind bar jeder Originalität. Wie der Stil, so der Mensch, heißt es, und wenn das zutrifft, dann sind Sie eine Spezies von Mensch, die nicht weit vom Tier entfernt ist. Wenn man Ihre Bücher liest, läßt sich kaum sagen, ob der Autor ein Mensch oder ein Schwein ist. Sieht man Sie aber aus der Nähe, gibt es keinen Zweifel mehr: Sie sind sehr wohl ein Schwein. Und jetzt erlöse ich Sie von meiner Gegenwart. Adieu.«

Die beiden Männer hatten sich während der ganzen Tirade nicht von der Stelle gerührt. Georges faßte sich als erster.

»Das ist also Sentis' Tochter! Ich verstehe, warum ihm auch der letzte Rest an Phantasie abhanden gekommen ist: er hat alles seiner Tochter vermacht. O. K., Mickey, du hast gewonnen. Wir werden es versuchen. Ich kann dir nichts versprechen, aber wir werden es versuchen. Darf ich Ihnen einen Versöhnungstrunk kredenzen, meine liebe literarische Beraterin?«

Der Verleger holte eine Flasche trockenen Champagner, die er für die große Gelegenheit kaltgestellt hatte. Mit Esther aber geschah etwas Unerwartetes: sie ließ sich schluchzend auf den Liegestuhl fallen.

Brief von Georges Trom an Mickey Rapp

Bamako

Mein lieber, alter Mickey,

Ein Kampf auf Leben und Tod wird mich wohl total fertigmachen. Du und deine Schnapsidee! Allmählich treibt ihr mich in den Wahnsinn. Ich kann keine lumpige Zeile schreiben, ohne daß diese frustrierte, starrsinnige Person, die unter sexueller Verklemmung und intellektueller Neurose leidet, mir ihre blödsinnigen Ratschläge um die Ohren haut. Und jetzt weg mit den Satzenden, und raus mit den Adjektiven, und dann geht's wieder los mit den Hiaten ... Nein, so kann das nicht weitergehen. Die Nase hab ich voll, Mickey, die Nase hab ich so voll! Ich mache schnell Schluß, denn da kommt sie schon wieder mit gezücktem Kugelschreiber angerückt.

Georges Trom (gewesener Schriftsteller)

P. S. Empfehlungen an Lisbeth und Flo

Brief von Esther Sentis an Mickey Rapp

Accra

Lieber Mister Rapp,

Sie können sich gar nicht vorstellen, was ich mit dem *Kampf auf Leben und Tod* auszustehen habe. Ich glaube, daß diese Wochen als die dunkelste Zeit meines Lebens in meiner Erinnerung haften bleiben werden. Ich muß ehrlich sagen, daß ich diesen Auftrag nie angenommen hätte, wäre ich mir bewußt gewesen, worin er bestehen würde. Zwar kommt das Buch voran, aber welche Schwierigkeiten sind zu überwinden! Ihr Autor hat erst jetzt das zweite Kapitel fertiggestellt. Ich kann Ihnen nicht versprechen, daß ich bis zum letzten bleiben werde. Freilich benimmt sich Georges Trom nicht mehr so ausfallend mir gegenüber, aber mitunter genügt schon ein Wort, und er bekommt hysterische, völlig unbegreifliche Wutanfälle. Er hat schon zwei Maschinen zerschmettert, und um der Wahrheit die Ehre zu geben, muß ich sagen, daß ich bisweilen um mein Leben bange. Ihre sehr ergebene Mitarbeiterin

Esther Sentis

Telegramm von Mickey Rapp an Esther Sentis

BRAVO! ERSTE KAPITEL SCHICKEN. WEITER SO! RAPP.

Unvollendeter Brief von Georges Trom an Mickey Rapp

Timbuktu

Ich bin am Ende, Mickey. Sie ist wahnsinnig. Ich schwöre dir, daß sie wahnsinnig ist. Ich aber auch, ich bin völlig wahnsinnig. Aber alle Sorge gilt meinem Stil! Ich breche zusammen, Mickey. Mit Ach und Krach habe ich das fünfte Kapitel beendet. Das schlimmste ist, daß ich meinen Text nicht zu überlegen vermag: alle zwei Seiten schlafe ich ein. Da kommt sie, Mickey, ich werde versuchen, den Brief vor ihr zu verstekken …

Brief von Esther Sentis an Mickey Rapp

Kinshasa

Lieber Mister Rapp,

Ich bin am Ende. Ich glaube, ich habe nicht das Zeug zu einer literarischen Beraterin. Um die geringfügigste Korrektur durchzudrücken, muß ich stundenlang argumentieren, brüllen, toben, ja mich sogar schlagen. Körperlich und nervlich bin ich am Boden zerstört. Sobald Trom mit dem achten Kapitel fertig ist, komme ich nach Hause.

Ihre todunglückliche und ergebene Mitarbeiterin

Esther Sentis

Telegramm von Mickey Rapp an Esther Sentis

GELD, EHRE, FERIEN, SO VIEL SIE WOLLEN. UM DER LITERATUR WILLEN DURCHHALTEN. FERTIGE KAPITEL SCHICKEN. NUR MUT! MICKEY RAPP.

Esther zerknüllte das Telegramm in ihrer schweißnassen Hand und warf es wütend in eine Ecke. Wieder einmal war die Klimaanlage ausgefallen, und die Hitze wurde unerträglich. Durch das Fenster drang das Geschrei von Kindern, die auf der Straße spielten. »Wie können die nur herumtollen«, fragte sie sich erbittert, »während ich kaum einen Schritt zu gehen vermag?« Sie lüpfte ihre Bluse, die mit Schweiß durchtränkt war. Plötzlich ertönte das Gehämmer der Schreibmaschine in Georges' Zimmer. Sie schleppte sich bis zur Zwischentür und stieß einen empörten Schrei aus: sie war abgeschlossen.

»Machen Sie auf, Georges, seien Sie doch vernünftig!«

Der Lärm der Maschine hielt an.

»Niemals!« brüllte er mit einer Energie, die man nur in Momenten höchster Verzweiflung entwickelt. »Verschwinden Sie! Lassen Sie mich allein mit meinen Fehlern!«

Esther seufzte tief.

»Das täte ich gern. Aber ich kann nicht. Gut, ich habe Sie gewarnt.«

Wie durch Hexerei befand sich auf einmal ein Revolver in ihrer rechten Hand. Sie schoß zweimal auf das Schloß, und ächzend öffnete sich die Tür. Die Rufe der Kinder draußen und das Rattern der Schreibmaschine drinnen waren verstummt.

»Sie sind wahnsinnig!« rief Georges, fahl vor Angst. »Sie hätten sich verletzen können.«

»Pah... Ich bin sowieso lebensmüde, da... Zeigen Sie mir die Seite, die Sie eben getippt haben...«

Sie streckte die Hand aus, aber er war schneller. Bevor sie es verhindern konnte, hatte er sie schon zerknüllt, in den Mund geschoben und heruntergeschluckt.

Brief von Paul Sentis an seine Tochter Esther

Mein liebes, armes Kind,
Ich zittere bei dem Gedanken, was du alles von diesem Rüpel Georges Trom auszustehen hast. Du bist so zart, so fein, so empfindsam und mußt dich mit diesem Bauernflegel, diesem Vandalen, dieser Krämerseele herumschlagen. Laß dir nichts gefallen, meine Libelle! Laß dich nicht unterkriegen, schlag dich tapfer! Und wenn du Gefahr spürst, so zögere nicht, ihm in den Bauch zu schießen, der ist größer als das Herz oder das Gehirn, und dort tut es auch mehr weh.

Dein dich liebender Vater, der diesem Folterknecht alles Böse, das er dir angetan hat, doppelt heimzahlen wird.

Paul Sentis

Esther schlief. Unendlich behutsam kroch Georges auf allen vieren durchs Zimmer und öffnete die Tür. Dunkel hob sich die Gestalt eines Mannes gegen den mondhellen Himmel ab.

»Ich habe meine Verabredung eingehalten«, sagte der Mann mit rauher Stimme.

»Pst! Um Gottes willen, sprechen Sie leiser. Sie kann jede Sekunde erwachen. Wann können Sie den Plan ausführen?«

»Alles ist bereit. Die Entführung wird morgen stattfinden.«

»Ausgezeichnet. Daß ihr aber ja nichts passiert!«

»Geht in Ordnung. Haben Sie das Geld?«

Georges zog ein Bündel Scheine aus seinem Gürtel.

»Die Summe stimmt genau. Ich werde Ihnen auf dem üblichen Wege mitteilen, wann Sie sie freilassen können.«

Die beiden Männer gaben sich die Hand. Ein Mondstrahl fiel auf Georges' Gesicht: seine Augen glänzten fiebrig.

»Übrigens«, bemerkte Esther am nächsten Morgen beim Frühstück, »wir müssen zwei Feldbetten kaufen. Im Wohnzimmer ist genug Platz.«

»Sicher, meine Liebe«, erwiderte Georges, der auf Wolken

schwebte. (Dann begriff er mit einem Male, was sie eben gesagt hatte.) »Zwei Feldbetten? Wozu denn das?«

»Ich habe zwei Leibwächter engagiert. Ab heute werden sie mir nicht mehr von der Seite weichen. Bewaffnet sind sie auch ... sollte es Ihnen etwa in den Sinn kommen, mir einen bösen Streich zu spielen. Man kann nie wissen ...«

»Esther ... Sie tun mir sehr weh.«

Georges meinte es sicher sehr ehrlich, denn das Lächeln war aus seinem Gesicht gewichen.

Brief von Georges Trom an Mickey Rapp

Bravo, Mickey, du hast gewonnen. Eben habe ich die dreihundertzwanzigste Seite von *Ein Kampf auf Leben und Tod* mit dem Wörtchen ›Ende‹ versehen, und jetzt muß ich dir etwas sagen: Das ist der abscheulichste, widerlichste, langweiligste und stilistisch mißratenste (dreimal unterstrichen) aller meiner Romane. Und wenn er bloß zweitausend Leser findet, bin ich dazu bereit, Paul Sentis auf beide Backen zu küssen. Du weißt ja, wer für meinen künstlerischen und finanziellen Ruin verantwortlich ist? DU! Ja du, und kein anderer. Ich klage dich an, unsere schöne Freundschaft, meine geistige Gesundheit und meine Lebensfreude untergraben zu haben. Ja, ich bin wahnsinnig. Ich verwechsle Jaguare mit Medikamenten, das Fernsehen mit einer Schafherde, Schiffe mit Scheren. Ich habe dich gewarnt: ich bin am Ende.

Ich habe alles versucht, um das verfluchte Weib loszuwerden. Sogar einen Zauberer habe ich für teures Geld angeheuert, um sie in eine schwarze Katze zu verwandeln. Er hat sich den Fuß verstaucht. Jetzt glaubt er felsenfest, daß sie eine Hexe ist, die den Schutz der dunklen Mächte genießt. Davon bin ich übrigens auch überzeugt. Ich habe versucht, sie Schlangen und Kannibalen zum Fraß vorzuwerfen, sie von Gorillas (im wörtlichen und im übertragenen Sinn) entführen zu lassen, sie zu ertränken, sie im Treibsand versinken zu lassen, sie zu vergessen. Nichts zu machen! O. K.! Das Buch ist fertig. Ich gehe in Pension. Ich werde in Wisconsin Rinder züchten. Einen Abschiedsgruß an Lisbeth und Flo. Dein ehemaliger Freund

Georges Trom

P. S. Anliegend *Ein Kampf auf Leben und Tod.*

Wer wissen will, wie die Geschichte weitergeht, braucht nur in irgendeinem Handbuch der modernen Literatur nachzulesen. Dort heißt es, daß die bedeutendsten Kritiker *Ein Kampf auf Leben und Tod* als eines der Meisterwerke des Zwanzigsten Jahrhunderts ansehen. Der Roman, in 352 Sprachen, Mundarten und Dialekte übersetzt, mit den berühmtesten Schauspielern in den Hauptrollen verfilmt, erzielte die geradezu sagenhafte Auflage von vierhundertfünfzig Millionen Exemplaren.

Aber die folgende Szene sucht man vergeblich in allen Handbüchern. Sie spielte sich kurze Zeit, nachdem Trom mit dem Nobelpreis ausgezeichnet worden war, im Wohnzimmer einer Farm ab. Es war ein schöner Sommertag irgendwo in Wisconsin.

ESTHER Guten Tag, Georges. Ich komme zufällig durch diese Gegend, da ... ich wollte nur kurz bei Ihnen vorbeischauen ...

GEORGES Esther! Welch freudige Überraschung! Ich dachte eben an Sie!

ESTHER *(etwas beunruhigt)* Sind Sie mir immer noch böse? Sie wissen gar nicht, wie leid es mir tut, daß ich in Afrika eine solche Rolle spielen mußte ...

GEORGES Aber wie kann ich Ihnen böse sein? Ihnen verdanke ich den unglaublichen Erfolg des Buches. Alle sind sich darin einig: es ist das beste, das ich je geschrieben habe.

ESTHER Ich glaube, über einen Mißerfolg wäre ich untröstlich gewesen.
GEORGES Ich hatte noch nie die Gelegenheit, Ihnen zu danken. Verzeihen Sie mir bitte. Ich fürchte, ich war ein wenig ruppig...
ESTHER Das ist jetzt ohne Belang.

Gelächter, dann verlegenes Schweigen.

GEORGES Ja, ein Berater ist mitunter recht nützlich. Ich zum Beispiel brauche einen literarischen Berater, Sie dagegen...
ESTHER *(wird stutzig)* Ich?
GEORGES Ja. Sie, Sie brauchen auch einen Berater.
ESTHER Einen Berater? Wozu denn?
GEORGES *(packt sie und bindet sie an ihrem Stuhl fest)* Einen ästhetischen Berater, meine Liebe! Ihr Kleid ist abscheulich, ihre Brille unmöglich, ihre Frisur lächerlich und ihr Make-up einfach irrwitzig. Zu schreien ist völlig überflüssig, niemand wird Ihnen zu Hilfe kommen. Schon seit Wochen warte ich auf diesen Augenblick!

Das Ergebnis muß umwerfend gewesen sein. Für die Zeitschrift ›Harper's Bazaar‹ jedenfalls besteht kein Zweifel: Mrs. Esther Trom zählt zu den zehn bestangezogenen Frauen der Welt.

Dem Ehepaar geht es gut, danke.

Concorde

Es scheint platterdings unmöglich, irrwitzig, unerhört: Die Concorde ist von Ratten verseucht. Passagiere haben auf der Toilette, ja sogar im Mittelgang Ratten gesehen. Die Stewardessen weigern sich, ihren Dienst zu tun. Nicht selten kommen angenagte Imbißtabletts auf die Klapptischchen. Natürlich ist vor allem der Käse arg zugerichtet. Die Direktion der Air-France, der die Sache überaus peinlich ist, versteift sich darauf, alles abzustreiten. Nur widerwillig gibt sie zu, daß Mäuse am Werk sein könnten, aber daß da Ratten sind, wird schlankweg dementiert. Wenn es zutrifft, daß eine Abordnung von Journalisten, die der Sache auf den Grund gehen wollten, keine Ratten gesehen haben, ist noch Schlimmeres zu befürchten: Die Ratten haben das Flugzeug verlassen, und man weiß ja, was das zu bedeuten hat.

Der Sekretär des Gouverneurs

Um 19.. hatte Pierre-Marie André die Funktion des Sekretärs beim Gouverneur eines riesigen Territoriums in Französisch-Äquatorialafrika inne. Dieser kleine, kahlköpfige Mann mit gezwirbeltem Schnurrbart erschien stets wie aus dem Ei gepellt, hielt sich kerzengerade und suchte hinter seiner Arroganz seine bescheidene bäuerliche Herkunft zu verbergen, freilich ohne rechten Erfolg. Er war zutiefst von der Größe der kolonisatorischen Sendung der Republik überzeugt, daher erlaubte er sich nicht den geringsten Verstoß gegen die Etikette, die ihm zur Wahrung des weißen Prestiges bei den Schwarzen unabdingbar schien. In diesem entscheidenden Punkt stimmte er überhaupt nicht mit dem Gouverneur Henri de Bois-le-Vent überein, einem höheren Offizier, der sich überaus lässig gab und dessen ausschließliches Interesse der Eintreibung von Steuergeldern galt. Bois-le-Vent pflegte sogar recht gute Beziehungen zu den einheimischen Notabeln und lud sie häufig zu seinen Abendempfängen ein, bei denen Punch getrunken, Whist gespielt und geklatscht wurde, genau wie bei den Engländern. Der Gouverneur scherte sich so wenig um das Protokoll, daß man ihn des öfteren in Hemdsärmeln und aufgeknöpftem Kragen Karten spielen sah.

»In Hemdsärmeln!« empörte sich Pierre-Marie. »Und das vor den Eingeborenen! Welch skandalöses Benehmen! Wie sollen die Leute einen dann noch achten!«

Er beging den Fehler, seine Meinung zu diesem Punkt zu äußern, und die Folge davon war, daß Bois-le-Vent ihn nicht mehr ausstehen konnte. Das Verhältnis der beiden Männer war nie besonders herzlich gewesen, nun wurde es geradezu frostig. Der Gouverneur hielt seinen Sekretär für einen beschränkten Pedanten, einen sauertöpfischen Spielverderber, dem es an Bildung und Phantasie fehlte. Pierre-Maries Vorhaltungen erzielten nicht die gewünschte Wirkung. Er erhielt einen scharfen Verweis, das heißt, man legte ihm nahe, sich gefälligst um seine Akten zu kümmern und sich von nun an jeder unangebrachten Bemerkung zu enthalten. Dieser Rüffel kränkte ihn um so mehr, als er ihm im Beisein eines schwarzen Dieners erteilt wurde, dessen ironisches Lächeln Pierre-Marie fuchste.

Obwohl es ihn einige Überwindung kostete, schrieb er einen langen Brief an den Minister für Kolonialfragen, in dem er ihm den ungerechtfertigten Affront schilderte, sich über das unstatthafte Verhalten des Gouverneurs ausließ und schließlich um die Abberufung von seinem Posten als Sekretär nachsuchte.

Er erhielt keine Antwort.

Nach einigen Monaten kam Pierre-Marie zu der Überzeugung, daß Bois-le-Vent die Bewilligung seines Gesuchs hintertrieben habe. »Er will mich lieber unter seiner Fuchtel behalten, damit er mich vor den Eingeborenen vexieren kann! Aber ich habe noch nicht mein letztes Wort gesprochen! Ich werde einen zweiten Brief schreiben. Irgendwann einmal muß man mir doch antworten.«

Er verfaßte einen Mammutbrief von zwanzig Seiten, in dem er alle ihm zugefügten Kränkungen haargenau schilderte. Es mangelte ihm nicht an Beispielen, denn für den armen Menschen war schon allein die Tatsache, daß er unter Eingeborenen leben mußte, eine wahre Tortur. Er hatte die fixe Idee, daß man ihn tagtäglich wie einen Eingeborenen behandelte, während man den Schwarzen gegenüber eine unangebrachte Höflichkeit an den Tag legte. Er erklärte sich das Ganze als eine gewaltige, vom Gouverneur angezettelte Verschwörung, die nichts anderes bezweckte, als ihn zu erniedrigen und gleichzeitig die Republik zu verunglimpfen.

Auf diesen zweiten, noch überspitzter formulierten Brief erhielt er ebenfalls keine Antwort.

Zweifellos hatte der Gouverneur mächtige Freunde, die an allen Hebeln der Verwaltung saßen. Sie hatten seine Briefe abgefangen und sie seinem Feind ausgehändigt, dessen heimtückische Rache ihn bald ereilen würde.

Pierre-Marie begann zu trinken, und zwar allein.

Er ging den anderen Franzosen der Kolonie aus dem Weg, von denen er glaubte, daß sie mit dem Gouverneur unter einer Decke steckten. Auch die Eingeborenen mied er, denn sonst würde er ja dem Gouverneur in die Hände spielen. Er kannte zwar einige Deutsche und Holländer, aber er fürchtete, des Hochverrats bezichtigt zu werden, wenn er sich allzu sehr mit Ausländern einließ. So betrank er sich allein, um seine verletzte Eigenliebe, seine panische Angst vor Bois-le-Vent und seine heimliche Befürchtung, am Ende selber zu einem Eingeborenen zu werden, zu vergessen.

Morgens sah man ihn ohne Kopfbedeckung in der heißen Sonne zum Gouverneurspalais torkeln. Sein Vorgesetzter betrachtete ihn angewidert:

»In Ihrem Zustand sind Sie nicht in der Lage, Ihre Aufgabe angemessen zu erfüllen. Gehen Sie nach Hause, duschen Sie sich, und kommen Sie wieder, wenn sie einigermaßen menschlich aussehen.«

Pierre-Marie verzog den Mund zu einem freudlosen Lächeln. Er ließ sich von der scheinbaren Nachsicht des Gouverneurs nicht täuschen. Er merkte wohl, daß man ihn verachtete, aber nunmehr ergötzte er sich daran. Er fühlte sich als ein Zuschauer, der seinem eigenen Niedergang beiwohnt, und genußvoll verweilte er bei jedem Anzeichen des Verhängnisses, dem er nun nicht mehr entrinnen konnte.

Eines Tages war er nicht mehr imstande, nach Hause zurückzukehren, und er fiel, nur einige Meter vom Eingeborenenviertel entfernt, in den Straßenstaub.

Als er wieder zu sich kam, lag er in einer Negerhütte. Eine

schwarze Frau betrachtete ihn lächelnd. Sie war eine blutjunge Prostituierte, deren prachtvoller Wuchs ihm schon aufgefallen war. Ihn schauderte angesichts der verderbten Schönheit dieses heidnischen Götzenbildes, das ihn verhexen sollte. Es stand für ihn außer Zweifel, daß diese Kreatur vom Gouverneur angeheuert worden war, um das letzte bißchen Menschenwürde, das ihm noch verblieb, zu vernichten. Als sie sich über ihn neigte, um ihm ein magisches Gebräu einzuflößen, stieß er sie mit aller Kraft von sich und rannte davon.

»Ich habe vom Ministerium einen merkwürdigen Fragebogen, Ihre Person betreffend, erhalten«, teilte ihm Bois-le-Vent mit. »Man will wissen, ob Sie mir Anlaß zu Klagen geben, ob ich mit Ihnen zufrieden bin. Ehrlich gesagt, ich würde höchst ungern einen ungünstigen Bericht abfassen. Aber um Himmels willen, kommen Sie wieder zu sich! Wie sieht das denn aus, wenn Sie sich so vor den Eingeborenen aufführen! Sie sind ein Staatsbeamter, vergessen Sie das nicht!«

Pierre-Marie delektierte sich an der feinen Ironie dieser Taktik. Er schützte hohes Fieber vor, um freinehmen zu können, und kehrte zu der jungen Prostituierten zurück. Sie nahm ihn auf, wenn auch nicht ohne Besorgnis, denn sie fürchtete seine Wutanfälle. Er blieb eine ganze Woche bei dieser Frau, betrank sich von früh bis spät, führte ununterbrochen Selbstgespräche, wobei er bald in Gelächter, bald in Tränen ausbrach. Schließlich faßte er einen großen Entschluß: Da er das Opfer einer teuflischen Machenschaft war, die es darauf anlegte, ihn zu einem Eingeborenen zu degradieren, würde er vortäuschen, daß seine Feinde gewonnen hatten. Dann würde die Quälerei vielleicht ein Ende nehmen. Nach diesem langen, ungleichen und aussichtslosen Kampf bedurfte er der Ruhe.

Im Busch, an einem abgelegenen Ort, wo weder Franzosen noch Eingeborene hinkamen, fand er Zuflucht. Immerhin war er der Sohn eines Bauern, so fürchtete er sich nicht vor der Natur. Er baute sich eine primitive Hütte und lebte dort mehrere Jahre lang als Einsiedler, ernährte sich von Wurzeln, Früchten, von Fischen und erlegtem Wild. Die Schwarzen, die ihn ganz selten zu Gesicht bekamen, verneigten sich vor diesem wilden Weißen, der von den Geistern besessen war. Die Franzosen der Kolonie aber schüttelten betrübt die Köpfe, wenn im Gespräch zufällig der Name Pierre-Marie André fiel.

Eines Tages erfuhr der Gouverneur, daß er gestorben war. Er beauftragte seinen neuen Sekretär damit, sich um die Formalitäten zu kümmern, die zur Überführung der Leiche erforderlich waren.

»Man hat ein Testament gefunden, Monsieur. Er möchte dort begraben werden, wo er seine letzten Lebensjahre verbracht hat, übrigens hat er im Mutterland keine Familie mehr. Aber das könnte einen schlechten Eindruck machen.«

Henri de Bois-le-Vent dachte über dieses knifflige Problem nach, dann zuckte er die Achseln.

»Schicken Sie die Leiche nach Paris. Irgendwas werden sie in einem Krankenhaus schon mit ihr anfangen können.«

Das Ereignis der Saison

Das Pariser Schlemmerorchester gibt in der Opéra Comique sieben Extrakonzerte. Vor beinahe vierzig Jahren haben diese Meistersolisten beschlossen, sich unter der Baguette ihres Chefs, der anonym bleiben will, zum gemeinsamen Speisen zu versammeln. Den Anstoß dazu gab eine wahrhaft revolutionäre Idee: Beim Essen verursachen die Musiker ebenso viel Lärm wie beim Musizieren, warum also sollte man die Instrumente nicht durch Schlemmergerichte ersetzen? Für einen Musiker ist essen gleichbedeutend mit spielen. Nach etwas mühsamen Anfängen (Grieben-Sandwich, Ei mit Mayonnaise) vermochte sich das Schlemmerorchester allmählich in Kennerkreisen durchzusetzen. Reibungslos vollzog sich der Übergang von Petits fours zum Kaviar, von Langusten zu Flußkrebsen (die besonders schwer zu schälen sind), und immer neue Gerichte bereicherten sein Repertoire. Die Liebhaber musikalischer Schlemmerei können das große Ereignis kaum erwarten, das ihnen ermöglicht, eine ganze Reihe von zeitgenössischen Schöpfungen zu kosten, namentlich die bemerkenswerte Symphonie für Zwieback, Soßengerichte und Markknochen von Vivagel, deren tiefgekühlte Version bislang noch aussteht.

Meine Muse und ich

Coco Paco ließ seine Finger mit verdoppeltem Eifer über die Tasten seiner Schreibmaschine sausen. Vers reihte sich an Vers, Bogen um Bogen füllend. Er war in Höchstform, obwohl er eine lange unfruchtbare Periode hinter sich hatte, während der er, um eine erneute amouröse Schlappe zu überbrücken, hemmungslos gesumpft hatte. Wenn nichts dazwischenkam, würde er also in der Lage sein, Sandropoulos zu dem im Vertrag festgelegten Termin seinen nächsten Gedichtband zu liefern.

Sandropoulos war der Verleger der Dichter. Zumindest schmückte er sich mit Vorliebe mit diesem Titel. Sandropoulos hatte nämlich begriffen, daß man mit Poesie zu gute Geschäfte machen konnte, als daß man sie den Dichtern überlassen durfte. Er hatte sich mit einem Mitarbeiterstab von tüchtigen Journalisten umgeben, deren in flotten Versen abgefaßte Artikel er herausbrachte. Sie verkauften sich glänzend.

Der Erfolg war geradezu phänomenal.

Die neue Schule, von der Kritik ›Popesie‹ getauft, hatte sich in den Medien und Bibliotheken einen Ehrenplatz erobert. Doktoranden verfaßten Thesen darüber, sie wurde an Gymnasien unterrichtet, ja sogar zu Opern und Chansons verarbeitet. Coco Paco, ein junger Mann, in jeder Hinsicht ›in‹, der wie ein Sportler gebaut war und dessen einziges Handikap in einer vorzeitigen Kahlköpfigkeit bestand, war der unbestrittene Papst der Popesie.

Plötzlich spürte Coco, daß jemand Fremdes im Raum war. Er hob die Augen von den Tasten seiner Schreibmaschine und gewahrte eine durch und durch unwahrscheinliche Person.

Es war eine Frau mittleren Lebensalters mit einem blaßblauen, durchsichtigen Gewand. Sie hatte eine wilde Mähne und klimperte ununterbrochen mit den Wimpern. Überdies, das muß eigens erwähnt werden, war sie mit Flügeln ausgestattet.

»Wer sind denn Sie?« stammelte Coco.

Sie antwortete nicht, statt dessen vollführte sie ein paar groteske Tanzschritte. Das wehende Gewand, das ihre Flügel umhüllte, machte ihr die Sache nicht eben leicht. Nachdem sie über einen Stapel Bücher gestolpert und mit Müh und Not ihr Gleichgewicht wiedergefunden hatte, gab sie mit kehliger Stimme von sich:

»Ich bin deine Muse, Coco.«

Er tat sein möglichstes, um nicht in Panik zu geraten.

»Ich hab nicht bei Ihnen geklingelt. Im Augenblick ist eh alles in Butter, ich kann also auf Ihre Dienste verzichten.«

»Was du nicht sagst, Dickerchen! Wie steht's denn jetzt mit einer klitzekleinen Idee?«

Coco dachte scharf nach, aber er mußte wohl zugeben, daß sich nirgendwo auch das kleinste Zipfelchen einer Idee sehen ließ. Sie grinste hämisch.

»Na siehste, das ist mein Job.«

»Was quatschen Sie da? Wenn Sie wirklich eine Muse sind, dann besteht Ihre verdammte Pflicht darin, die Phantasie zu beflügeln, die Entfaltung des Genius zu begünstigen.«

»Papperlapapp! Ich bin eine negative Muse. Sobald ich erscheine, geht die Inspiration flöten. Das ist viel spaßiger.«

»Hauen Sie ab, Sie sadistisches Weibsstück!«

Sie ließ sich auf einen Stuhl fallen und zog aus den Tiefen ihres Ausschnitts ein Butterbrot und eine entkorkte Weinflasche.

»Gewöhn dich nur gleich an mich, denn ich habe vor zu bleiben.«

Nachdem sie einen ungeheuren Schluck aus der Flasche

getan und sie zur Hälfte geleert hatte, bot sie ihm liebenswürdig an:

»Haste nicht Lust auf ein Tröpfchen Weißen?«

Er würdigte sie keiner Antwort. Das klügste war, die Muse zu vergessen und sich brav an die Arbeit zu machen.

Er überlas seine letzten Verse:

Und eifrig jagt die Polizei
Den Mörder einzulochen
Jedoch der Arzt der läßt sich Zeit
Der hat sich wohl verkrochen
Der Fall scheint höchst vertrackt zu sein
Schon werden die Ermittler nervös
Spukte da wirklich der Zufall rein?
Der Kommissar wird bitterbös.

Das hatte er toll hingekriegt. Keine Emphase, keine veralteten poetischen Schnörkel und trotz allem das übermächtige Gefühl von kosmischer Einsamkeit, von kühnem Flug, von schwindelnder Höhe. Das war ganz Coco Paco, eine seiner gelungensten Schöpfungen!

Nur weiter so!

Coco konzentrierte sich auf sein Werk *Lokalnachrichten opus 4*, als ein fürchterlicher Lärm den Raum erfüllte, in jeden Winkel vordrang, sogar in die Gehörgänge des Papstes der Popesie.

Die Muse hatte angefangen zu singen.

Sie brüllte, als würde sie eben abgestochen, mit der geleerten Flasche schlug sie den Takt, und der blaßblaue Schleier um ihren Hals bildete so etwas wie eine Schlinge ...

Dem konnte er nicht widerstehen.

Es war kein weiter Weg von der Dichtkunst zum Mord, und so packte Coco die beiden Schleierenden, er zog und zog, fester und fester ...

Doch da war nur Luft!

Die Muse wirbelte durch das Zimmer, sprang wie ein Zicklein von einem Stuhl auf ein Bücherregal, hängte sich an die Vorhänge, machte einen Spagat auf der Fensterbank.

Der Anblick war grauenhaft.

Völlig entkräftet glitt Coco auf den Teppichboden und ließ seinen Tränen freien Lauf.

So lag er immer noch da, als Brigitte am Spätnachmittag hereinkam, um sich einen Büchsenöffner auszuleihen. Sie wohnte in derselben Etage wie Coco und besaß einen Wohnungsschlüssel, so daß sie sich bei ihm Puderzucker, Öl oder einen Schraubenschlüssel holen konnte, wann immer sie etwas brauchte. Dafür füllte sie dem Dichter die Steuerformulare aus, erinnerte ihn an anstehende Telefon- oder Gasrechnungen. Sie kannten sich schon so lange, daß sie sich alle ihre Affären erzählten, ohne daß zwischen ihnen je von Liebe die Rede gewesen wäre.

Ansonsten arbeitete Brigitte in einem Reisebüro. Sie war klein, schlank, hübsch und Kambodschanerin. Ihr Nachbar bot ein solches Bild des Jammers, daß sie sehr erschrak.

»Coco? Was ist dir bloß passiert?«

»Die Muse! O die Muse!«

Brigitte verlor keine Zeit mit weiteren Fragen, vielmehr öffnete sie die zweite Schreibtischschublade links. Dort befand sich die Flasche Bourbon. Mit zitternden Fingern entkorkte sie sie und ließ den Flaschenhals zwischen die Lippen des leidgeprüften Dichters gleiten. Er verschluckte sich, prustete, öffnete die Augen und erkannte Brigitte.

»Es war gräßlich, Brigitte ... Die Muse ...«

»Pst! Davon später.«

Sie brachte ihn in sein Zimmer, half ihm beim Ausziehen und deckte ihn fürsorglich zu.

»Morgen geht es dir sicher besser. Du arbeitest zuviel. Ich bringe deine Schreibmaschine zur Reparatur.«

Coco erinnerte sich, daß die Muse die Maschine mit einem

Fußtritt gegen die Wand geschmettert hatte. Dann verfiel er in tiefen Schlaf.

Als er am nächsten Morgen erwachte, hatte er das Gefühl, einem Alptraum entronnen zu sein. Nach einer eiskalten Dusche fühlte er sich wieder auf dem Damm. Er faßte den Entschluß, nicht mehr zu trinken, und setzte sich an seinen Schreibtisch, wo Brigittes kleine Reiseschreibmaschine ihn schon erwartete.

Coco überlas die beiden letzten Verse des Vortags:

»Spukte da wirklich der Zufall rein?

Der Kommissar wird bitterbös.«

Er hielt den Atem an: »Und wenn da gar Komplizen wären?«

»Hopp! Hopp! Hoppla!«

Im Rahmen der Badezimmertür erschien die Muse, ihr strohiges Haar tropfte. Sie schüttelte sich wie eine tahitische Tänzerin, so daß das Wasser in alle Richtungen spritzte. Der weiße Bogen, den er eben in die Maschine gespannt hatte, glich einem durchweichten Taschentuch.

Mit offenem Mund starrte er auf die herumwirbelnde Gestalt, keines Wortes, keines Gedankens mehr mächtig. Die Muse ging nun zu einem Bauchtanz über.

»Na, mein Herzenspoet, hast du Kopfweh?«

»Ich ... ich ...«

»Brauchst nicht so schüchtern zu sein, Schätzchen.«

»Sie ... Sie ...«

Die Muse verschwand in die Küche und kehrte mit einem ganzen Stapel Kochtöpfen zurück. Sie legte ein Schlagzeugsolo hin, daß die Wände wackelten. In Cocos vernebeltem Gehirn entstand ein Bild: überdeutlich sah er einen Mann im weißen Kittel vor sich, mit wohltuend ruhigem Blick und sensiblen Händen.

Einen Arzt.

Coco rannte zur Tür. Wenig später saß er in der Praxis seines Hausarztes und erzählte ihm ausführlich die gräßlichen

Vorfälle, die sich bei ihm abgespielt hatten. Als er damit zu Ende war, fiel dem Doktor nichts Besseres ein, als begeistert zu klatschen.

»Großartig! Sublim!«

»Aber ich bin doch krank! Sie müssen mich behandeln!« schrie Coco händeringend.

»Immer mit der Ruhe, reden Sie keinen Stuß! Ich bewundere Sie zu sehr, als daß ich da eingreifen wollte. Sie sind von überreizter Empfindlichkeit, Ihre Nerven sind angespannt wie die Saiten einer Leier. Wenn ich sie lockere, dann singt die Leier nicht mehr. Sie sind ein großer Dichter, und da müssen Sie eben auch die Konsequenzen auf sich nehmen. Sie täten besser daran, diese Geschichte niederzuschreiben. Das wird Sie davon befreien.«

»Aber ich kann doch nicht! Sobald ich allein bin, weicht sie mir keine Sekunde von der Seite. Sie verbietet mir jede geistige oder literarische Tätigkeit.«

»Ja, ja, das sagte Musset anfangs auch, aber Sie werden sich schon an sie gewöhnen.«

»Sie weigern sich also, mich zu behandeln?«

»Ich weigere mich, eine Gehirnwäsche an Ihnen vorzunehmen. Wir sind nicht in der Sowjetunion. Im übrigen ...«

Der Doktor zwinkerte verschmitzt mit den Augen.

»Ich bin sicher, daß ihr ausgezeichnete Freunde werdet ... Ist das Gewand wirklich durchsichtig?«

Coco sah ein, daß er nur auf sich selbst zählen konnte.

Er machte den Versuch, nachts mit einem Leuchtkugelschreiber unter der Bettdecke zu schreiben. Unter der Bettdecke lag die Muse.

Er floh auf einen Berggipfel. Auf dem Gipfel saß die Muse.

Er suchte Zuflucht auf einer kleinen Insel mitten im Pazifik. Auf der Insel war die Muse.

Er nahm den Zug, das Schiff, das Flugzeug. Die Muse

blieb ihm auf den Fersen. Mehrmals versuchte er, sie umzubringen, aber sie entwischte ihm jedesmal. Sie war nicht totzukriegen.

Cocos Freunde und Fans begannen zu munkeln, daß er am Ende sei. Selbst Tom Nut, der Kritiker, der alle seine Bücher lobend besprochen hatte, schrieb in der ›Semaine Littéraire‹:

»Wie Rimbaud scheint Coco Paco sich seiner dichterischen Botschaft auf einen Schlag entledigt zu haben. Er hat sich zu weit vorgewagt, ist zu tief in jene dunkle Zone jenseits der menschlichen Wahrnehmung vorgestoßen, die sich nur ganz wenigen Sehern flüchtig offenbarte, was sie mit zermalmten Körpern und verkohlten Seelen bezahlten. Coco Paco wurde von diesem Blitzstrahl getroffen. Nun ist er an einen Kadaver gefesselt, an die Leiche des toten Dichters.«

Die Muse blickte ihm über die Schulter, las den Artikel mit und stimmte begeistert zu:

»Der Kleine hat recht. Ich bin mit mir nicht unzufrieden.«

Wieder versuchte Coco sie zu erwürgen. Während seine Hände ihr die Kehle zudrückten, lachte sie wie eine Irre.

»Nein, nein, Coco, du kitzelst mich ... Wenn du ein Bussi willst, mußt du es nur sagen.«

Sie wandte sich um und drückte ihre wabbeligen Lippen auf die des armen Dichters.

In diesem Augenblick trat Brigitte in den Raum. Sie blieb wie angewurzelt stehen, hauchte »Verzeihung!« und entfloh in ihre Wohnung.

Coco schlug sich die Fäuste an der Tür wund, aber sie weigerte sich, ihm zu öffnen. Wie ernst es ihr war, wurde ihm am nächsten Tag klar, als schon im Morgengrauen die Möbelpakker kamen und ihre Habseligkeiten wegtrugen. Brigitte mußte ihnen sehr strenge Anweisungen gegeben haben, denn sie ließen sich ihre neue Adresse nicht entlocken.

Zur Feier des Tages trank die Muse Champagner.

»Gut, daß sie weg ist! Jetzt stört niemand mehr unsere Zweisamkeit. Auf dein Wohl, Liebling!«

Nicht eine Sekunde dachte Coco daran, Selbstmord zu begehen, das sei zu seiner Ehre gesagt. Er wählte vielmehr eine andere Todesart, die in seinen Augen die einzig annehmbare war: eine Schlafkur.

Anfangs verlief alles nach Wunsch.

Coco träumte, daß er sich in einem Schlemmerlokal befand, wo man ihm ein Häppchen köstlicher lauwarmer Leberpastete mit Aprikosen vorsetzte. Doch da war ein kleines Problem: er hatte kein Besteck. Er versuchte, die Sache auf die leichte Schulter zu nehmen. ›Der Traum ist erst in seinem Anfangsstadium‹, sagte er sich, ›und wenn ich später großen Hunger bekomme, esse ich eben mit den Fingern. Da es sich ja um einen Traum handelt, wird man es schon nicht allzu genau nehmen.‹

Da kam die Muse mit einem lauten ›Hoppla!‹ hereingestürmt und verschlang die Leberpastete mitsamt den Aprikosen. Coco stieß einen fürchterlichen Schrei aus, der die ganze Klinik, sowohl das Pflegepersonal als auch die Patienten, aufweckte. Man brachte ihn in einem Krankenwagen nach Hause. Die Muse begrüßte ihn mit Freudensprüngen.

»Finden Sie nicht, daß ich jetzt genug ausgestanden habe? Was habe ich Ihnen bloß angetan? Warum suchen Sie sich nicht einen anderen aus?«

»Weil du mir eben gefällst, Süßer!«

»Wann werde ich Sie endlich los?«

»Wenn es dir gelingt, einen anderen Band zu schreiben, einen richtigen Wälzer mit deinem Namen auf dem Buchdeckel. Das heißt, nie! Ha! Ha! Es ist einfach zum Kugeln!«

Automatisch warf Coco ihr eine Flasche an den Kopf.

Als er kein Geld mehr hatte, suchte er den Direktor des ›Savoyard de Paris‹ auf, der sein erster Chef gewesen war.

»Grüß dich, Coco. Wo brennt's denn?«

»Dir das zu erklären, wäre zu umständlich«, wehrte

Coco ab, der inzwischen seine Geschichte keiner Menschenseele mehr erzählte, denn alle rieten ihm, sie aufzuschreiben. »Ich suche Arbeit.«

»Ich hab dir nichts Besonderes zu bieten, aber unser Theaterkritiker ist krank. Du könntest ihn vertreten.«

»Danke, mein Lieber, du bist wirklich ein dufter Typ.«

Coco nahm also noch am selben Abend in der dritten Reihe Platz, um einer Hamlet-Aufführung beizuwohnen. Die Regie, die Schauspieler, das Bühnenbild, alles wäre perfekt gewesen, wenn nicht Hamlet, der sich nach langem Hin und Her dazu durchgerungen hatte, den gräßlichen Mord an seinem Vater zu rächen und endlich zu Taten zu schreiten, plötzlich die Muse vor Augen gehabt hätte, die mit närrischem Hoppla-Geschrei durch die Gänge des Palastes stürmte. Schon senkte der verdatterte Hamlet das Schwert, vergaß alle Rachepläne, da sprang Coco auf, raste auf die Bühne, umklammerte das Teufelsweib und schrie:

»Nur zu, alter Freund, ich halt sie schon fest!«

Die Folge dieser schneidigen Tat war ein derartiges Durcheinander, daß man den Vorhang senken und den Zuschauern das Eintrittsgeld zurückerstatten mußte. Der Direktor des ›Savoyard de Paris‹ bat Coco in wohlgesetzten Worten, er möge doch zum Teufel gehen und nachsehen, ob bei ihm nichts Neues los sei. Der unglückliche Poet mußte sich damit abfinden, daß er im Eimer war. Er versuchte nicht mehr, zu schreiben. Er wurde Landstreicher.

Nur ein einziges Mal hatte er Brigitte wiedergesehen.

Um sich ein paar Münzen zu verdienen, hatte er den Wagenschlag einer luxuriösen Limousine geöffnet, die an den Gehsteig herangefahren war. Ihr war ein eleganter Herr entstiegen, gefolgt von Brigitte in einem sündhaft teuren Kostüm, das dem Atelier eines berühmten Modeschöpfers entstammte. Sie hatte Coco mit ihren großen dunklen Augen lange angesehen.

»Mein armer Coco, so weit ist es mit dir gekommen!«

»Na ja, wissen Sie, mit dem Genie ist das so eine Sache...«

»Sag mal, ist sie daran schuld? Dieses schreckliche Weib?«

Er war in Tränen ausgebrochen.

»Ja... Aber sie war nicht meine Geliebte... Sie war meine Muse...«

An diesem Gehsteig hatte er ihr alles gebeichtet, ohne die Wagentür loszulassen. Wie jedermann hatte auch sie ausgerufen:

»Aber Coco, das ist ja eine tolle Geschichte. Schreib sie doch auf!«

»Ich sage dir doch, daß ich es nicht kann! Sobald ich nur einen Kugelschreiber oder eine Schreibmaschine streife, taucht sie auf. Lieber führe ich das Leben eines Clochards, dann sehe ich sie wenigstens nicht mehr.«

Dem eleganten Herrn riß die Geduld.

»Brigitte, wenn Sie soweit sind...«

»Ich komme schon, Monsieur...«

Er war wie ein Dieb weggelaufen, ohne Brigittes Antwort abzuwarten, ohne zu verstehen, daß sie ihren Chef und nicht ihren Verlobten oder Ehemann begleitete.

Es war weiter bergab mit ihm gegangen. Er übernachtete in Scheunen oder im Straßengraben. Bald verbrannte ihn die glühende Sonne, bald zitterte er vor Kälte. Seine Haut war wie gegerbt, schlohweiß sein Haar, nur seine Augen blickten unverändert, aber wie lange noch?

An jenem Morgen befand er sich zusammen mit zwei Saufbolden und einer Prostituierten im Gefängnis einer widerlichen Kleinstadt namens Nantua. Wegen der Flöhe hatte er eine unruhige Nacht verbracht.

Der Schlüssel drehte sich im Schloß, und zwei Polizisten, davon einer in Zivil, traten in die Zelle. Sie bedeuteten Coco, ihnen zu folgen und führten ihn in die Schreibstube, wo man ihm seine Schnürsenkel, seinen Gürtel und seine Brieftasche aushändigte.

Der Mann, den Coco für einen Polizisten in Zivil gehalten hatte, hüstelte und sagte dann:

»Monsieur Paco, darf ich mich vorstellen: Rémi Fontaine vom ›Clairon‹. Es ist eine große Ehre für unsere Stadt, Sie in unseren Mauern zu beherbergen.«

Coco verzog den Mund zu einem bitteren Lächeln.

»Wenn Sie meinen ...«

»Ich würde Sie gern zu Ihrem letzten Buch interviewen.«

»Das ist inzwischen ein alter Hut.«

»Ja, ich verstehe, für Sie liegt es weit zurück, doch für die Leser ist es nagelneu. Hatten Sie besondere Schwierigkeiten bei der Abfassung des Romans? Ist es der erste, oder haben Sie noch andere auf Lager? Die Kritiker sind der Ansicht, daß Sie seit Ihrem letzten Gedichtband eine unglaubliche Entwicklung durchlaufen haben. Wie stehen Sie dazu? Welches sind Ihre weiteren Pläne?«

»Was schwatzen Sie da? Ein Roman? Von mir? Das ist ein Irrtum!«

»Aber nein, ganz und gar nicht. Wenn Sie mir übrigens eine Widmung hineinschreiben könnten ...«

Und Rémi Fontaine reichte ihm schüchtern ein dickes Paperback, das die Aufschrift trug:

Meine Muse und ich
Ein Roman von Coco Paco

Mit zitternden Fingern öffnete Coco das Buch. Jeder Irrtum war ausgeschlossen. Es handelte sich sehr wohl um seine Geschichte. Es war in der ersten Person abgefaßt! Wer hatte wohl ...

Brigitte kam ins Gefängnisbüro gestürzt und warf sich ihm in die Arme.

»Bist du mir böse? Weißt du, Coco, das Buch steht auf der Bestseller-Liste schon an erster Stelle. Ich dachte, es sei die einzige Möglichkeit, um dich zu befreien ...«

Er küßte sie lange und zärtlich.

»Ein Schwindel ist das! Jawohl, alles Schwindel! Ein Skandal! Aber so kommt ihr mir nicht davon!«

Die Muse war wütend. Ihre Augen funkelten. Sie sah in ihrem blaßblauen, durchsichtigen, völlig zerrissenen Gewand, mit ihrem zerzausten strohigen Haar so grotesk aus, daß sie losprusteten.

»Was ist denn hier so komisch?« fragte Rémi Fontaine schüchtern und riß die Augen auf.

Ihr schallendes Gelächter übertönte seine Worte.

Das Juwel

»Wie fühlen Sie sich?«

»Müde.«

»Haben Sie immer noch solche Schnapsideen im Kopf?«

»Ja, Herr Doktor.«

»Legen Sie sich hin!«

»Autsch!«

»Ja, die Nägel sind zu Anfang immer ein wenig ungewohnt. Ich beginne mit einer Ohrfeige.«

»Aua!«

»Jetzt kommt die Nase dran!«

»Autsch!«

»So, und nun ein kräftiger Zug an den Ohren.«

»Aua!«

»Schlagen Sie nicht so um sich, das nützt nichts.«

»Hören Sie auf, Sie tun mir weh!«

»Na wunderbar. So, und jetzt kommt's ganz dick! Halten Sie sich fest!«

»Autsch! Aua! Aufhören!«

»So ist's recht, Kleines. Und peng! einen in den Magen, und bums! einen auf den Detz und platsch! einen in den Busen.«

»Ich kann nicht mehr. Aargg ...«

»Gelt, es läßt sich schlecht reden, wenn einen jemand an der Zunge zieht?«

»...«

»Na ja, für die erste Sitzung reicht's, sie ist ohnehin in Ohnmacht gefallen. Morgen werde ich zur Elektrotherapie übergehen.«

Drei Wochen später kann die Rekonvaleszentin ihr normales Leben wieder aufnehmen. Ihr Mann und ihre Kinder veranstalten ein Freudenfest. Sie helfen ihr sogar beim Geschirrabtrocknen und erlauben ihr, die Kinderstunde am Fernsehen anzuschauen. Sie hatten solche Angst ausgestanden, als sie ausfiel.

Eine gute Ehefrau und Mutter, die die Wäsche wäscht und bügelt, das Haus putzt, einkauft und kocht, das Steuerformular ausfüllt, mit den Kindern Hausaufgaben macht und noch dazu recht anständig Belote spielt, eine solche Frau ist ein Juwel. Sie gehört einer aussterbenden Rasse an.

Bei den ersten Anzeichen von Ermüdung und Auflehnung brachte man sie in Dr. Bums' Klinik zur Schockbehandlung. Zum Glück war es keine allzu ernste Sache.

Eine ordentliche Schmerzkur, und im Nu ist sie wieder zufrieden. Nun genießt sie das stille Glück ihres ausgefüllten Daseins. Sie ist geheilt.

Doktor Panik

»Nein, so was! Ich bin immer noch ganz bedeppert«, rief Georgette, nachdem sie alle umarmt und geküßt hatte. »Mir ist vielleicht was passiert! Was ganz Unglaubliches!«

Sie sah wirklich recht mitgenommen aus.

Sogleich bestellte Saufaus eine Flasche weißen Macon und ein weiteres Glas, so daß Georgette, nachdem sie ihre Kehle angefeuchtet hatte, ihre Geschichte zum besten geben konnte:

»Ihr wißt ja, daß ich immer fürchte, krank zu werden. Seitdem Pierrot mich hat sitzen lassen, bin ich nicht mehr so in Form wie früher. Es liegt an den Nerven.«

»Wenn's nur die Nerven sind, ist es nicht so schlimm.«

»Ja schon, aber nachts kann ich nicht schlafen, obwohl ich hundemüde bin. Mir wird schwindlig, und wenn ich drei Stunden lang nichts esse, habe ich so ein komisches leeres Gefühl im Magen. Ihr könnt wirklich von Glück sagen, daß euch nichts fehlt.«

Wir nickten zustimmend.

»Als ich heute mit Caroline einen Stadtbummel machte, spürte ich plötzlich genau da, ja da, einen Schmerz, und ich sagte mir, daß es bestimmt das Herz ist.«

»Wo?« fragte Saufaus.

»Hier«, erwiderte Georgette und bohrte an ihrer linken Brust ein Loch in ihren Pulli.

»Dein Büstenhalter sitzt zu straff«, behauptete Saufaus.

»Ja, das meinte Caroline auch, aber ich bin ganz sicher, daß es nicht daran liegt. Wir redeten und redeten, und schließlich riet sie mir, einen Arzt aufzusuchen. ›Welchen denn?‹ frage ich. Und da wir eben in der Rue Mabillon an einem Arztschild vorbeikommen, sagt sie: ›Warum nicht den da? Einer ist so gut wie der andere, sie müssen immerhin dieselben Examen machen. Geh nur hin! Ich warte in der Kneipe an der Ecke auf dich.‹ Na gut, ich kneife nicht, ich geh also hin.

Der Arzt nimmt mich sofort dran, aber was mich einfach umwirft, ist seine unglaubliche Ähnlichkeit mit Woody Allen. Ein richtiger Doppelgänger. Die Haare, die Brille, selbst der leichte englische Akzent, genau wie Woody. Ansonsten ist er ganz korrekt. Er fragt mich nach meinen Beschwerden aus. Ich beschreibe ihm die Symptome. Dann sagt er mir, ich solle mich ausziehen, und als ich ganz nackt bin, bittet er mich, in seinem Sprechzimmer herumzulaufen, dabei verrücktes Zeug zu schwatzen, auf allen vieren zu gehen und Rumba zu tanzen.«

»Wirklich merkwürdig!«

»Wartet, das ist noch nicht alles. Ich darf mich nicht von einem Loch entfernen, das neben dem Bücherregal in die Wand gebohrt ist und aus dem ein Geräusch wie das Surren einer Kamera kommt. Mal soll ich traurig aussehen, mal lachen, dann wieder die Augen schließen, mir über die Lippen lecken oder recht sinnlich dreinschauen ... Es war, als würde ich in einem Pornofilm auftreten. Am Ende hörte ich sogar jemanden hinter dem Loch ›Aus!‹ rufen. Dann sagte der Doktor, ich könne mich wieder anziehen, mir fehle nichts, ich hätte nur eine allzu lebhafte Phantasie. Er wollte kein Geld und schrieb mir kein Rezept. Als ich Caroline in der Kneipe abholte, war ich noch ganz aus dem Häuschen.«

»Kein Wunder!«

»Ich erzähle ihr von meiner Probeaufnahme mit Woody Allen. Sie findet das recht ulkig, ich aber nicht. Denn ich habe immer noch Schmerzen und ängstige mich mehr und mehr. ›Hör mal‹, sagt sie schließlich. ›Geh doch zu einem anderen Doktor, ich habe ganz in der Nähe das Schild eines Herzspezialisten gesehen. Diesmal komme ich mit. Es kostet dich eh keinen Pfennig mehr, da Woody kein Geld von dir genommen hat.‹ Ich finde ihren Vorschlag gar nicht so dumm. Wir gehen also zum Herzspezialisten hinauf, wir klingeln.«

»Und dann?« hecheln wir, denn die Spannung wird unerträglich.

»Ja, und da macht uns Mickymaus die Tür auf!«

Die neue Nase

»Cléo? Cléo, bist du da?«

»Ja, Julien. Einen kleinen Augenblick nur, ich will noch schnell den Kuchen ins Backrohr...«

Er rannte in die Küche, nahm sie in die Arme und hob sie in die Höhe. Sie sträubte sich halb im Spaß, halb im Ernst, trommelte ihrem Mann auf die Schultern und gegen die Brust, aber ihre mehlbestäubten Hände verursachten eher weiße als blaue Flecke. Er lachte über ihren Zorn, vermochte aber die Unterarme seiner Frau, die sich wie eine Furie wehrte, nicht festzuhalten.

»Julien, was fällt dir ein? Du bist verrückt, Julien! Du weißt, daß ich das nicht leiden kann! *Julien*!!!«

Gleich würde sie ernstlich böse werden und in Tränen ausbrechen. Er ließ sie vorsichtshalber los.

»Du bist gar nicht lieb, mein Schatz. Ich hatte einen anderen Empfang erwartet, vor allem an einem Tag wie heute...«

Sie sah ihn stirnrunzelnd an.

»An einem Tag wie heute? Was ist denn heute Besonderes?«

Er zog seinen Mantel aus. Ihre Neugier wuchs.

»Jetzt sag endlich, was los ist, und spanne mich nicht länger auf die Folter.«

Er trat zu ihr und küßte sie.

»Heute sind wir genau ein Jahr verheiratet. Dabei sagt man immer, die Männer seien vergeßlicher als die Frauen. Ich hab ein Geschenk für dich.«

»Julien!« Sie warf sich in seine Arme. Seit ihrer Heirat war ihre Liebe immer leidenschaftlicher geworden, und in diesem Moment brannte sie wirklich lichterloh.

Fiebernd vor Ungeduld machte sie sich daran, das Päckchen auszupacken. Es war mit drei verschiedenen Papieren umwickelt. Schließlich hielt sie ein dreieckiges, mit violettem Samt umkleidetes Schächtelchen in Händen, dessen Deckel aufsprang, als sie das Schloß betätigte.

Auf weißem Satin prangte ein rosaroter Gegenstand.

»Oh, Julian, eine Nase! Sie ist zauberhaft!«

»Ich wußte, daß du für dein Leben gern eine hättest...«

»Aber Julien... Das ist zu kostbar. Es war doch nicht so eilig...«

»Ich bekam sie weit unter dem normalen Preis. Eine solche Gelegenheit bietet sich alle zehn Jahre einmal.«

»Wo werde ich sie tragen? Also... Nein, nicht auf der ersten, das sieht so protzig aus... daneben auch nicht, altmodisch... an der Stirn? Nein, da müßte ich meinen Pony abschneiden... Nee! Ich hab's! Ja, so ist es richtig! An der rechten Schläfe! Einfach toll!«

Sie löste die sterile Schutzhülle von der selbstklebenden Fläche ab und brachte die Nase an der Schläfe an. Dann rannte sie an den Badezimmerspiegel, um die Wirkung zu begutachten.

»Sie ist wundervoll, Schatz! So blaß, so zart, genau wie mein Teint!«

Später, als sie in der Küche waren, stellte sie begeistert fest, daß sie die Gerüche doppelt so intensiv wahrnahm, und flötete:

»Wenn du mir jetzt Parfüm kaufst, werde ich nicht mehr die Hälfte davon verlieren.«

Am nächsten Tag führte Cléo ihre neue Nase aus und rieb sie ihren Freundinnen unter die ihrigen. So vermochte sie genau zu ermessen, welches Ausmaß an Haß und Neid sie hervorrief. Welch ein Genuß, sich am Flunsch der alten Zicke Mireille Toussain zu weiden, während sie die Form der Nasenflügel kritisierte, welch ein Balsam waren die säuerlichen Kommentare von Geneviève Boulon, deren Nase nicht einmal der Rede wert war! Wie Honig kostete sie das wohltuende Gefühl ihrer Überlegenheit, das ihr noch ganz neu war.

Als Julien vom Büro nach Hause kam, fiel ihm die strahlende, in sich ruhende Schönheit seiner Frau auf.

»Cléo ... du bist wirklich wunderschön.«

Sie antwortete mit einem leisen, selbstgefälligen Lachen.

»Ja, Liebling, das verdanke ich dir.«

Er wollte sie umarmen, aber sie wehrte ab.

»Vorsicht, du verletzt sonst die Nase ...«

»Cléo ...«

»Nein, Julien! Sei vernünftig! Du hast mir doch nicht die Nase geschenkt, um sie gleich darauf kaputtzumachen. Laß mich los!«

Es wurde ein recht trübseliger Abend.

Wie oft sollte Julien in der Folge noch seinen Einfall verfluchen!

Von einem Tag auf den anderen begann Cléo in puncto Geruch eine wahre Tyrannei auszuüben.

»Ich aber habe zwei Nasen, also weiß ich, wovon ich rede!«

Dem armen Julien wurde streng untersagt, Münsterkäse, seine Leibspeise, zu essen, er durfte weder Pfeife noch Zigarren rauchen, keinen Tropfen Alkohol trinken, ja nicht einmal einen Hund streicheln, vor allem nicht bei Regen. Bei jedem verdächtigen Geruch, der beim Nachhausekommen an ihm haftete, machte sie ihm eine Szene. Selbstredend überschüttete Cléo ihren Mann mit Deos, und sie hatte eine Art, ihn mit bebenden Nasenflügeln anzusehen, daß er am liebsten in den Erdboden versunken wäre.

Doch wirklich unerträglich wurde das Leben von dem Moment an, als sich Cléo, nachdem sie ein dummes, hochgestochenes Magazin namens ›Flair‹ abonniert hatte, in den Klub der ›Polynasen‹ einschrieb. Ein ganzer Schwarm von unverschämten, vielnasigen Wesen, die angeekelt schnieften, wenn sie an Julien vorbeikamen, fiel nun in sein Heim ein.

Und wenn die Ungeheuer ihn mal verschnaufen ließen,

wenn sie die Wohnung geräumt hatten, war es zwecklos, Cléo zu suchen. Sie war ausgeflogen, denn einen Großteil ihrer Zeit verbrachte sie in Gesellschaft dieser Leute. Alle betrachteten Julien als einen armen Verwandten, als einen Störenfried, den man zwar dulden mußte, dem man aber tunlichst aus dem Weg ging.

Er beschloß, seine Frau ins Gebet zu nehmen.

Es war in der frühen Morgendämmerung. Er hatte eine schlaflose Nacht verbracht, während sie eben erst heimgekommen war:

»Ich muß mit dir reden, Cléo. Du hast dich verändert...«

Sie zuckte die Achseln.

»Natürlich habe ich mich verändert. Du brauchst gar nicht so eine Leichenbittermiene aufzusetzen! Ich habe halt eine Nase mehr als andere.«

»Ich meine aber dein Verhalten. Ich habe den Eindruck, daß du mich meidest... Liebst du mich denn nicht mehr?«

Sie seufzte, doch er spürte ihre Gereiztheit.

»Doch ja, natürlich liebe ich dich. Ich hab einfach Lust auszugehen, unter Leute zu kommen. Meine Nase hat mein Leben verändert, das stimmt schon. Ich bin noch nie so glücklich gewesen. Ich verstehe nicht, was daran schlecht sein soll!«

»Unter den Klubmitgliedern fühlst du dich also wohl! Unter diesen albernen Hampelmännern...«

Sie unterbrach ihn.

»In Wirklichkeit bist du bloß eifersüchtig. Du wärest gern wie wir, aber du bist zu feig. Du hast Angst um deine Besitzerrechte. Aber ich lasse mich nicht in einen Käfig sperren. Ich bin schließlich jung. Ich habe zwei Nasen, und ich will auch etwas davon haben. Das kannst du dir hinter die Ohren schreiben.«

Die Situation verschlechterte sich zusehends.

Mittlerweile war ein Neuer aufgetaucht, ein mageres Jüngelchen, der ein halbes Dutzend Nasen sein eigen nannte, sich als Künstler gebärdete und unter dem Vorwand, Cléo zu porträtieren, nicht mehr von ihrer Seite wich.

Wochenlang war das ein geheimnisvolles Kommen und Gehen, und schließlich durfte Julien das Meisterwerk bewundern.

»Nun, was sagen Sie dazu?«

»Nicht allzuviel... Ich verstehe nichts von Malerei... Aber wenn ich mir eine Bemerkung... Warum ist die erste Nase rot und die zweite grün?«

»Aber Julien«, rief seine Frau entsetzt. »Wie kannst du es wagen, in diesem Ton mit Corneille Fraß zu reden?«

Das junge Genie hatte ein verächtliches Lächeln aufgesetzt.

»Lassen Sie nur, ich will versuchen, ihm meine Malerei zu erklären. Im Grunde ist die Sache ganz einfach. Die erste Nase ist rot, weil sie die Brutalität der Natur, ihren unwiderstehlichen, wilden Drang ausdrückt... die zweite ist grün, denn sie stellt die Kultur, die Macht des Geistes, das Wissen vor...«

»Aha... na gut«, erwiderte Julien höflich.

»Ja, und diese beiden Farben sind als eine leidenschaftliche Huldigung der Erde und des Wassers an Cléos Schönheit zu verstehen, an ihren unvergleichlichen Körper, an die intellektuelle Sinnlichkeit, die jede ihrer Poren verströmt...«

»Ich möchte Sie nur daran erinnern«, unterbrach ihn Julien kühl, »daß Cléo immer noch meine Frau ist...«

Der Künstler warf seinem Modell einen verständnisinnigen Blick zu.

»Hm... Sie haben da großes Glück...«

Dennoch gab sich Julien nicht geschlagen. Er liebte Cléo, und sie hatte ihn geliebt. Es mußte doch ein Mittel geben, sie zurückzugewinnen... Noch am selben Abend machte er ihr den Vorschlag, mit ihm auszugehen, nur mit ihm allein, wie er betonte.

»Das ist schon seit Monaten nicht mehr vorgekommen... Wir könnten ins Kino...«

»Julien, ich habe dir schon hundertmal gesagt, daß mir nichts mehr daran liegt, blöde Filme anzusehen. Ich bevorzuge jetzt abstraktere Darbietungen. Übrigens findet heute Abend im Klub ein Konzert statt, die Kammergerüche des Alexandriner Quartetts. Ich habe Corneille versprochen, mit ihm hinzugehen. Wenn du Lust hast, kannst du ja mitkommen ... Freilich, mit einer einzigen Nase ...«

»Dann ist wohl zwischen uns alles zu Ende, Cléo?«

»Du langweilst mich, Julien, dieses Thema ödet mich an ...«

»Liebst du mich noch, ja oder nein?«

»Wenn du unbedingt die Wahrheit hören willst, dann kann ich dir auch nicht helfen. Ja, du langweilst mich, nein, ich mag dein ewiges Gejammer, dein Gestöhn nicht. Jetzt habe ich es eilig, auf Wiedersehen.«

»Adieu, Cléo.«

An jenem Abend ging Julien nicht ins Kino. Die Lust war ihm vergangen. Er begab sich ins ›Cyrano‹, eine Kneipe, die er als Junggeselle oft besucht hatte, und trank schnell hintereinander ein halbes Dutzend Whiskeys. Er beschloß, bei einem Freund zu übernachten, aber nachdem er stundenlang mit Unbekannten geredet und einer dicken amerikanischen Studentin verzweifelt den Hof gemacht hatte, war ihm sein Vorhaben entfallen, und er wankte nach Hause.

Es war gegen sechs Uhr morgens. Cléo schlief nicht. Sie kauerte mit verheultem Gesicht am Fußende des Bettes.

»O Julien, ich dachte schon, du würdest nie mehr wiederkommen. Ich hatte solche Angst, Liebster! Verzeih mir, wenn ich dir wehgetan habe ... ich war scheußlich ... aber ich liebe dich mehr als alles auf der Welt!«

Er machte ein paar unsichere Schritte, bis er in der Mitte des Raumes stand. Mit belegter Zunge lallte er:

»... lieb dich ... ich auch ... verabscheue ... deine Nasen ... wenn ... mich liebst ... zweite Nase abnehmen.«

Cléo fiel die Kinnlade herunter.

»Aber Julien, das kann ich nicht. Es ist unmöglich.«

Verbittert schüttelte er den Kopf.

»Ja ... liebst mich ... Nasen haste noch lieber. Zwei Nasen, dann drei, dann vier ...«

»Hör mal, Julien«, brach Cléo los. »Ich liebe dich mehr als alle Nasen der Welt. Ich kann die zweite Nase nicht abnehmen, weil ich es schon lange getan habe. Gestern, gleich nachdem du weggegangen bist! Ich habe nur eine Nase, aber du hast zuviel getrunken! Du siehst doppelt!«

Panik-Bar

Um drei Uhr morgens stand mir immer noch nicht der Sinn danach, schlafen zu gehen. Ein letztes Glas in der ›Panik-Bar‹ konnte ich mir einfach nicht versagen. Wer weiß, vielleicht würde ich dort gar eine alte Bekannte treffen. Unglaublich, wie optimistisch ich bin, wenn ich ein bißchen über den Durst getrunken habe! Doch zu meinem Leidwesen stieß ich auf Jumbo, einen abgetakelten Schauspieler, der an einem klebt wie ein weiches Bonbon.

Er schien mit sich verdammt zufrieden.

»Ich steckte in einer argen Sackgasse«, erklärte er mir, »aber jetzt zeichnet sich das Ende des Tunnels ab. Es sieht so aus, als hätte sich das Blatt gewendet, vor allem seit meinem Triumph in ›Behalten Sie mich in Erinnerung‹.«

»›Behalten Sie mich in Erinnerung?‹ Was ist denn das?«

»Wie? Du weißt nichts davon? Es handelt sich um eine neue Fernsehsendung zur Förderung junger Schauspieler. Dabei treten fünfzig Leute gleichzeitig auf und improvisieren, jeder für sich. Dann nennen die Fernsehteilnehmer in ihren Zuschriften denjenigen, an den sie sich am besten erinnern. Verstehst du, wir tragen keine Nummer, haben keinen Namen, überhaupt kein besonderes Erkennungszeichen. Die Zuschauer müssen Einzelheiten beschreiben, so daß man die männliche oder weibliche Person, die ihnen am besten im Gedächtnis haften geblieben ist, erkennen kann. Ich habe gewonnen.«

Bescheiden lächelnd leerte er sein Glas Bier. Der Kerl widerte mich an.

»Wie hast du es fertiggebracht zu gewinnen? Ich meine, abgesehen von deinem Talent natürlich.«

»So einfach ging das gar nicht. Die Konkurrenten sind unglaublich raffiniert. Sie kommen mit den ausgefallensten Klamotten an, und die Mädchen entblößen bereitwillig ihren Busen oder ihren Hintern. Das macht übrigens den Erfolg dieser Sendung aus. Manche simulieren auch einen Herzinfarkt oder kriegen hysterische Anfälle. Man kommt sich vor wie im Zoo von Vincennes.«

»Jetzt sag bloß, was dir eingefallen ist!«

»Oh! Nichts Besonderes«, lispelte Jumbo. »Ich hab die anderen einfach mit meinen Ohren verdeckt.«

Auf allen Schlachtfeldern

»Grauenhaft!« brüllte Jean-Marc. »Einfach widerwärtig!«

Bénédicte sah ihn verächtlich an.

»Monsieur hat mal wieder seine Nervenkrise?«

Jean-Marc zerknüllte die Zeitung und warf sie wütend in eine Ecke.

»Diese Kerle in Beirut sind einfach Primaten, die reinsten Tiere. Noch dazu geben sie vor, für die gute Sache zu kämpfen. Sie setzen sich so sehr ins Unrecht, daß man es keinem verübelt, sie abzuschießen. Sie ermangeln jeglicher politischer Reife, sie haben überhaupt keinen Begriff von Menschenwürde. Es geht eben nicht an, durch Verbrechen gegen die Menschheit, und das sind Geiselnahmen nun einmal, seine Forderungen durchsetzen zu wollen, wobei man sich noch auf die Menschenrechte beruft.«

Bénédicte griente giftig.

»Monsieur spielt den Verteidiger der Menschenrechte, während er selbst in einem warmen Nest des 7. Arrondissements sitzt. Einfach zum Totlachen. In Paris ist Lächerlichkeit vernichtend, weit mehr als in Beirut!«

»Was willst du damit sagen? Lächerlichkeit? Welche Lächerlichkeit?«

»Du bist lächerlich, mein Freundchen, wenn du beim Zeitunglesen große Reden schwingst, während anderswo die Leute einander massakrieren, sich für die gute Sache opfern.«

»Na, was soll das schon für eine gute Sache sein? Die gute Sache der nationalistischen Fanatiker, der religiösen Fanatiker und der manipulierten Fanatiker!«

»Du hast gut reden! Wenn du an Ort und Stelle wärest, würdest du den Mund nicht so vollnehmen.«

»Man braucht die Nase nicht in die Scheiße zu stecken, um zu wissen, daß sie stinkt.«

»Ach was, du bist eben zu feig!«

Vor Verblüffung bekam Jean-Marc einen Schluckauf.

»Feig? Feig hast du gesagt?«

»Ja, ich habe feig gesagt«, erwiderte Bénédicte, jede Silbe betonend. »Sonst würdest du anders reden, und du säßest auch nicht hier.«

»Wo wäre ich denn dann?« fragte Jean-Marc, plötzlich ernüchtert.

»In Beirut«, antwortete Bénédicte mit unerbittlicher Logik.

Schweigen.

Silver, die Katze, sprang vom Tisch auf Jean-Marcs Schoß, der sie ärgerlich verjagte. Sie floh mit eingekniffenem Schwanz in die Küche.

»Ich bin also feig, weil ich nicht nach Beirut fahre«, wetterte Jean-Marc. »Wie steht's denn mit dir, Bénédicte? Du hättest wohl keine Angst, was?«

»Nein.«

»Topp.«

»Topp.«

»In einer Woche beginnen die Osterferien, ich kaufe zwei Tickets nach Beirut, und wir fliegen los«, sagte Jean-Marc kurz entschlossen.

»Du Würstchen!« fiel Bénédicte ein. »Wetten, daß wir wieder zu deinen Eltern in die Vaucluse fahren.«

Langsam zählte Jean-Marc bis zwanzig, um nicht aus der Haut zu fahren, dann atmete er alle in seinen Lungen gestaute Luft aus und ging schlafen.

Eine Woche darauf landeten Jean-Marc und Bénédicte in Beirut. Die Stadt wirkte recht ruhig, denn eben war der soundsovielte Waffenstillstand zwischen den Drusen und den Integristen geschlossen worden. Sporadische Maschinengewehrsalven verliehen der Taxifahrt vom Flughafen zur berühmten Museumspassage aber doch einen Hauch Lokalkolorit.

An der ersten Absperrung durch Milizen unbestimmter Zugehörigkeit hob Bénédicte, die sehr aufgeregt war, die Hand zum phalangistischen Gruß. Sogleich ertönten Schüsse, und das Taxi raste davon.

»Tun Sie das nie wieder, Frauchen«, sagte der Chauffeur und wischte sich den Schweiß von der Stirn. »Sie haben uns alle an den Rand des Grabs gebracht.«

»Aber es waren doch Phalangisten«, erwiderte Bénédicte bockig.

»Kurdische Phalangisten, nicht zu verwechseln mit den anderen«, korrigierte der Fahrer.

»Und Sie? Was sind denn Sie?« erkundigte sich Jean-Marc in vertraulichem Ton.

»Ich? Ich bin Taxifahrer. Warum?«

»Ich meine, welcher Richtung, welcher Religion, welcher Partei Sie angehören.«

Ganz plötzlich kreischten die Bremsen, und der Wagen kam zum Stehen.

»Aussteigen«, befahl der Fahrer barsch. »Gehen Sie zu Fuß weiter!«

»Aber das können Sie uns doch nicht antun«, flehte Bénédicte.

»Sie dürfen uns das nicht übelnehmen. Wir sind Ausländer.«

»Ich habe keine Lust, an einem Herzschlag zu sterben«, entgegnete der Chauffeur.

Er warf das Gepäck auf die Fahrbahn und raste davon, ohne sich noch einmal umzublicken.

»Mit deiner Manie, den Mund zu voll zu nehmen, hast du uns ja schön reingeritten«, schimpfte Bénédicte.

»Du wolltest ja herkommen«, spöttelte Jean-Marc.

Sie wurden von einer Gruppe bewaffneter Jugendlicher umzingelt.

»Allah ist groß«, bellte ein zwölfjähriges Bübchen, das der Chef der Bande zu sein schien. »Seid ihr Franzosen?«

Jean-Marc kniff Bénédicte kräftig in den Hintern, damit sie den Mund hielt.

»Belgier«, verkündete er mit leutseligem Lächeln und ziemlich schlecht imitiertem wallonischen Akzent.

Der Junge biß sich auf die Lippen.

»Wo ist denn das?«

»Zwischen Holland und Rußland«, erklärte Bénédicte, tapfer in den fahrenden Zug einsteigend.

Unter den Kriegern kam es zu einem schnellen Wortwechsel, der sich wie ein Streit anhörte.

»Haben Sie Ausweise?« begann wieder der Anführer des Trupps.

»Sie befinden sich in der sowjetischen Botschaft«, entgegnete Jean-Marc. »Wenn Sie die Freundlichkeit hätten, uns dorthin zu begleiten, wäre es uns ein Vergnügen, sie Ihnen vorzulegen. Die Koffer sind recht schwer. Könnten Sie uns nicht helfen, Sie bis dorthin zu tragen?«

Die Kinder beratschlagten von neuem. Sie waren sichtlich nicht darauf erpicht, sich das Gepäck aufzuhalsen.

»In Ordnung, Sie können weitergehen, aber seien Sie vorsichtig, in diesem Sektor halten sich undisziplinierte Elemente auf.«

»Du bist der größte Feigling, der mir je untergekommen ist«, schimpfte Bénédicte, als sie wieder allein waren.

»Flach auf den Bauch!« schrie Jean-Marc und versetzte ihr einen Stoß, so daß sie in ein Dornengestrüpp flog.

Ein paar Meter von ihnen entfernt explodierte eine Granate, gefolgt von einem Hagel anderer pfeifender und brummender Geschosse.

»Du bist wirklich ein Rohling«, wimmerte Bénédicte. »Ich hasse dich! Du bildest dir vielleicht ein, daß du mich im Namen der blödsinnigen Menschenrechte foltern darfst. Sieh nur, ich blute am ganzen Leib!«

»Immerhin bist du noch am Leben.«

»Du hast das mit Fleiß getan! Ich weiß genau, daß du's mit Fleiß getan hast. Du bist genau wie die anderen: ein kriegslüsterner Rohling, ein Macho, ein Fanatiker!«

»Dein kleiner Anfall ist ganz normal, es ist ja schließlich auch deine Feuertaufe.«

»Du bist das natürlich gewöhnt!«

»Nein, aber beim Barras bin ich gewesen. Ich hab schon mal Artillerieschüsse gehört.«

»Du hast mir erzählt, daß du in einer Schreibstube bei den ›Invaliden‹ eingesetzt wurdest.«

»Ja, aber die Grundausbildung habe ich doch mitgemacht.«

»War das nun vor oder nach deiner Furunkulose?«

Jean-Marc räusperte sich ein wenig verlegen.

»Ich glaube, es ist vorbei. Wir sollten lieber zusehen, daß wir in ein anderes Viertel kommen. Hier scheint's mir nicht ganz geheuer.«

»Ich gehe keinen Schritt weiter«, erklärte Bénédicte, »außerdem habe ich nichts mehr anzuziehen, seit mein Koffer in die Luft geflogen ist.«

»Da haben wir's! Du bist mir in den Ohren gelegen, daß wir nach Beirut fahren, aber schon nach zehn Metern willst du nach Paris zurück, weil du keine Garderobe mehr hast. Und der Feigling bin natürlich ich! Bravo!«

Bénédicte strafte Jean-Marc mit abgrundtiefer Verachtung.

»Ich habe mehr Mut als du. Nie habe ich gesagt, daß ich nach Paris zurück möchte.«

»Das ist ja der Gipfel! Wo willst du denn hin?«

»Nach Afghanistan.«

»Nach Afghanistan? Bist du wahnsinnig? Weißt du denn nicht, daß es ganz unmöglich ist, ohne Visum in Afghanistan einzureisen?«

»Wir können ja über Pakistan fliegen.«

»Aber dazu hab ich nicht die geringste Lust. Willst du denn unbedingt, daß wir erschossen werden?«

»Du armes Wrack! Ich hab wirklich einen Feigling geheiratet!«

»Ah! Jetzt reicht's mir aber, ich bin nur auf deinen Wunsch nach Beirut gekommen, aber ich gedenke weder nach Afghanistan noch nach Pakistan zu reisen.«

»Dir liegt eben allzuviel an deinem bißchen Komfort, an deiner armseligen Pariser Rattenexistenz.«

»Halt den Mund, sonst bekomme ich einen Tobsuchtsanfall.«

»Ja, tob nur, das gibt dir vielleicht ein wenig Schneid! Du Drückeberger!«

Jean-Marc beging einen Fehler, als er ihr die erste Ohrfeige versetzte. Der Teufelskreis der Gewalt war nun nicht mehr zu durchbrechen. Es kam zu Fußtritten und Faustschlägen, die von einer Gruppe fassungsloser Schiiten durch den Feldstecher verfolgt wurden.

»Die Westmächte tragen jetzt bei uns ihre Konflikte aus«, seufzte ein Offizier. »Wenn wir die beiden entführen würden?«

»Nein«, mischte sich ein Herr in Zivil ein, eine Art politischer Kommissar, der offenbar hohes Ansehen genoß. »Das sind Jean-Marc und Bénédicte.«

»Sie kennen die beiden?« wunderte sich der Offizier.

»Ja, als ich noch an der Sorbonne war, habe ich oft bei ihnen zu Abend gegessen. Sie bereitet einen vorzüglichen Hasenbraten mit Senfsoße.«

»Wir können nicht zulassen, daß sie sich so vor aller Augen prügeln. Sie geben ein schlechtes Beispiel. Immerhin haben wir einen Waffenstillstand geschlossen. Für dessen Einhaltung muß gesorgt werden.«

»Sie haben recht«, stimmte der Herr in Zivil zu. »Bringen Sie die beiden zum Flughafen und verfrachten Sie sie in die erstbeste startbereite Maschine.«

»Aber das ist ja Ali!« rief Bénédicte. »Wie geht's dir denn, Ali?«

»So einigermaßen, Bénédicte. Geht's dir gut, Jean-Marc?«

»Heirate nie, Ali, Bruderherz. Sieh nur, wie sie mein Jakkett zugerichtet hat!«

»Du Knilch! Es macht dir wohl Spaß, eine Frau zu schlagen! Erschieß ihn, Ali! Er ist ein Faschist! Ein Imperialist!«

»Du verlumptes, verkommenes Weibsbild! Du spielst dich auf, weil du glaubst, einen Beschützer gefunden zu haben! Wart's nur ab, bis wir wieder allein sind!«

»Schnell zum Flughafen«, seufzte Ali, »die zwei können wir hier wirklich nicht gebrauchen.«

»Wohin fliegt dieses Flugzeug?« brüllte Bénédicte, um vom Piloten gehört zu werden.

»Libyen.«

Jean-Marc konnte sich vor Lachen nicht mehr halten, doch es wurde vom Dröhnen der Düsentriebwerke übertönt. Doch schon verging ihm das Lachen, denn Bénédicte richtete einen Revolver auf den Nacken des Mannes.

»Was ist in dich gefahren, Bénédicte? Wo hast du dieses Ding da geklaut?«

»Aus Alis Tasche. Und Sie, mein lieber Kommandant, fliegen jetzt in Richtung Osten und bringen uns schön brav nach Afghanistan. Sonst ...«

Jean-Marc fiel auf die Knie.

»Ich flehe dich an, Bénédicte, sei doch vernünftig! Was willst du bloß beweisen?«

»Daß du ein Feigling bist.«

»Gut, einverstanden, ich bin ein Feigling, aber das ist noch kein Grund, uns alle in den Tod zu schicken.«

»Das stimmt«, fiel der Pilot ein, »das ist gefährlich, kleine Frau.«

»Nach Afghanistan, ihr Würstchen! Und dann fliegen wir an die irakisch-iranische Front, dann nach Vietnam und überallhin, wo's knallt ...«

»Bénédicte, Liebling«, schluchzte Jean-Marc, »laß uns heimfahren, es reicht.«

»Nein«, begehrte Bénédicte auf, »immer ist es das alte Lied, nie willst du mir eine Freude machen, und dabei weißt du ganz genau, daß ich nur eine Woche Ferien habe. Und diesmal will ich das Dollste vom Dollen!«

»Das sind die MiGs«, verkündete der Pilot.

»Jetzt ist es wohl zu spät zum Umkehren?« wimmerte Bénédicte mit versagender Stimme.

»Nein«, antwortete der Pilot, »eben noch ging's aufwärts, jetzt geht's abwärts.«

Der Stern

Ein Vorteil mit Pferdefuß: Frankreich wird von nun an den Barrel Rohöl zu einem unglaublich günstigen Vorzugspreis bekommen, jedoch unter der Bedingung, daß die französischen Juden den gelben Stern tragen. Aber wohlgemerkt, es handelt sich nicht um einen so großen Stern, wie ihn die Nazis den Juden aufzwangen, und er muß auch nicht unbedingt zu sehen sein, da man ihn den Männern an die Innenseite der Jakkettaufschläge, den Frauen sogar an den Büstenhalter und den Kindern an die Unterhemden nähen kann, doch tragen müssen sie ihn.

Freilich wirft eine solche Entscheidung auch ein ethisches Problem auf. Die französische Regierung wird die kirchlichen Behörden und die zuständigen Vereine befragen. Sie wird die Meinung des Mannes von der Straße berücksichtigen, bei den Lastwagen- und Taxifahrern Umfragen veranstalten, um zu gewährleisten, daß dem Verbraucherstandpunkt der Vorrang eingeräumt wird. Um das Problem zu entschärfen, muß das Für und das Wider mit größtmöglicher Sachlichkeit gegeneinander abgewogen werden.

Man hüte sich vor einer voreiligen Entscheidung, man könnte sie noch bereuen.

Panik-Studio

»Die Filmkunst«, sagte Louis Jouvet, »besteht vorwiegend darin, einen Stuhl aufzutreiben.« Das stimmt, denn ich wüßte nichts Beschisseneres als Dreharbeiten. Vor allem, wenn man kein Star, sondern nur Statist ist.

Ich befand mich zusammen mit meinem Kumpel Popokamm im Panik-Studio, und wir lungerten herum, bis die Maschinisten endlich die Geleise für die Fahraufnahme der nächsten Szene aufgebaut hatten. Mit einem Male stieß er einen abgrundtiefen Seufzer aus.

»Du darfst dich nicht gehen lassen«, tröstete ich ihn, »eines Tages werden wir Superstars sein, wie alle Welt. Man muß sich nur ranhalten.«

Die Antwort war ein wehmütiges Kopfschütteln.

»Du hast dir wohl meine Visage nicht angeguckt. Mit einer Schiefnase, meinen rotunterlaufenen Augen und den fauligen Zähnen habe ich nicht die geringste Chance.«

Ich muß zugeben, mein Kumpel Popokamm hatte einen unmöglichen Kürbis. Und dabei war er doch einmal ein reizender kleiner Bengel gewesen! So ein Sauleben!

»Warum gehst du nicht zum Zahnarzt? Hast du dich mit ihm zerstritten?«

»Nein, aber ich habe nicht die Moneten, um ihn zu bezahlen. Ansonsten ist er ein netter Kerl. Er schwört nur auf Fantasy-Romane, auf Science-fiction und Comics. Bis um drei Uhr morgens liest er haarsträubende Geschichten. Seine Frau ist dabei, darüber den Verstand zu verlieren. Eines Abends war er wieder einmal in einen dieser alten Schmöker ohne Buchdeckel vertieft, die aber ein Vermögen wert sind. Es hatte eben Mitternacht geschlagen. Da klingelt es an der Tür.

Er nimmt an, es handle sich um einen seiner Patienten, der rasende Zahnschmerzen hat, und, gutherzig wie er ist, macht er die Tür auf. Zu seiner Verblüffung steht da ein Unbekannter, den er aber sogleich erkennt. Ein großer dürrer Kerl mit bleichem Gesicht, geschorenem Schädel und Spitzohren. Kein Zweifel, es ist Drakula in Person, noch dazu mit blutverschmiertem Mund. Mein Zahnarzt läßt sich nicht aus der Fassung bringen, denn er erinnert sich, daß es zum Abendessen Pilze mit Knoblauch gegeben hat. Zu lateinisch *alium*.

›Graf Drakula, wie ich annehme?‹ sagt er mit englischem Phlegma. ›Was verschafft mir die Ehre?‹

Sobald Drakula den Mund auftut, versteht mein Zahnarzt, was los ist: Die beiden Schneidezähne des Vampirs sind abgebrochen, und aus dem Zahnfleisch rinnt Blut.

›Mir ischt ein kleinesch Malheur paschiert‹, erklärt Drakula.

In der Dunkelheit hat sich der arme Teufel, der noch dazu kurzsichtig ist, die Zähne am Hals einer Marianne-Büste vor dem Bürgermeisteramt des 11. Arrondissements ausgebissen. Marmorhälse haben eben harte Venen. Seine Schneidezähne sind dabei flöten gegangen. Er hätte gerne einen Ersatz dafür, zwei schöne Stiftzähne.

›O. K.‹, sagt mein Zahnarzt. ›Aber das wird eine gewisse Zeit in Anspruch nehmen. Kommen Sie von weither?‹

›Aus dem Friedhof Père-Lachaise. Wenn Sie vor Morgengrauen nicht fertig sind, spreche ich nächste Nacht wieder bei Ihnen vor.‹

›Und ob das nötig ist! Ich muß einen Abdruck von Ihrem Kiefer machen und die Stiftzähne bestellen. Mit einer Woche müssen Sie mindestens rechnen.‹

›Na gut!‹

Mein Zahnarzt macht sich also an die Arbeit, und zwei Wochen darauf prangen wieder prächtige Schneidezähne aus Porzellan in Drakulas Mund. Leider haben sie ihm nicht viel genützt.«

»Warum?«

»Als mein Zahnarzt ihm die Rechnung präsentierte, kreischte Drakula ›Aiaiai Aaa ... *lium*‹ und zerfiel zu Staub.«

Das Wirtshaus zur Panik

Im ›Wirtshaus zur Panik‹ gibt es nur einen Tagesteller, und meist besteht er aus gepökeltem Schweinefleisch mit Linsen. Aber zumindest haben sie dort im Laufe der Jahre gelernt, es schmackhaft zuzubereiten. Der einzige Nachteil dabei ist, daß man davon Durst bekommt. Null-Null und ich waren eben bei der zweiten Flasche Chenas angelangt, als er mit dem Finger auf den Rücken eines Unbekannten zeigte, der im dunkleren Teil des Speisesaals allein an einem Tisch saß.

»Siehst du den Mann? Er ist der Entdecker der wirklichen Amazonas-Quelle.«

Respektvoll beäugte ich diesen Rücken. Auf den ersten Blick war an ihm nichts Besonderes zu bemerken.

»So alt sieht er eigentlich nicht aus... Ich dachte, das sei schon lange her...«

»Ja, das behaupten die Zeitungen«, höhnte Null-Null. »Barer Unsinn. Im übrigen schrieben sie ›die Amazonas-Quellen‹. Macht dich dieser Plural nicht stutzig? Nein, der einzige Forschungsreisende, der bis zur wirklichen Quelle vorgestoßen ist, sitzt hier im ›Wirtshaus zur Panik‹.«

»Wie ist es ihm bloß geglückt, sie aufzuspüren?«

Null-Null wiegte den Kopf, gleichzeitig führte er sein Glas Chenas an die Lippen, was zur Folge hatte, daß sein Hemd vorne rot anlief.

»Er hat bei der Mündung angefangen, weil er ein gründlicher Mensch ist, und dann fuhr er flußaufwärts. Immer weiter und weiter, bis er auf eine erste Quelle stieß, die zwischen zwei Steinhaufen sprudelte. Aber diese Quelle mußte ja von irgendwoher kommen, nicht wahr? Also machte er sich daran, zu graben, tiefer und tiefer. Dann entdeckte er einen unterirdischen Bach. Er grub und grub, bis er eines Tages, da die Erde ja rund ist, bei sich zu Hause in der Rue Pont-aux-Choux im sechsten Stock anlangte. Da kam ihm die Erleuchtung: die wirkliche Quelle des Amazonas war niemand anderes als seine Frau!«

»Na, sag bloß! Da hat er sicher einen Schock gekriegt!«

»Und was für einen! Das nennt man Koinzidenz! Aber am meisten hat ihm zugesetzt, daß ihm jemand zuvorgekommen ist. Dieser andere ist ohne nennenswerte Anstrengung, rein durch Zufall, darauf gestoßen.«

»Hat er ihn wenigstens ordentlich versohlt?«

»Nein, er hat sich auf Zehenspitzen entfernt. Aber seither hat er nicht mehr alle Tassen im Schrank.«

»Und seine Frau?«

»Ach die! Wenn sie nicht weint, dann pißt sie.«

Auf englische Art

Die Engländer sind wirklich unbezahlbar.

Ohne sie würde London viel von seinem Reiz verlieren. Stellen Sie sich vor, die City würde von Franzosen, Spaniern oder Italienern bewohnt, sie wäre bei Gott nicht das, was sie ist.

Im Unterschied zu ihren romanischen Brüdern interessieren sich die Engländer viel mehr für Männer als für Frauen. Man mag dazu stehen, wie man will, jedenfalls haben Leute, die wie ich solche Dinger zwischen den Beinen hängen haben, nur Vorteile davon. In London gibt es fünf Schneiderboutiquen für Männer auf ein Konfektionsgeschäft für Frauen. Die Parfümerien führen Hunderte von Rasierwässern, aber bieten nur eine kümmerliche Auswahl an Parfüms. Es ließen sich noch zahllose Beispiele anführen, aber wozu? Dabei käme nur Füllwerk zustande, das für Schriftsteller taugt, die Zeilenhonorar kassieren, da ich aber pauschal bezahlt werde, habe ich nichts davon.

Außerdem gibt es in London die berühmten Klubs. Ich weiß, es wird behauptet, die Klubs seien auch nicht mehr das, was sie einmal waren, da man sie demokratisiert habe und sogar Frauen Mitglieder werden könnten. Aber die Trübsalbläser haben unrecht: die Klubs sind so gut wie ihr Ruf. Zum Beweis will ich folgende Anekdote erzählen:

Ich befand mich im ›Drone's‹, wo mir Lord Goodpickett als Foreign Visiting Member Zugang verschafft hatte. Ich schlürfte einen Bloody Mary, der genau nach meinem Geschmack gemixt war, nämlich vier Teile Wodka und zwei Tropfen Tomatensaft. Ganz zufällig fiel mein Blick auf das Mädchen an der Garderobe. Ja, ja, Sie brauchen Ihre Augen gar nicht so aufzureißen, im ›Drone's‹ fungiert ein weibliches Wesen als Garderobefrau, und diese hier war sogar ausnehmend hübsch. Eine kleine, pikante Rothaarige mit frechen Augen, Grübchen, aufgeworfenem Mund und ein wenig ordinären Rundungen, obgleich das gräßliche, strenge schwarze Kleid ihre Schenkel diskret verhüllte. Durch ein unmerkliches Heben der Augenbrauen winkte ich James heran:

»Was wünschen Sie, Sir?«

James hatte sich nie dazu durchringen können, wie alle Welt ›Monsieur‹ zu mir zu sagen. Er bezeichnete mich großmächtig als ›Sir‹, und dann wundert er sich, daß ich ihm kein Trinkgeld gebe. Diese Engländer sind weiß Gott unbezahlbar.

»Wer ist dieses Mädchen an der Garderobe, James?«

»Charlotte. Eine Landsmännin von Ihnen, Sir. Recht knusprig, finden Sie nicht, Sir?«

»Ja, James. Ich gestehe, daß sie mein Blut in Wallung bringt. Sehen Sie sich nur diesen Busen an, dieses Gesäß ...«

»Gestatten Sie, daß ich Sie auf ihren Nacken hinweise. Der wird von unseren Mitgliedern ebenfalls sehr geschätzt, Sir.«

Zwei oder drei Minuten lang waren wir in die Betrachtung von Charlottes Reizen versunken. Schließlich fing ich mich wieder:

»Ist diese Charlotte ein anständiges Mädchen?«

»O ja, Sir. Überaus korrekt. Und sehr sauber.«

»Hat sie irgendwelche Liebschaften?«

»Nein, bestimmt nicht, Sir. Aber ich weiß über ihr Privatleben nicht so genau Bescheid.«

»Ich meine Techtelmechtel mit den Klubmitgliedern. Glauben Sie, daß sie eventuell bereit wäre, sich mit mir zu treffen?«

Ein breites Lächeln erhellte das Gesicht von James.

»Ich verstehe, Sir. Charlottes Anblick hat Sie in Fahrt gebracht.«

»Ja, James ... ganz schön in Fahrt.«

Einmal kann man ja von seinen Gewohnheiten abgehen, ich ließ also eine Zehnpfundnote in seine eiskalte Hand gleiten.

»Nun, dann gehe ich die Hündin zurechtmachen, Sir.«

»Die Hündin? Das begreife ich nicht.«

»Für solche Zwecke bedienen wir uns einer Hündin, Sir. Bisher sind alle, auch die anspruchsvollsten Mitglieder, mit ihr sehr zufrieden. Sie ist sehr sanft, sie beißt nie. Überhaupt ein sehr liebevolles Tier, Sir.«

»Sie behaupten, daß ... mit einer Hündin?«

»Ja, Sir. Eine Hündin redet nicht von Liebe, sie fällt den Mitgliedern nicht mit leidenschaftlichen Beteuerungen auf die Nerven, sie versucht keine Erpressung, und sie denkt keinen Augenblick an sich selbst. Das ist bei weitem die praktischste Lösung, um die animalischen Triebe zu befriedigen, Sir. Ich führe Sie gleich in das kleine Boudoir ...«

»Nein, nein, James, letzten Endes tränke ich doch lieber einen zweiten Bloody Mary.«

»Wie Sie wünschen, Sir.«

Natürlich waren Charlotte und ich bald sehr intim miteinander. Sie vertraute mir an, daß es ihr sehnlicher Wunsch war, nach Frankreich zurückzukehren.

»Hier werde ich allmählich wahnsinnig. Kein menschlicher Kontakt, keine Wärme. Ohne Gloria wäre ich schon längst weggegangen.«

»Wer ist Gloria?«

»Die Hündin des Klubs. Sie ist so ein zärtliches Wesen, ich bin ganz verrückt nach ihr. Ich habe den Leuten vom Klub sogar angeboten, sie ihnen abzukaufen, aber sie wollen sich nicht von ihr trennen. Findest du es nicht blöd, bloß wegen einem Hund in London zu bleiben?«

»Nein, eigentlich nicht«, entgegnete ich.

Das Dada-Jubiläum

Anläßlich des siebzigjährigen Jubiläums der Begründung des Dadaismus sind 1986 eine Reihe offizieller Kundgebungen vorgesehen, die mit der Errichtung eines Monuments vor dem Schlachthaus Vaugirard, im Beisein des Kultusministers und des Kardinals Combite, ihren Höhepunkt erreichen werden.

Aber auch Sie können im häuslichen Rahmen eine Dada-Feier veranstalten:

Werfen Sie ein Ei an die Wand.

Schlitzen Sie ein Bild auf, das dort hängt.

Nehmen Sie irgendein Buch aus dem Regal, und reißen Sie Seite um Seite heraus.

Schneuzen Sie sich in Ihren Teppichboden.

Werfen Sie Ihre Schuhe aus dem Fenster.

Pissen Sie in Ihren Eisschrank.

Scheißen Sie auf Ihren Fernsehapparat.

Im Namen des Dadaismus, danke schön!

Blues für Gaston

Ich wanderte ziellos dahin, die Hände in den Hosentaschen, eine amerikanische Zigarette im Mund. Ich war schon eine ganze Weile unterwegs, als ich zwischen zwei Dünen eine Kneipe entdeckte. Ich sagte mir: ›Bevor ich in die Stadt zurückgehe, will ich kurz einen trinken.‹

Es war eine große, recht baufällige, aus grauen Brettern gezimmerte Baracke. Sie war mir vorher nie aufgefallen. Um zur Tür zu gelangen, mußte man durch eine größere Düne stapfen, so daß meine Schuhe voller Sand waren, als ich das Lokal betrat. Wegen der Milchglasscheiben herrschte im Inneren ein weißliches Licht. Der Raum wirkte keineswegs wie ein für Ferienorte typischer Ausschank oder eine Bar. Das Ganze erinnerte vielmehr an ein altes Weinlokal der Jahrhundertwende mit fleckigen Spiegeln und zerfetzten Plakaten an den Wänden, wie sie einst in Belleville zu finden waren. Es gab weder Tische noch Stühle, dafür prangte ein großer Billardtisch mitten in dem riesigen, verlassenen Saal.

Meine Sohlen knirschten auf dem fauligen Bohlen. Ich wußte nicht recht, was ich hier anfangen sollte. Um nicht so sinnlos herumzustehen, begann ich die schadhaften Stellen im Billardteppich zu zählen. Abgesehen von den durch Zigaretten verursachten Brandlöchern und den abgelösten Ecken zählte ich vierzehn. Da brach in meinem Rücken die Musik los.

Ich wandte mich um, aber der Saal war immer noch menschenleer. Ich ging zur Theke, stützte meine Ellenbogen auf die Zinkplatte und beugte mich nach vorn, um zu sehen, was sich dahinter verbarg.

Da waren sie, alle fünf, wie Schatten. Fünf Schwarze im schwarzen Anzug und mit einer Melone auf dem Kopf.

Der Pianist spielte auf einem Kinderinstrument, das einen metallischen, mandolinenartigen Ton von sich gab. Er wirkte überaus locker und entspannt, vielleicht war er auch betrunken, denn die Bewegungen seiner Hände übertrugen sich auf seinen ganzen Körper.

Der Klarinettist blies mit solcher Kraft in seine Rübe, daß ihm die Tränen zwischen den geschlossenen Lidern hervortraten.

Neben ihm schluchzte und seufzte der Mann mit der Posaune, daß es einem durch Mark und Bein ging. Sein Instrument dehnte sich, als wäre es aus vergoldetem Gummi.

Mit Fingerhüten bewehrt, schabte der Schlagzeuger in rasendem Tempo sein Waschbrett aus Wellblech.

Der Kornettspieler aber diktierte seine Befehle in kurzen, harten Phrasen, ohne Emphase und ohne Umschweife.

Sie spielten gut. Ich erkannte das Thema, über das sie improvisierten: es war *Mad Dog*, eine meiner Lieblingsmelodien. Es war für mich ein solcher Genuß, ihnen zuzuhören, daß ich mich nicht zu rühren wagte. Doch als sie mit *Mahagonny Hall Stomp* begannen, spürte ich ein unangenehmes Kribbeln im Schultergürtel und in den Armen. Ganz langsam richtete ich mich auf und setzte mich an den Billardtisch. Ich schloß die Augen.

Sie spielten *Saint James Infirmary, Memphis Blues, Japansy* und Stücke, deren Titel mir unbekannt waren. Als ich die Augen wieder öffnete, war es schon reichlich spät. Die Sonne war untergegangen, es wurde kalt.

Ich sagte ziemlich leise:

»Auf Wiedersehen, Jungs, ich muß jetzt gehen. Aber ihr spielt wirklich verdammt gut!«

Ich trat ins Freie. Meine Schuhe versanken im Sand. Ich war so sehr damit beschäftigt, möglichst schnell die Füße zu heben, damit der Sand nicht in meine Schuhe rutschen konnte, daß ich erst nichts bemerkte. Doch als ich mich wieder auf festem Boden befand, kam es mir zu Bewußtsein: Ich hörte die Musik immer noch, und zwar genauso laut wie zuvor. Ich wandte den Kopf und sah alle fünf über die Düne hinter mir wandern und die Knie heben, damit der Sand nicht in ihre Schuhe eindringen konnte. Der Pianist hatte sich sein Instrument umgehängt, der Klarinettist hatte die Augen geöffnet, um zu sehen, wo er hintrat, aber er blies mit derselben Energie wie vorher, denn die Tränen liefen ihm über die Backen.

Ich winkte ihnen zu.

»Es ist lieb von euch, mich ein Stückchen zu begleiten«, sagte ich.

Ich fühlte mich wieder auf dem Damm.

In der Stadt war ich natürlich etwas beunruhigt. Was würden die Leute sagen, wenn ich mit einer Eskorte von Jazzmusikern ankam? Einen Typen, der in Begleitung einer rasanten Hot five herumspaziert, sieht man auch nicht alle Tage! Doch es gab keinen Ärger. Alle bemühten sich geflissentlich, sich nicht anmerken zu lassen, daß sie etwas hörten. Weder im Restaurant noch nachts im Hotel wagte es einer dieser Schlappschwänze, mir irgendwelche Fragen zu stellen. Als ich mich schlafen legte, kam ich ein wenig in Verlegenheit, denn ich wußte nicht, ob ich ihnen zum Dank Geld geben sollte, und ich fürchtete, sie zu kränken. Aber alles regelte sich aufs beste. Sie setzten sich auf mein Bett und spielten die ganze Nacht hindurch.

»Die Nachbarn werden mir ja ganz schön den Marsch blasen! Na, wenn schon! Ich werde ihnen eben sagen, daß ich vergessen habe, das Radio abzustellen.«

Doch siehe da, am nächsten Morgen bekam ich keine spitze Bemerkung zu hören. Dabei hätten die Leute allen Grund dazu gehabt! Als ich die Augen aufschlug, spielten sie sich noch mit *Black Mountain* die Seele aus dem Leib. Meines Erachtens waren sie echt high, denn sie schienen überhaupt keine Müdigkeit zu spüren. Nur Fixer bringen eine derartige Widerstandskraft auf.

»Tag, Jungs«, sagte ich, »wollt ihr euch nicht ein wenig ausruhen?«

Ich bekam keine Antwort.

Ich dachte: »Sie werden mich ganz unvermittelt verlassen, und vielleicht merken sie es nicht einmal. Sie werden sich einem anderen anschließen, und ich werde sie nicht mehr hören.«

Bei diesem Gedanken tat mir das Herz weh. Von Zeit zu Zeit warf ich einen schnellen Blick zurück, um zu sehen, ob sie mir weiterhin folgten, und ich war überglücklich, festzustellen, daß sie immer noch da waren und besser spielten denn je. Sie verdrehten die Augen, ob unter der Einwirkung des Blues oder der Droge vermochte ich nicht zu entscheiden.

Als die Ferien zu Ende waren, wollte ich nicht mehr nach Paris zurück, so große Angst hatte ich, sie dann zu verlieren. Doch mir blieb nichts anderes übrig, ich mußte fahren. Ich liebe Jazz, aber ich bin auch ein vernünftiger Mensch. Doch sie waren einfach dufte: Sie sind mitgekommen und haben die ganze Nacht im überfüllten Abteil gespielt. Am Gare d'Austerlitz sind wir alle zusammen in ein Taxi gestiegen, und, kaum in meiner Appartementwohnung angelangt, haben sie den *Saint Louis Blues* angestimmt, ohne nach rechts oder links zu blicken. Und ich Esel habe mir wegen der Unordnung Sorgen gemacht.

Seither haben sie mich überallhin begleitet. Ins Büro, ins Restaurant und sonntags sogar zu meinen Eltern. Ich befürchtete, mein Vater würde schimpfen, denn er behauptet, Jazz sei eine Musik von Wilden, aber sie spielten einfach zu gut, als daß er etwas hätte sagen können. Ich habe ihnen etwas zu essen angeboten, aber sie lehnten ab.

Überhaupt habe ich sie nie etwas zu sich nehmen sehen. Nur Fixer sind so ausdauernd.

Das sonderbarste ist, daß niemand sich über sie zu beschweren wagt. Dabei habe ich recht eklige Nachbarn und einen Bürovorsteher, in dessen Gegenwart man sich so wohlfühlt wie mit einem Furunkel im Nacken.

Aber eines Tages sah ich, daß der Klarinettist fehlte. Die anderen hatten so verhärmte Gesichter, daß sich Fragen erübrigten. Zum ersten Mal richtete der Pianist das Wort an mich:

»Wir spielen jetzt *Blues für Tommy*.«

So erfuhr ich, daß der Klarinettist Tommy hieß.

Eine Woche darauf war die Posaune verschwunden.

Der Pianist sagte mir:

»Wir spielen jetzt *Blues für Sonny*.«

Ich war so traurig, als hätte ich ein Familienmitglied verloren.

Dann folgten *Blues für Trummy*, wenig später *Blues für Willy*. Es blieb nur noch der Pianist. Eines Abends murmelte er:

»Ich spiele jetzt *Blues für Harry*.«

Er spielte eine tieftraurige Melodie, aber er beendete sie nicht. Er brach zusammen, und als sein Schädel auf den Tasten aufschlug, erklang ein letzter Akkord. Harry war tot.

Ich konnte die Stille nicht ertragen.

Ich nahm den schon am Vortag gekauften Revolver aus meiner Hausapotheke, hielt ihn an meine Schläfe und drückte ab.

Als wäre der Schuß ein Signal, kommt mein Orchester angesaust und beginnt zu spielen, besser denn je. Ich war so glücklich, daß ich wie ein Kind in die Hände klatschte.

Ohne seine Hände von den Tasten zu nehmen, sagte der Pianist zu mir:

»Wir spielen jetzt *Blues für Gaston*.«

Gaston, das war mein Name.

Zoll

»Guten Tag, haben Sie etwas zu verzollen?«

Er kneift die Augen zusammen, um die aus der Dunkelheit aufgetauchte Gestalt besser zu sehen. Auf dem Gesicht des Zollbeamten, das vom bläulichen Schein des Nachtlichts nur schwach erhellt wird, zeichnen sich hart gegeneinander abgegrenzte, geradezu kubistische Flächen ab. Die scharfblickenden Augen glänzen wie die eines fanatischen Mönchs. Norden atmet langsam, um seinen wilden Herzschlag zu beruhigen. Er hat Schmerzen in der Brust, seine Glieder sind schwer, sein Nacken ist steif.

Mit belegter Stimme stößt er hervor:

»Nein, nichts zu verzollen.«

Er strengt sich an, um den forschenden Blick des Beamten auszuhalten, ohne die Augen niederzuschlagen. Es nützt nichts, er gerät doch in Verwirrung. Das Blut steigt ihm in die Stirn. Warum wirkt er schuldig, sobald er irgendeiner amtlichen Person gegenübersteht? Dahinter steckt sicher ein Komplex, den er nie mehr loswerden wird.

»Ich habe absolut nichts zu verzollen«, wiederholt er mit unnötiger Heftigkeit.

Der Zollbeamte schüttelt den Kopf. Er scheint nicht überzeugt.

»Ihre Papiere, bitte.«

Norden reicht ihm seine Brieftasche. Der Mann überprüft seine Kennkarte, seine Kreditkarten und ein paar Wirtshausrechnungen.

»Lassen Sie mich den Inhalt Ihrer Taschen sehen.«

Norden kehrt das Innere der Schlafanzugtaschen nach außen. Sie enthalten nichts als ein zerknülltes Tempotaschentuch, einen Brief von Martine und zwei Münzen für das Fernsehen. Auch diese wenigen Habseligkeiten werden konfisziert.

»Kein Paß?«

Norden hat ihn zu Hause gelassen.

»Ich wußte nicht, daß ich durch eine Zollstation kommen würde«, sagt er, um sich zu rechtfertigen.

»Wo es eine Grenze gibt, gibt es auch ein Zollamt«, erwidert der Mann streng. Dann fügt er hinzu: »Sie haben einen Ehering, den müssen Sie abgeben.«

Norden ist zu schwach, um sich zu wehren. Er versucht, den Ring abzustreifen, aber es gelingt ihm nicht. Der Zollbeamte reißt ihn mit einem Ruck herunter.

»Keine Armbanduhr?«

Norden schüttelt den Kopf. Die Angst und der Schmerz schnüren ihm die Kehle zu. Mechanisch streichelt er seinen mißhandelten Finger.

»Heben Sie Ihr Kopfkissen hoch, wenn ich bitten darf.«

Norden gehorcht. Er muß auch die Bettlaken und die Decke auseinanderbreiten. Der Zollbeamte befühlt die Matratze, dann guckt er unters Bett, durchsucht den Nachttisch, den Eisenschrank. Er begibt sich ins Badezimmer. Norden hört, wie er den Duschvorhang aufzieht, den Klosettdeckel hochklappt. Endlich kommt der Mann wieder ins Zimmer. Er deutet den vorschriftsmäßigen Gruß an.

»Alles in Ordnung. Sie können hinüber.«

Und Norden starb.

Eine Utopie

Die Bar der Zukunft

Die ›Bar der Zukunft‹ in der Rue des Fossés Saint-Jacques, zwei Schritte vom Panthéon entfernt, ist eines der letzten Pariser Bistros, das diesen Namen noch verdient. Man bekommt dort zu sehr vernünftigen Preisen die Loire-Weine, die das Herz Rabelais' erfreuten: den Chinon, den Bourgueil, den Vouvray, den Saumur-Champigny. Die Stammgäste gehören zur besseren Gesellschaft und kennen sämtliche Strophen der Butte-Rouge und mancher anderer Kommunardenlieder*. Die an der Theke verkündeten Meinungen sind oft anarchistisch. Man verunglimpft hier die Gesellschaftsordnung und den zentralistischen Staat, die Richter, die Bullen und die Pfarrer. Aber stets stößt man mit derselben Begeisterung an auf die Freiheit, auf die Liebe und auf die Freundschaft. Es ist ein Anarchismus, der nicht aus den Büchern stammt und sich nicht um Dogmen schert, ein volkstümlicher Anarchismus, wohl ein wenig naiv, aber feurig wie das Leben. Was die Theorie anbelangt, sucht man sie besser anderswo. Auf der andern Straßenseite zum Beispiel, wo sich die Buchhandlung zur Freidenkerei befindet. Das ist allerdings nicht ungefährlich, denn der Wein steigt leicht zu Kopf, und die Blechkarossen der schweigenden Mehrheit machen Jagd auf die Fußgänger.

Wir haben uns mit Bernard, dem Wirt des Lokals, angefreundet und verweilen oft noch zu zweit oder zu dritt, um bei heruntergelassenem Rolladen lange nach der Polizeistunde ein paar uralte Flaschen aus dem privaten Weinkeller zu leeren und über dies und das zu diskutieren. An jenem

* revolutionäre Lieder aus der Zeit der Pariser Kommune (A. d. Ü.)

Abend waren wir zu viert, und wir redeten über die Zukunft der Welt.

Neuewelle hatte das Ganze in Gang gebracht, als sie Bernard an den Kopf warf:

»Die ›Bar der Zukunft‹, ein schönes Projekt! Fantastisch, diese Zukunft! Oppression, Repression, Standardisierung ... Orwell war direkt ein Waisenknabe mit seinem *1984*. Ein Kitschroman im Vergleich zur Wirklichkeit. Und es besteht keine Gefahr, daß es besser wird. Du solltest lieber das Wirtshausschild auswechseln, Bernard. Nenne dein Bistro ›Zur guten alten Zeit‹ oder ›Früher war es besser‹.«

»Versuch mal diesen 64er Vouvray, anstatt weiter solchen Stuß zu erzählen. Der ist genau zwanzig Jahre alt, aber er altert entschieden besser als du, Neuewelle.«

»Ich bin sechs Jahre älter, auch wenn ich jünger aussehe.«

»Der Wein jedenfalls ist weder sauer noch bitter ...«

Nicht im geringsten beleidigt, leerte Neuewelle darauf unaufgefordert ihr Glas. Es fehlte ihr nicht an Pep in ihrem sehr kurzen, eng taillierten roten Rock und in ihrer weißen, über den spitzen Brüstchen artig nur wenig aufgeknöpften Bluse. Sie erinnerte an einen jungen Filmstar der fünfziger Jahre, weshalb wir ihr den Spitznamen Neuewelle gegeben hatten. Wenn man sie so sah mit ihrer Stupsnase und ihren kecken Augen – ganz wie eine Midinette –, kam man niemals auf den Gedanken, daß sie ein Philosophie- und ein Soziologiestudium dazu hinter sich hatte und sie der Kopf der Clique war.

»Spaß beiseite«, entgegnete sie, »die Zukunft hat nichts Rosiges und auch nichts Geheimnisvolles an sich. Die Wirtschaftskrise wird bis Ende dieses Jahrhunderts fortdauern. Wir können noch von Glück reden, wenn's darüber nicht zum Krieg kommt, wie in der Folge des Börsenkrachs von 1929.

Überall wird Arbeitslosigkeit entstehen, die Kriminalität

wird zunehmen. Die sozialen Unruhen werden die Leute ängstigen, und sie werden sich nach einer starken Regierung, nach Führern von Gottes Gnaden sehnen. Fremdenhaß, Rassismus, Aberglaube werden wieder aufblühen. Der Graben zwischen reichen Ländern und armen Ländern wird sich weiter verbreitern. In Afrika, in Asien und in Südamerika wird es immer blutigere Diktaturen geben. Europa wird nichts weiter als eine Kolonie der Vereinigten Staaten sein, wenn es nicht geradewegs in den sowjetischen Bannkreis gezogen wird. In beiden Fällen werden wir Unabhängigkeit, Kultur, Freiheit auf Nimmerwiedersehen verlieren. Schenk nochmal ein, bitte!«

Wir hatten der langen prophetischen Tirade von Neuewelle mit offenem Mund zugehört. Schnelltod, ein Freund auf Spritztour aus Bordeaux, der seit acht Tagen nicht mehr nüchtern gewesen war, versuchte die Stimmung aufzuheitern:

»Und die Bevölkerung Chinas wird bald zwei Milliarden erreicht haben, was bedeutet, daß unsere Chance, eine Chinesin zu vögeln, stündlich zunimmt.«

»Mach du nur deine Witze«, lachte Neuewelle höhnisch, »es wird nicht so viele Chinesinnen geben wie Chinesen.«

»Weshalb?« fragte ich, da mich diese statistische Spekulation interessierte.

»Weil in China die Leute nur ein Kind haben dürfen, und weil sie lieber einen männlichen Nachkommen wollen, töten sie oft ihr erstes Baby, wenn es ein Mädchen ist.«

»Gemeines Pack«, brummte Schnelltod, auf einmal trübsinnig.

Perfid überbot ich Neuewelle:

»Es wird noch schlimmer sein. Du hast weder die Umweltverschmutzung, noch die Atomwaffen, noch die Erschöpfung der Energiequellen, noch den religiösen Fanatismus, noch den Völkermord erwähnt ...«

»Auch die Weinverknappung nicht, die noch größer sein wird als der Ölmangel«, trumpfte Bernard auf, »ebensowenig wie die stetig schlechtere Qualität der Lebensmittel ...«

»Kein guter Camembert mehr aufzutreiben!« seufzte Schnelltod, »und das tiefgekühlte Brot! Heute haben wir Kalbfleisch mit Hormonen, morgen werden wir Hormone mit Kalbfleisch haben.«

»Früher war sogar die Zukunft besser, sagte Karl Valentin.«

Ich war nicht wenig stolz, mein Lieblingszitat an den Mann gebracht zu haben. Neuewelle schüttelte zu allem, was wir sagten, mißbilligend den Kopf. Sie schwenkte eine Zeitung, die jemand auf der Theke hatte liegenlassen.

»Die Zukunft läßt sich weder aus den Handlinien noch aus dem Kaffeesatz lesen. Es nützt nichts, das Orakel um Rat zu fragen oder in Ziegendärmen zu wühlen. Alles steht hier drin, schwarz auf weiß, in dieser Zeitung. Schaut her, lest doch ...«

Sie bekräftigte ihre Worte dadurch, daß sie mit der Zeitung vor unseren Augen herumfuchtelte:

»Selbstmörderische Akkumulierung von Atomwaffen, Balkanisierung des Nahen Ostens, Unterwerfung Polens, amerikanischer Währungsimperialismus ...«

»Oho«, protestierte Bernard, »das wissen wir alles auswendig. Du bringst die heutigen Nachrichten!«

»Aber heute ist schon morgen!« rief Neuewelle, mit dem Fuß aufstampfend, »bald werden Satelliten mit Atomsprengköpfen um die Erde kreisen, und man wird nur auf einen Knopf zu drücken brauchen, und schon explodieren sie ...«

»So eine von den Zeugen Jehovas hat mir bereits heute morgen dasselbe verkündigt«, versetzte Bernard, »und ich habe ihr entgegnet: ›Nun, dann können wir in die Pilze gehen. Schmekken köstlich mit etwas Knoblauch und Petersilie!‹ Ihr hättet ihr Gesicht sehen sollen! Trinken wir noch eine Flasche?«

»Trinken wir doch erst die noch rasch aus«, murmelte Schnelltod ganz blaß, »bevor es knallt.«

Während Bernard virtuos die Entfernung des Korkens bewerkstelligte, hielt ich die Gelegenheit für gekommen, einen Dichter zu zitieren:

»Es gibt einen Vers von Aragon, in dem er behauptet, die Frau sei die Zukunft des Mannes. Was hältst du davon, Neuewelle? Du bist vielleicht unsere einzige Hoffnung.«

Sie folgte meinem Blick und machte einen Knopf an ihrer Bluse zu.

»Weißt du, der Unterschied zwischen einer Frau und einem Mann ist nicht viel größer als der zwischen einer Hündin und einem Hund. Glaubst du ernstlich, daß die Hündin die Zukunft des Hundes ist?«

Nein, das konnte ich nicht behaupten.

»Es sind Ängste der Jahrhundertwende«, philosophierte Bernard, »durch die Jahrtausendwende verzehnfacht. Die großen Schrecken des Jahres Eintausend, von den Medien dem modernen Geschmack angepaßt. Man gibt ihnen andere Namen, aber wesentlich haben sie sich nicht verändert. Letzten Endes sind die Ängste nur Schuldgefühle.«

»Schuldgefühle? Was für Schuldgefühle?«

»Weil wir das schicksalhafte Jahr Zweitausend erleben. Wir fühlen uns schuldig, ein so blutiges Jahrhundert, ein Jahrtausend so voller Lärm und Raserei zu überleben. Wir meinen unsere Toten zu verraten: jene, die wir persönlich kannten, und jene, deren Namen wir in Geschichtsbüchern oder auf Denkmälern gelesen haben. Deshalb erfinden wir Kollektivstrafen, erlösende Katastrophen.«

»Du bist nicht auf den Mund gefallen«, bemerkte Neuewelle.

»Ein Bistrowirt muß nicht unbedingt ein Depp sein. Prost! Sanctus!«

Wir tranken andächtig. Der Vouvray ist ein verkannter Wein, den zu entdecken sich lohnt. Das Alter setzt ihm nicht zu, im Gegenteil, es gibt ihm erst seine milde runde Blume. Er besteht jeden Vergleich mit den edelsten Sauternes-Weinen. Das brachten wir einer nach dem andern in wohlgesetzten Worten zum Ausdruck, ohne es für nötig zu halten, uns über dieses Thema zu streiten.

»Was *mich* deprimiert«, seufzte Schnelltod, »ist der Schwall von Blödsinn, auf den wir in der Silvesternacht des Jahres Zweitausend Anspruch haben werden.«

»Es wird die Nacht vom Freitag auf den Samstag sein«, präzisierte ich, »ich habe es auf meiner japanischen Rechenmaschine ausgerechnet.«

»Könnt ihr euch das Fernsehprogramm in jener Nacht vorstellen, die Lawinen von guten Vorsätzen, von heuchlerischen Glückwünschen, die uns per Satellit aus Rom, aus dem Kreml, aus dem Weißen Haus, aus Santiago de Chile, aus Peking übermittelt werden? All diese Staatsoberhäupter, all diese Ayatollahs, alle diese Grand-Leader-Genossen, alle diese Obristenpräsidenten werden daherkommen mit ihrem ›Friede den Menschen, die guten Willens sind‹.«

Wir schauderten.

»Es wird eine Begräbnisfeier sein«, fuhr Schnelltod sadistisch fort, »nur die Toten werden Platz haben auf dem Bildschirm. Man wird sie alle Revue passieren lassen. Von Wilhelm dem Eroberer bis zu Maurice Chevalier, von Ludwig XI. bis zu Fürstin Grace von Monaco. Es wird ein Geisterzug sein mit Autohupen als Geräuschkulisse, denn die Autofahrer werden das Vergnügen mit vollen Zügen auskosten, das dürft ihr mir glauben.«

»Sag ihm, er soll schweigen«, sagte Bernard, »er verdirbt mir die Freude am Wein.«

Ich klopfte Schnelltod auf die Schulter:

»Keine Angst, mein Lieber, der Rutsch ins Jahr Zweitausend ist lediglich ein unangenehmer Augenblick und bald nur noch Erinnerung. Und überhaupt zwingt dich niemand, an jenem Abend vor dem Fernseher zu sitzen, ja nicht einmal, in der Stadt zu bleiben. Übrigens gibt es Tricks, wie man den Silvesterabend umgeht. Du kannst dich hypnotisieren lassen, so daß du den Abend überspringst und erst am nächsten Tag wieder erwachst, oder du suchst dir just diese Zeit aus, um eine Schlafkur zu machen.«

»Denkste«, protestierte er nicht ohne Logik, »das verfluchte Hupkonzert würde mich aufwecken. Das hieße das Geld zum Fenster rausschmeißen.«

Bernard zuckte die Schultern:

»Es braucht Traditionen, damit die Feste gelingen. Sonst sind sie greulich. So meist in den Großstädten. Aber wenn die Leute auch nicht mehr wissen, wie sie es anstellen sollen, so haben sie doch immer noch Lust, sich zu amüsieren. Das ist eigentlich sympathisch.«

»Kälber!« stieß Neuewelle hervor, »nicht Leute, Kälber! Oh, ich kann sie mir in fünfzig Jahren vorstellen. Gegängelt von der Wiege bis in den Tod. Vorprogrammiert. Auf Lochkarten veredelt, ausgewählt, verheiratet. Sie werden auf der Straße in Reih und Glied marschieren und ihre Zeit damit verbringen, sich selbst zu kontrollieren, um festzustellen, ob sie normal sind, ob sie nicht krank oder für ihre Umwelt gefährlich sind. Sie werden zu Hause mit Geräten ausgerüstet sein, um alle erdenklichen Tests vornehmen zu können. Der Tag wird mit einer Blut- und Harnanalyse sowie mit einem Enzephalogramm beginnen und enden. Bei der kleinsten Veränderung einer Kurve, bei der geringsten Abweichung werden sie sofort die Ambulanz kommen lassen, die sie je nachdem ins Rehabilitationszentrum oder in die psychiatrische Klinik einliefert. Und keine Medikamente für die Behandlung.«

»Was also sonst?«

»Sport!« donnerte Neuewelle, »der Sport wird das Allheilmittel gegen sämtliche Leiden, ob körperlicher oder seelischer Art, sein. Die Greise werden rennen, die Dissidenten springen, die Subversiven schwimmen müssen. Die Herzkranken werden Tennis und die Diabetiker Pingpong spielen, und alle werden nur noch *ein* Lebensideal haben: die Verbesserung ihres persönlichen Rekords um eine Zehntelsekunde oder um einen Viertelzentimeter.«

»Fünfzig Jahre, was ist das schon?« sagte Bernard, »wenn wir zurückspulen, langen wir im Jahr 1934 an. Da gab es bereits den Tonfilm, und wenn man die Streifen von damals ansieht, schildern sie uns eine Welt, die sich von der unsrigen nur unerheblich unterscheidet.«

»Deutschland wurde von den Nazis bereits einer regelrechten Säuberung unterzogen, und der Krieg stand schon vor der Tür.«

»Der Krieg steht doch immer vor der Tür! Räumlich, zeitlich. Er ist für uns theoretisch vorhanden, wenn er in Asien oder in Afrika ausbricht, aber für die Einwohner jenes Erdenwinkels ist er sehr real. Wie jetzt gab es auch 1934 die Krise, die Arbeitslosigkeit, die Angst vor dem Krieg. Und doch fuhren die Menschen fort, zu lachen, zu tanzen, sich zu lieben. Gründe zur Hoffnung findet man nicht in der Zeitung, sondern in der Erfüllung des eigenen Lebens, in der Kunst, in der Musik, im Wein.«

Neuewelle ließ die Theke, an die sie sich geklammert hatte, los, ging drei Schritte rückwärts und ließ sich auf einen wie durch ein Wunder vorhandenen Stuhl plumpsen:

»Der Musik wird man sich, sowenig wie dem Sport, entziehen können. Sie wird überall, ständig, da sein. Eine stupide, rhythmische Pflichtmusik, die ebenso gezielt eingesetzt werden kann wie Kräutertee: Musik für die Wahlen, Musik zum Arbeiten, Musik zum Vögeln und sogar Musik zum Schlafen.«

»Und die Literatur, die Kunst?«

»Das werden Produkte sein wie alle andern. Sie werden sich der Profitherrschaft, der Marktwirtschaft unterordnen müssen. Die Schriftsteller, die Künstler werden von Firmen, von Warenhäusern abhängen. Die Romane werden von Multis, zum Beispiel von Coca-Cola, ITT oder Esso, verlegt.«

»Aber es wird Taschenbücher geben. Die Kultur wird immer demokratischer werden.«

»Sieh dir die Taschenbuchkataloge an. Ihre Titel zeugen

von einem betrüblichen Konformismus. Der Massenkonsum unterliegt sehr strengen Gesetzen. Um der großen Masse zu gefallen, muß man ihr schmeicheln. Demagogisch sein. Die etablierten Werte nicht in Frage stellen. Die große Masse ist immer konservativ. Sie ist begierig auf Beständigkeit, auf Sicherheit. Vor allem, was neu, noch nicht abgestempelt ist, hat sie Angst.«

»Aber... die Wissenschaft?« brachte Schnelltod mühsam hervor. Sein Glas war leer; nicht etwa, weil er es ausgetrunken, sondern weil er es umgestoßen hatte.

»Was heißt hier schon Wissenschaft? Sie wird immer noch das sein, was sie heute ist, die Religion der Macht. Eine Religion, die, mehr noch als die andern, sich zum Dogma der Unfehlbarkeit bekennt. Unter den Wissenschaftlern wird es Arme und Reiche geben. Die Armen werden die sein, die hartnäckig für das eigene Volk arbeiten, die Reichen die, welche den Multis dienen werden. Die Armen werden für die Armee, die Reichen für das Waffenarsenal arbeiten.«

Ich versuchte, dem Blick von Neuewelle zu begegnen, ohne daß es mir gelang. Seltsam, Neuewelle hatte die Tendenz, sich zu verdoppeln. Eine von ihnen saß immer da, während die andere auf dem Tisch einen Bauchtanz vollführte. Ich hatte gar nicht gewußt, daß sie für den Bauchtanz so begabt war! Sie war allerdings nicht dafür angezogen. Einer nach dem andern gewannen die Knöpfe ihrer Bluse die Freiheit zurück.

»Warum schaust du mich so boshaft an? Bist du nicht einverstanden?«

»Doch ... ehm ... was sagtest du eben?«

»Die Macht wird sich immer stärker konzentrieren, sowohl in der Wirtschaft als auch in der Politik und in der Kultur. Das ist die allgemeine Entwicklung.«

Schnelltod ergriff die Flasche, um allen einzuschenken. Er schaffte es wahrhaftig, die Gläser zu umschiffen und verteilte den Rest des Weins auf der Theke. Er brach in ein einfältiges Lachen aus:

»Du vergißt die Macht der Konsumenten, Mädchen! Die Macht der Konsumenten; na, hast du daran gedacht, an die Macht der Konsumenten?«

»Die Macht der Konsumenten ist eine Idiotenfalle«, gab Neuewelle ungerührt zurück, »sie haben die Muße, nicht die Macht, zu konsumieren. Du hast die Muße, noch eine Flasche zu trinken, aber nicht die Macht, Bernard dazu zu zwingen, einen auszugeben.«

»Aber ich kann bezahlen! Ich werde sie bezahlen, die Flasche. Noch eine Flasche, Bernard!«

»Nein«, entgegnete Bernard, »diesen Wein verkaufe ich nicht. Ich könnte es nicht ertragen, daß irgendein Schafskopf daherkommt und ihn kritisiert, daß er behauptet, er sei zu süß, nicht rund genug, er habe Korken oder er sei zu teuer. Deshalb geb ich ihn umsonst her.«

»Siehst du«, triumphierte Neuewelle, »wenn du weiterhin konsumieren willst, liegt es nicht in deinem Interesse, die Ware zu kritisieren.«

»Ich kann immer noch anderswo Wein trinken gehen«, sagte Schnelltod so verbissen und böse, daß er unsere Heiterkeit erregte.

»Daß du in dieser Gegend einen 64er Vouvray bekommst, würde mich wundern. Aber wenn du gern Beaujolais trinkst, dann bitte ...«

Schnelltod machte ein mürrisches Gesicht. Die Angst, die Grenzen der Höflichkeit überschritten zu haben, drückte ihm das Herz ab. Hatte er sich nun aus der Gruppe ausgeschlossen? Ich konnte von seinem Gesicht ablesen, was für ein Sturm in seinem Innern tobte. Schließlich traf er die vernünftigste Entscheidung:

»Schön, ich muß pissen gehen, ich komme gleich wieder.«

»Siehst du«, erklärte mir Bernard, indem er auf die sich schließende Toilettentür zeigte, »genau an dieser Stelle befand sich im 15. Jahrhundert die Ringmauer der Abtei Saint-Jacques, und da waren Rebberge, wo ein Landwein gewonnen wurde, den die Pilger, die nach Santiago de Compostela wallfahrten, sehr schätzten. Sie konnten ihn in der Raststätte kosten, die sich dort drüben befand.«

Er bezeichnete die Orte mit dem Zeigefinger, als ob er das, was er beschrieb, wirklich sehe.

»Woher weißt du das?«

»Oh, ich habe alte Pläne studiert, und überdies habe ich alles gelesen, was sich auf diesen Stadtteil bezieht. Ich erfahre gerne, was vor mir los war.«

»Und nach dir?«

»Nein, das interessiert mich nicht. Die Menschen, die noch nicht geboren sind, können mir nicht soviel beibringen wie die Generationen, die hier gelebt haben.«

»Fragst du dich nie, was die ›Bar der Zukunft‹ in Zukunft sein wird?«

»Vielleicht wird hier eine Bank stehen oder eine Versicherungsagentur. Es sei denn, es kommt ein Miethaus oder ein Parkhaus hin. Oder sie bleibt ein Café.«

Gesprächsfetzen von der Toilette her ließen uns aufhorchen.

»Na, ist das Schnelltod, der Selbstgespräche führt?«

»Klingt ganz wie eine Frauenstimme.«

»Er hört beim Pissen Radio!«

Aber es war nicht recht, den guten Schnelltod gleich so schlechtzumachen. Auch wurden wir eines Bessern belehrt, als wir ihn in Begleitung eines entzückenden, etwa zwölfjährigen Mädchens durch das Lokal kommen sahen. Eines Teenagers ... Nun ja, nach den Gesichtszügen, nach den feinen Gliedmaßen zu urteilen, war sie eindeutig ein Teenager. Aber sie besaß sämtliche weiblichen Kurven, welche durch ihre Kleidung noch unterstrichen wurden. Sie erinnerte an ein Miniatur-Pin-up-Girl, an eine erotische Traumgestalt aus einer der einschlägigen Illustrierten.

»Das ist Arlette«, verkündete Schnelltod mit stolzgeschwellter Brust, »Arlette, das ist Bernard, das ist Roland, und das ist Neuewelle.«

»Salut.«

»Salut.«

»Ein Glas für Arlette«, forderte Schnelltod, den unser Unbehagen ungerührt ließ, »gib ihr von deinem Vouvray zu kosten, Bernard!«

»Tut mir leid, ich schenke Minderjährigen keinen Wein aus. Ein Coca-Cola, einen Orangensaft?«

Arlette runzelte die Stirn:

»Ich bin vierunddreißig, alter Knacker. Ob ich mich vollaufen laß, ist meine Sache! Dein stinkiges Cola kannst du dir... Ich pfeife drauf!«

»Wo hast du dieses seltene Exemplar aufgegabelt?« fragte Bernard, »ich glaubte vorhin, es sei niemand mehr da, als ich die Tür zusperrte und den Rolladen hinunterließ.«

»Sie war da, als ich die Spülung betätigte. Ich habe sie nicht kommen sehen.«

»Völlig überflüssig, eure Birnen anzustrengen«, erklärte Arlette ruhig, »das ist ihnen zu hoch. Sagen wir mal, ich bin auf einem Studientrip und habe einen kurzen Halt eingeschaltet, um vor der Weiterreise einen Flash zu machen. Dig it?«

»Nein, meine Kleine. Gib mir deine Telefonnummer, dann ruf ich deine Eltern an, damit sie dich abholen kommen.«

Sie erstickte fast vor Lachen.

»Meine Eltern, shit man! Du gibst ganz schön an, was, mein Scheißerchen. Telefoniere deinem Arsch, der wird schneller abnehmen!«

Was für eine verteufelte Göre! Trotz ihrer Unflätigkeiten war sie verführerisch, zum Anbeißen. Ein wahres Mannweib voller Charme! Selbst Neuewelle, die doch nicht prüde war, brachte den Mund nicht mehr zu.

»Ich bin nicht Ihr Scheißerchen, und wenn Sie keinen andern Ton anschlagen, kriegen Sie den Hintern voll.«

Sie krümmte sich in einem neuen Lachanfall, bis ihr die Tränen kamen, und trommelte mit ihren niedlichen Fäusten auf die Theke, die ihr bis zur Brust reichte.

»Den Hintern voll! Wie in den Pornoromanen! Bist wohl auf den Marquis de Sade abgefahren, alter Knacker. Hast du Probleme mit deiner Libido?«

Jetzt bekam Bernard ein puterrotes Gesicht. Er öffnete den Mund, war aber unfähig, auch nur einen Laut hervorzubringen. Ich spürte, daß es an der Zeit war, mich einzuschalten:

»Es stimmt, daß er auf Sade abfährt«, warf ich mit einem versöhnlichen Lächeln ein, »aber er mag es nicht, wenn es sich rumspricht. Na, Arlette, bist du durchgebrannt? Willst du nicht zu deinen Eltern zurück? Die machen sich bestimmt Sorgeh, weißt du!«

»Da habt ihr euch also was in den Kopf gesetzt, was? Na gut, da ihr so versessen darauf seid, rück ich lieber gleich damit raus, auch wenn's euch umwirft: Ich bin volljährig und geimpft, ich komme aus dem Jahr 2034. Dig it? Ich wollte sehen, wie es 1984 war, because ich schreibe eine Doktorarbeit über Orwell. Da bleibt euch die Spucke weg, was, ihr Wüstlinge, ihr?«

»Aha, 2034 ... Wie alt sind Sie denn?«

»Im September werd ich vierunddreißig. Meine Eltern haben mich in der Silvesternacht 2000 gemacht.«

So sonderbar es auch scheinen mag: Wir dachten nicht im Traum daran, Arlette könnte nicht die Wahrheit sagen. Ihr aufrichtiger Ton konnte keine Täuschung sein. Übrigens lieferten ihr aus glänzendem Stoff geschneiderter Minikasack, das Armbandgerät an ihrem Handgelenk, ihre eigenartige Kindfrau-Schönheit hinreichenden Beweis. Ja, dieses kleine Weibsbild stammte mit Sicherheit aus der Zukunft, über die wir seit gut zwei Stunden redeten. Sie war wahrhaftig dem Jahr 2034 entstiegen. Es war unerhört, es war phantastisch, aber es war nicht zu leugnen. Bernard stellte ein weiteres Glas auf die Theke, er füllte es bis zum Rand, und seine Hand zitterte nicht.

»Prost, Arlette. Auf die Zukunft. Sanctus!«

»Cheers! Ich bin froh, mich in diesen Stall geliftet zu haben, ihr seid groovy!«

»Das hier ist ein Bistro, kein Stall.«

»Aha, ich verstehe. Es ist meine Art zu sabbern, die euch schockt. Nehmt mir's nicht übel, so redet man eben zu meiner Zeit. Die Vergangenheit des Konjunktivs und die Schachtelsätze braucht man im Jahr 2034 nicht zu büffeln.«

Logisch. Unsere Sprache mußte dieser Enkelin von Zazie und von Fritz the Cat* schrecklich altmodisch vorkommen. Im großen und ganzen war es aber doch beruhigend, festzustellen, daß die französische Sprache nicht völlig untergegangen war und daß wir sie noch verstehen konnten.

»Sind die alle so hübsch wie Sie, die Mädchen von 2034?«

Neuewelle stellte endlich die richtige Frage.

»Es gibt schönere, und es gibt häßlichere.«

»Und haben sie das gleiche Format? Wirken sie auch alle so jung?«

»Das Format verdanken wir der genetischen Manipulation, damit wir weniger Platz brauchen. Übervölkerung. Die Jugendlichkeit hingegen, die kommt uns teuer zu stehen. Wir müssen uns mit Pillen vollstopfen. Das ist wirklich zum Kotzen. Nun, man muß eben Opfer bringen, um sexy zu bleiben! Du bist ja auch nicht schlecht. Ich möchte ebenso groß sein ...«

»Ist es bei den Männern auch so?«

»Of course. Nur die Alten sind mehr als ein Meter fünfzig groß.«

* Anspielung auf zwei bekannte Gestalten aus Literatur und Film: Zazie ist eine freche Göre aus dem Roman *Zazie in der Metro* von Raymond Queneau; Fritz the Cat ist der antiautoritäre, lasterhafte Held einer Comicserie und eines Films von Robert Crumb.

»Und der Krieg, ist er endlich ausgebrochen?« fragte Schnelltod aufgeregt.

Arlettes Miene verdüsterte sich.

»Kriege gibt es mehr als genug.«

»Wo denn?«

»Überall. In Australien, in Belgien, in Israel, in der Türkei, in Alaska...«

»Aber der Atomkrieg? Die Apokalypse?«

»Die wird nicht mehr lange auf sich warten lassen, wenn es so weitergeht. Die Kriege sind so alltäglich geworden, daß sich nur noch die Spezialisten dafür interessieren. Auf der front page der Zeitungen sind sie nicht einmal erwähnt.«

»Worum geht es in den Zeitungen denn?«

»Um Sport, um Werbung, um den Wetterbericht.«

»Ist die denn so wichtig, die Wettervorhersage?«

»Of course, because of Umweltverschmutzung. Es ist ein Must. Bei den radioaktiven Wolken, dem sauren Regen, den Chlorniederschlägen, den Quecksilberwinden ist es schon besser, man weiß, wie man sich zum Ausgehen anziehen soll.«

»Ist denn alles verseucht?«

»Nein, nur über dem Boden. Darunter nicht. Mit entsprechenden Krediten könnte man in zehn Jahren alles clean bekommen, aber die meisten Leute pfeifen darauf. Sie leben lieber unterirdisch, und das paßt den Multis. Mir ist es egal, ich gehe aus, und ich nehme Strahlenduschen.«

»Eins nach dem andern«, meinte Neuewelle, »bist du Französin oder Amerikanerin?«

»Ich bin in Paris, im Hôtel-Dieu, geboren. Ich wohne dort im dritten Untergeschoß. Es ist praktisch, wenn ich an die Uni muß, um meine Vorlesungen zu halten.«

»Wie kommst du dorthin? Gibt es unterirdische Straßen?«

»Na, natürlich, alles ist underground. Ich fahre auf der Rolltreppe hin.«

»Sauerei«, meinte Bernard und entkorkte noch eine Flasche, »zur Not begreife ich es in der Stadt, aber auf dem Land?«

»Auf dem Land ist es hart, da kotzt es einen gewaltig an. Aber es gibt die Spiele und das Fernsehen.«

»Und was ist mit den Ernten? Mit den Reben? Mit der Weinlese?«

»Dafür haben wir Roboter und Sträflinge.«

»Sträflinge?«

»Ja, die Zwangsarbeit an der frischen Luft.«

»Sauerei«, sagte Bernard erneut. »Und die Menschenrechte, was ist damit?«

»Take it easy«, wehrte Arlette ab, »man achtet sie bei uns mehr als bei euch. *Wir* haben keine Gefängnisse.«

»Und eure Sträflinge? Sind das Verbrecher? Spione, Terroristen?«

»Nein, die behandelt man. Die Sträflinge, das sind die Pannen der Genmanipulation, die Irrtümer der Natur, die Überzähligen, die aufs Konto der Wissenschaft gehen. Keine Menschen.«

»Wer entscheidet?« fragte Neuewelle. »Die Ärzte oder die Richter?«

»Die Computer. Sie sorgen für den Artenschutz.«

»Lebt ihr immer noch in einer Republik?« fragte ich, »ist Frankreich noch eine Demokratie? Und Europa?«

»Ach weißt du, sie bedeuten nicht mehr viel, diese Begriffe wie Frankreich, Europa, das ist old fashioned.«

»Wer ist an der Macht? Die Linke oder die Rechte?«

»Du bist nicht auf dem laufenden, Opa. Allerdings ist das durchaus verständlich. Woher solltest du es auch wissen? Ich will dich briefen: Seit der Wirtschaftsrevolution von anno 17 zählen die Staaten, die Regierungen, nicht mehr. Sie haben versucht, gegen die multinationalen Gesellschaften zu kämpfen, aber sie haben verloren. Um so besser, so sind wir freier.«

»Freier?« meinte Neuewelle ironisch, »selbstentfremdeter willst du sagen.«

»Hör zu«, sagte Arlette und zählte an den Fingern auf: »Keine Steuern, kein obligatorischer Wehrdienst, kein Gefängnis, keine Grenze. Macht alles in allem trotzdem mehr freedom als bei euch. Wir haben uns weiterentwickelt.«

»Wie funktioniert das?«

»Die Multis finanzieren die staatlichen Dienstleistungen und all den Krempel, Coca-Cola bezahlt die Sozialversicherung, IBM die Altersvorsorge, Shell die Primarschulen, Ford das übrige Schulwesen, United Fruit das Post- und Fernmeldewesen, Nestlé die öffentlichen Transportmittel...«

»Tun sie das aus purer Nächstenliebe?«

»Nein, für die Moneten. Bringt ihnen Superprofite ein. Alles ist teurer, aber dafür sind wir freier.«

»Die Macht der Konsumenten«, witzelte Neuewelle, »die indirekten Steuern zum Wohle der Menschheit! Das ist ja lachhaft.«

»Vielleicht. Im Preis für jedes Produkt sind zum einen die Dienstleistungen, zum andern die Infrastruktur des Landes inbegriffen. Und da wir keine Geizhälse sind, bezahlen wir auch einen Zuschlag, um den Menschen der Dritten Welt zu helfen, Kunden zu werden wie wir. Damit niemand mehr verhungern muß.«

»Ist es überall so? Auch in den kommunistischen Ländern?«

»Die Religion ändert nichts an der Sache. Schwarz, Molla oder Rot, same thing. Alles kein Problem mehr seit der Trennung von Kirche und Business. Wir sitzen alle im selben Boot.«

»Und das Geld? Keine Währungskrise?«

»Nein, alles beruht auf dem Kredit, und da die Bedürfnisse sich ausweiten... Die Multis strecken das Kapital vor, und man zahlt ihnen zurück, indem man ihre Güter verbraucht. Die Gewinnspannen sind in den Preisen einkalkuliert. Jeder kauft soviel, wie er schuldet. ›Kaufen heißt seine

Schulden abzahlen.‹ Unser ganzes Wirtschaftssystem beruht auf diesem Prinzip.«

»Kurz, das kapitalistische Paradies!« explodierte Neuewelle, »das ist nicht Freiheit, das ist Dressur. Zwangsfütterung! Und jedermann ist einverstanden?«

»Nein, natürlich nicht, die Asketen sind dagegen, und die Diebe sabotieren. Die Asketen sind nicht so zahlreich, aber Diebe gibt es von Tag zu Tag mehr. Sie haben sogar Theorien, um sich zu rechtfertigen. Sie sind das größte Problem der Multis. First class, dieser Wein. Ich würde mir gern noch einen genehmigen. Ich trinke gewöhnlich nur kalifornischen, der französische ist zu teuer.«

»Arme Kleine«, sagte Bernard gerührt und gab eine weitere Runde aus, »bei den Preisen, die du bezahlst, verbringst du dein Leben mit Arbeiten.«

»Zwei Tage die Woche, aber ich habe Schwein. Die meisten machen doppelt so viel. *Ich* bin keine Durchschnittskonsumentin. Ich lebe lieber. Ich gehe aus, ich trinke, ich esse, ich vögle. Die Liebe ist das Wichtigste. Wir erfinden eine Menge neuer Arten, uns zu lieben. Wir sammeln laufend Erfahrungen. Das vertreibt die Zeit, und es ist nicht teuer.«

Schnelltod hielt den Zeitpunkt für gekommen und preßte in einem plumpen Annäherungsversuch eine Hand auf Arlettes Hintern.

»Du und ich, wir sind füreinander geschaffen«, lallte er, »wir haben das gleiche Programm. Hättest du Lust... ehm...«

Er betonte seine Einladung mit einer Serie gewagter Blicke.

»Zu bumsen?« fragte Arlette ruhig. »Ich möchte schon, aber es ist mir während meiner Reise durch die Zeit verboten. Wegen der Mikroben, verstehst du? Andernfalls wär ich dafür schon zu haben... mit jedem von euch. Ihr seid sehr sexy, ich schwör's. Nicht böse sein.«

Ich wartete, bis mein Puls sich wieder beruhigt hatte, und fragte dann mit gleichgültiger Miene:

»Unternimmst du oft Reisen durch die Zeit?«

»Nein, es ist das erste Mal.«

Sie klopfte auf ihr Armband:

»Es ist verrückt, wie teuer diese Dinger sind. Ich werde zehn Jahre brauchen, um es zurückzuzahlen. Aber schließlich ist es für meine Doktorarbeit. Ich bereue es nicht. Ihr seid so anders, als ich es mir vorgestellt habe, und an Dokumentation fehlt es mir wahrhaftig nicht. Ich habe eure Zeitungen, eure Bücher, eure Fotos, eure Filme, eure Fernsehprogramme und eure Rundfunktonbänder. Das ist ja das Schwierige: Man hat zu viele Einzeldaten. Sie müssen geordnet, ausgewählt werden.«

»Inwiefern sind wir anders?« brummte Schnelltod, dem es nicht gelang, den vor aller Augen erhaltenen Korb zu verdauen.

»Im Geruch. Ihr verströmt einen absolut einzigartigen Zeitgeruch. Da reißt man sich den Arsch aus, um eine Urkundensammlung anzulegen, aber der Geruch ist nicht dabei. Weder die Fotos, noch die Filme, noch die Videokassetten sind imstande, ihn wiederzugeben. Und doch ist der Geruch in meiner Doktorarbeit von wesentlicher Bedeutung.«

»Tu dir ja keinen Zwang an, Arlette«, rief Schnelltod und lachte schallend, »du kannst uns beschnüffeln, soviel du willst ...«

Sie schaute uns der Reihe nach unsicher an:

»Wirklich, darf ich?«

»Wenn wir es dir doch sagen!«

»Thanks, das ist sehr anständig von euch.«

Das Kinn vorgereckt, mit bebenden Nasenflügeln, begann sie wild umherzuschnüffeln. Von Zeit zu Zeit diktierte sie unverständliche Anmerkungen in ihr Armbandgerät, das ihr auch als Aufnahmegerät diente. Wir schauten ihrem Treiben zu, ohne auch nur zu wagen, uns zu rühren oder den Mund aufzumachen, aus Angst, ihre Geruchseindrücke zu stören.

Als sie fertig war, erklärte sie uns, ihren Weißwein schlürfend:

»2034 ist man ganz versessen auf Gerüche. Seit das Duftaufnahmegerät lanciert worden ist, entstand ein neuer Markt.«

»Ein Duftaufnahmegerät?«

»Exactly. Man kann mit ihm ganze Parfum-Suiten und Miasma-Symphonien komponieren. Es gibt sogar Kunstliebhaber, die sich eine zweite Nase einoperieren lassen, um stereo riechen zu können.«

»Ihr seid noch dekadenter als Huysmans in seinem Roman *Gegen den Strich*.«

»Für uns ist es eine Frage von Leben oder Tod.«

»Warum?«

»Weil wir zwar nicht mehr an Krebs oder an euren anderen Krankheiten krepieren, dafür aber die Schizophrenie ein Ausmaß angenommen hat, das ihr nicht kennt. Die Zahl der Selbstmorde ist verheerend. Einzig die mit Flair sind safe. Immunisiert.«

»Nanu! Habt ihr eine Erklärung dafür?«

»Seit einem Jahrhundert betreibt man eine übermäßige Geruchsbeseitigung. Too much. Sowohl im sozialen als auch im individuellen Bereich. Die Wirklichkeit hat ihre Substanz verloren, because of Umweltverschmutzung und technologische Umwälzungen. Der Mensch verleugnet sein tierisches Wesen. Anstatt ausgeglichener zu werden, ist er tendenziell nun eher manisch-depressiv. Orwell sagte, daß ein Verrückter ganz einfach eine auf den einzelnen reduzierte Minderheit sei. Ich möchte zudem beweisen, daß es ein einzelner ohne Umfeld ist, der nicht mehr fähig ist, in seiner Bahn zu laufen. Dig it?«

Ich hüstelte:

»Ja, das ist einleuchtend. Aber was den Krebs und unsere übrigen Krankheiten anbelangt, habt ihr da Hinweise?«

Sie schüttelte den Kopf:

»*Ich* bin vor allem Literatin. Ich kenne nur die Farbe der Gelatinekapseln...«

»Habt ihr, abgesehen von euren Geruchskünstlern, noch andere, gewöhnlichere, die sich in den uns vertrauten Kunstgattungen betätigen? Romanschriftsteller? Maler?«

»Of course, eine ganze Menge. Wir müssen mindestens einmal pro Woche bei unserem Romanschriftsteller in die Beichte. Und die Kunstmaler haben genug zu tun, alle unterirdischen Anlagen auszuschmücken. Sie haben in der kleinsten Höhle, im dunkelsten Loch ihre Ausstellungen. Und erst die Bildhauer! Sie leben wie die Made im Speck. Unaufhörlich bohren sie neue Straßen, meißeln sie Paläste, Monumente. Was am meisten fehlt, ist das Publikum.«

»Ich nehme an, die Romanschriftsteller werden von den Großunternehmen verlegt?« erkundigte sich Neuewelle im Bestreben, die Richtigkeit ihrer Theorien nachzuprüfen, »die Kultur ist ein Werbemittel für die multinationalen Gesellschaften geworden?«

»Nein, sie ist ein öffentliches Gebrauchsgut, das dem Gesundheitswesen unterstellt ist. Man kauft sie auf Rezept.«

»Macht man noch Filme? Spielt man noch Theater?«

»Of course. Wir haben speziell konzipierte Schlafzimmer, damit wir uns in allen möglichen Stellungen abreagieren können. Mehrere zusammen oder allein. Es ist ein Must, um nicht crazy zu werden.«

Ihre Stimme klang eigentümlich. Offen gestanden wußte ich nicht mehr so recht, wovon sie sprach, geschweige denn, wo ich mich befand. In meinem Kopf vermischte sich alles. Ich hatte sonderbare Visionen von entsetzlich entstellten Gesichtern, blendenden Lichtern, unbekannten Landschaften. In diesem Durcheinander erkannte ich das Gemälde *Woher kommen wir? Wer sind wir? Wohin gehen wir?* von Gauguin, den *Garten der Lüste* von Bosch und den *Hundekopf in der Wüste* von Goya.

»*Ich* verfasse Gedichte. Hört zu! Das da ist für euch«, und sie deklamierte im Tonfall einer chinesischen Sängerin:

Die Zukunft ist eine Ziege
Die Vergangenheit ist ein Tiger
Du bist zwischen den beiden
Die Ziege läuft schnell
Sie peitscht dein Gesicht mit ihrem Schwanz
Sie bricht dein Knie mit ihren Hufen
Sie beschmutzt dein Gesicht mit ihrem Kot
Aber du läufst ihr nach
Weil dir der Tiger seinen Atem in den Nacken bläst
Weil seine Klauen deinen Rücken zerfetzen
Weil seine Zähne deinen Hintern zerbeißen
Und die Gegenwart?
Wo ist die Gegenwart?
Das ist der Atem des Tigers
Und der Furz der Ziege

Gefällt euch mein Gedicht?«

»Ja, sehr. Danke ...«

Die Ergriffenheit schnürte mir die Kehle zu. Ich dachte plötzlich an die Sonne, die jeden Tag Millionen von Tonnen an Materie verliert und eines Tages erlöschen wird. Unser Universum ist zum Untergang verdammt. Nichts kann es retten. Es wird nur noch ziellos durch den Raum wirbelnde Steinbrocken geben und Sternenstaub, damit die Dinge *noch* verschwommener werden. Meine Augen wurden tränenfeucht. Mir wurde übel von der Zukunft. Mein Katzenjammer war zu groß, als daß ich mich noch hätte für die Zukunft interessieren können. Sie rast, sie rast, die Postkutsche, dem Tod entgegen, weshalb sollen mich jene, die nicht im gleichen Boot sitzen, etwas angehen?

Ich hörte, wie die anderen das Trommelfeuer ihrer Fragen wieder aufnahmen:

»Ist die Frau dem Mann gegenüber gleichberechtigt?«
»Gibt es in Südafrika immer noch die Apartheid?«
»Hat man bewohnte Planeten entdeckt?«
»Lebt ihr länger?«
»Was bleibt von uns übrig?«
Aber ich achtete nicht einmal auf die Antworten. Ich erinnere mich nur an den knallenden Kuß, den Arlette auf meine Wange schmatzte.
»Sorry, ich muß euch verlassen. Sollte noch bei Orwell vorbei, und das ist nicht gerade ein Katzensprung... So long...«
Der Rest verlor sich in einem verschwommenen Tumult. Wie das Tosen des Meeres an den Felsen. Ich spürte einen heftigen Schlag gegen die Stirn. Und dann nichts mehr.

»Du kannst stolz sein, du hast uns einen ganz schönen Schreck eingejagt«, sagte Bernard am übernächsten Tag zu mir, als er mir ein großes Glas Mineralwasser einschenkte.
»Was ist eigentlich passiert?«
»Nun, wir diskutierten munter drauflos, da machtest du einen Sturzflug. Du bist mit dem Schädel gegen die Theke geknallt. Kein Bruch?«
»Nein, der Arzt hat es ausdrücklich bestätigt. Aber ich darf acht Tage lang nicht mehr trinken.«
»Nur acht Tage? Das ist nicht sehr lange.«
»Na ja, er hat gesagt, acht Monate. Du kennst ja die Ärzte, sie übertreiben nun mal. Ist Schnelltod wieder abgereist?«
»Er hat gestern den Zug genommen. Er war auch nicht besonders munter. Was wir eins zusammengesoffen haben!«
»Und Neuewelle?«
»Sie war eben da, um mich anzuöden. Wegen Arlette.«
»Weshalb?«
»Sie bildet sich ein, sie sei eine Freundin von mir und wir hätten euch einen Streich gespielt.«
»Stimmt das etwa nicht?«

»Ach, du wirst doch nicht auch noch damit anfangen? Ich hatte dieses Mädchen noch nie gesehen. Ich glaubte zuerst, daß ihr, du und Schnelltod, euch einen Jux machen wolltet, aber dann hab ich meine Meinung geändert. Mein Lieber, du hättest sehen sollen, wie sie durchsichtig wurde und sich wie ein Wasserstrahl in die Flasche ergoß: eine tolle akrobatische Nummer!«

»In die Flasche? In welche Flasche?«

»In die Vouvray-Flasche natürlich! Schau.«

Er stellte die berühmte Flasche vor mir auf die Theke.

»Ich habe sie verschlossen, damit sie nicht verdunstet.«

»Was willst du damit machen?«

»Ich habe im Sinn, sie wieder in den Keller hinunter zu tragen, da sie ja gesagt hat, sie wohne dort.«

Ich korrigierte:

»Sie werde dort wohnen.«

Ein amerikanisches Touristenehepaar, etwa fünfzig Jahre alt, betrat das Bistro.

»Verzeihen Sie«, sagte der Mann mit einem ausgeprägten ausländischen Akzent, »kennen Sie die ›Bar der Zukunft‹? Man soll dort sehr gute französische Landweine bekommen.«

»Sie ist hier.«

»Dieser Name steht aber nicht an der Fassade.«

»Ja«, antwortete Bernard und beobachtete mich aus dem Augenwinkel, »wir haben sie soeben umgetauft. Sie heißt inzwischen ›Bar der Gegenwart‹.«